上海社会科学院法学研究所学术精品文库

新片区参照经济特区管理与创新法治保障的若干重大问题与思路举措研究

彭辉 著

上海三联书店

中国（上海）自由贸易试验区
临港新片区管理委员会委托课题

上海社会科学院创新工程（第二轮）
（20210018）

总 序

上海社会科学院法学研究所成立于1959年8月，原名"政治法律研究所"，是我国成立最早、规模最大、最早招收研究生的地方社科系统法学研究机构。

法学所的历史可以追溯到1952年由原圣约翰大学、复旦大学、南京大学、东吴大学、厦门大学、沪江大学、安徽大学等9所院校的法律系、政治系和社会系等合并组建成立的华东政法学院，1958年华东政法学院并入上海社会科学院，翌年成立了上海社会科学院政治法律研究所。彼时上海滩诸多法学大家汇聚于斯，潘念之、齐乃宽、浦增元、张汇文、卢峻、周子亚、何海晏、丘日庆、徐开墅、徐振翼、肖开权、郑衍杓、陈振国、李宗兴、程辑雍等均在各自领域独当一面、各领风骚。1984年，东吴大学上海校友会也正式在上海社会科学院注册成立，成为东吴法学的精神传承，一时颇有海派法学的大气候。

1979年复建后，"政治法律研究所"正式更名为"法学研究所"。作为南方地区的法学理论研究重镇，在中国社会经济快速发展的浪潮中，法学所勇立潮头，不断探求中国特色社会主义法治的发展规律，解决我国改革开放和现代化建设中的现实问题。法学所在法理学、公法学、国际法学、刑法学和民商法学等领域为国家法治建设鼓与呼，在新时期法学学科建设、民法通则制定、港澳回归、浦东开发等重要历史性事件进程中均做出了重大贡献。

进入新世纪，随着国家科研方针政策的转型以及各大高校法学研究的崛起，社科院系统的体制模式受到重大挑战，加上老一辈学人的隐退，法学所也开始了二次创业的征程。近年来，法学所通过“内培外引”大力加强人才梯队建设，引进和培养了一批在国内有影响力的中青年学者，特别是一批青年才俊陆续加入，他们充满朝气，基础扎实，思想活跃，承载着法学所的未来与希望。通过不断提高学科队伍建设、夯实智库研究基础，法学所得以进一步加强和形成了“经济刑法”“租借·租借地等特殊地区研究”“刑事法创新学科”“法治中国及其上海智库实践智库”“比较法学”“生命法学”“党内法规”“青少年法学”等多个优势学科和特色研究团队。如今的法学所安立于古典而又繁华的淮海中路的静谧一角，立足上海，面向全国，以“国家高端智库”和院“创新工程”为平台，坚持学科建设和智库建设双轮驱动，在法学研究领域焕发出新的生机。

为弘扬学术精神、传播学术成果、传承学术血脉，我们策划了“上海社科院法学所学术精品文库”。法学所科研人员的重要理论成果和学识智慧，将收入本文库，以期学脉绵延，薪火相传，续写法学所的当代辉煌篇章。本文库主要由两部分组成，一部分是法学所科研人员的重要学术专著，另一部分是法学所青年学术沙龙系列。前者秉持学术为本、优中选优的原则，遴选并最终确定出版的著作，后者是对法学所学术品牌青年法学学术沙龙的整理。在条件成熟时，本文库也将陆续整理出版老一辈法学所专家的代表性作品。

文章千古事，希望纳入文库出版的作品能够不负学术精品之名，服务国家法治建设与社会发展，并能够历经岁月洗礼，沉淀为经世之作。

是为序。

上海社会科学院法学研究所所长、研究员、博士生导师

姚建龙

2020 年 7 月 30 日

目　录

摘　要

“上海自贸试验区临港新片区要进行更深层次、更宽领域、更大力度的全方位高水平开放，努力成为集聚海内外人才开展国际创新协同的重要基地、统筹发展在岸业务和离岸业务的重要枢纽、企业走出去发展壮大的重要跳板、更好利用两个市场两种资源的重要通道、参与国际经济治理的重要试验田，有针对性地进行体制机制创新，强化制度建设，提高经济质量。”日前，习近平总书记在上海考察时对上海自贸区临港新片区建设提出新要求。

“五个重要”从不同层次和角度阐明了临港新片区建设特殊经济功能区的内涵意义，进一步明确了战略定位、发展目标、实现路径和具体举措，是特殊经济功能区内涵的再聚焦、再深化、再明确，具有很强的思想性、针对性、指导性。这五大功能相辅相成、密不可分，组成了一个有机统一的整体战略谋划，充分体现了新片区建设在改革系统集成上的特殊性。国务院印发《中国（上海）自由贸易试验区临港新片区总体方案》，方案中“新片区参照经济特区管理”的表述成为一大亮点。经济特区，是我国向世界开放的重要窗口，在我国经济发展特别是对外开放的进程中，发挥了独特而重要的作用。对于新片区的管理，国家要求参照经济特区进行，令人鼓舞；与此同时，新片区如何参照经济特区，开展体制机制乃至法治创新，更值得期待。

本课题探讨新片区在法治保障体系的建立、运作过程及在具体实践中有哪些问题，并对问题进行研究，提供系统性、可操作性的建议，并能够为新片区在“6＋2”，即投资自由、贸易自由、资金自由、运输自由、人员自由、互联网接入便利以及具有国际竞争力的税收制度和全面风险管理制度为主要内容的“6 + 2”政策制度体系提供思路和参考意见。按照“改革开放排头兵、创新发展先行者”的定位，通过对目前国内自贸区法治保障体系架构的分析、研究，推动新片区在新时期新发展理念的指导下坚持高质量发展，在改革开放方面作出探索性、试验性、先行性、创制性的规定，积极稳妥地开展制度创新，真正承担起“立法试验田”的责任和使命。

在参照经济特区管理与创新法治保障研究方面。法治，具有固根本、利长远、稳预期的重要价值。临港新片区“参照经济特区管理”，固然需要着眼于对外投资、货物贸易、金融服务、物流发展、人才引进、信息便捷等领域，开展具体事项的管理创新；更具标志意义的是，着力在体制机制优化和法规制度供给上参照经济特区，为国家立法积累可复制的先行经验、提供可推广的上海方案。国家赋予了新片区清晰的目标定位，那就是“打造更具国际市场影响力和竞争力的特殊经济功能区”。“参照经济特区管理”是通往这一目标的必要之路。与这一目标相适应的立法赋权，不仅是新片区自身建设管理的内在要求，更是实现国家对新片区发展目标的必然选项。临港新片区在立法上参照经济特区，因此新片区立法应当在性质、效力、法律位阶上具有经济特区立法的特殊性。对新片区立法必须依法加以限制，包括立法原则和权限的限制以及民主参与和监督机制。在实践中，新片区立法应当着重处理好与世贸规则、政策、政府和利益团体的关系。在法治保障路径上需要国家与地方共同配合。临港新片区立法具体内容可以从一般规定、管理机制、便利化措施和优惠政策等方面入手。

在投资自由领域法治保障方面。近年来，随着我国自贸区建设不断向纵深迈进，提升投资便利化的创新制度也不断出台。这一方面促成了国内总体投资环境更加自由，外资管控进一步放松；另一方面，在投资激励举措日渐完善的基础上，市场竞争进一步呈现良性态势。但就目前的投资便利化进程来看，包括商事登记制度、仲裁机制、国际商事法庭制度、国家安全审查制度、外商投资制度等在内的与投资自由密切相关的制度发展存在瓶颈或困境。鉴于此，为加快实现公平竞争投资经营便利，本课题主张在以下几个方面下更大功夫：一是不断完善新片区内外商投资管理体制，严格制定外商投资准入规则，全面加大外商投资监管力度，同步推动配套改革，注重外商投资引导，创新产业招商方式；二是不断完善新片区内负面清单管理制度，完善负面清单制度的立法问题，提高负面清单自身质量，扩大服务业的开放程度，加快地方政府职能转变，注重差异化创新；三是不断完善新片区商事登记行政管理机制，加快新片区立法并对商事登记进行专章规定，提升政府服务智慧化水平，全面实施“一站式”；四是不断完善新片区外商投资司法保障机制，加强涉外商事审判规范化建设，扩大域外国际仲裁机构的引入，致力于打造亚太仲裁中心。

在贸易自由领域法治保障方面。挂牌运行以来，上海自贸区不断探索以贸易便利化为重点的监管制度创新，形成了一系列可复制可推广的重要成果。但是，对标临港新片区实现更高水平贸易自由化便利化的要求，仍然存在不少瓶颈问题有待突破。鉴于此，本课题重点关注和解决以下三个方面问题：一是在总结梳理我国自贸区建设已有经验的基础上，探索发挥洋山特殊综合保税区作为对标国际公认、竞争力最强自由贸易园区的重要载体作用；二是在综合研判《区域全面经济伙伴关系协定》(RCEP)等国际主要经贸规则和国际经贸形势变化的基础上，兼顾疫情全球蔓延带来的影响，提出有效措施推动生物医药、集成电路、大飞机等战略性新兴产业向供应链、价值链高端发展；三是最大程度实现立法、执法、司法等环节全面协同发力，为高标准推进新片区建设提供充足保障。

在资金自由领域法治保障方面。投资贸易便利作为上海自贸区发展的总体目标之一，改革方向集中在推动贸易转型升级、加快金融制度创新、增强金融服务功能等方面。立足上海自贸区的特色区位与政策等各方面的优势，上海自贸区在贸易投资便利化方面取得了显著的改革成效，创设了自由贸易账户系统、取得了市场化改革的新突破、提升了上海金融中心的国际化程度，大幅增强了自贸区金融改革的辐射带动效应。在上海自贸区投资贸易便利化建设的基础上，临港新片区的设立与建设成为主动引领经济全球化健康发展的重要举措，力争建立以投资贸易自由化为核心的制度体系。其中在资金流动便利层面，面对新时代新形势，新片区实施资金便利收付的跨境金融管理制度，先行先试金融业各项对外开放措施。进一步聚焦金融创新，选择符合国家战略需要的重点金融领域，开展跨境金融、离岸金融、贸易金融等业务创新，推动跨境金融服务便利化。但是面对复杂的国际经济环境，持续扩大金融开放，实施便利资金流动的开放措施，也将进一步扩大金融风险，有可能对中国经济带来巨大冲击，甚至引起严重的经济危机和金融危机，因此新片区需要在以风险防控为底线的前提下实现资金流动便利的新突破。

在运输自由领域法治保障方面。上海临港新片区 2019 年在航运制度、运输体系、交通网络等方面均有重大推进。对航运制度进行了创新，开启“先进区后报关”模式，提高区内运输速度；发布《三年行动计划》，建设“1 + 2 + 2 + 2”运输体系；增设轨道交通线路，完善临港交通网，并且为新片区运输提供司法保障，但由于新片区发展时间较短，在运输高度发展方面不可避免地存在一些潜在问题。航运行业的立法规范存在不足，缺乏专门性、针对性、引领性的立法，不利于航运行业的监管；纠纷调解缺少法律依据，多元化解决机制存在缺陷，航运业自我管理水平有限，法律服务水平需要提高；营商环境有待进一步优化，航运业税费负担大，金融业体系化规模小，船舶登记制度和融资租赁制度不完善；航运服务设施和配套服务需要完善，存量航运服务能级不高，综合配套服务仍然偏弱，吸引国际航运业态和功能落地的亮点不足。航运基础设施水平较低，航运信息技术平台建设落后；此外港口岸线泊位与机械资源紧张，支线专用泊位严重不足；集疏运模式过度依赖水路，替代分流压力显现；与周边港口竞争升级，枢纽港地位亟需巩固。面对这样的情况，为有效推动临港新片区的运输高度发展，实现国际航运中心的建设，建议新片区：一是完善航运的法治环境建设，做到落实临港新片区法律规定，加强法律引领；二是促进航运基础设施完善，推进上海航运基础贸易，完善航运服务体系；三是提升航运营商环境质量，推动航运税收制度改革，深化航运金融改革创新，促进航运金融市场发展；四是进行航运机制创新和服务创新，探索航运开放全新领域，不断丰富新片区内涵式发展。

在人员自由领域法治保障方面。人员往来高度便利化是全球自贸港的重要特征，亦是临港新片区未来发展的方向。临港新片区自设立后，在推进人员往来便利化方面形成了一系列重大成果。但是，临港新片区人员往来便利化程度与全球主要自贸港相比仍存有差距，且临港新片区尚面临基础研究领域领军人才和重点产业创新人才不足的困境和短板，基础研究领域向上突破动力不足，重点产业创新难以匹配产业升级需求。为破除影响人才跨国流动或者跨区域流动的限制，进一步优化临港新片区人才政策，建议：一是优化新片区海外人才引进政策、打造新片区海外人才引进机制新品牌；二是完善与新片区重点产业相匹配的领军人才引进和激励机制，为重点产业持续向上突破升级创造动力；三是健全自贸区重点产业人才培育体系，优化高层次人才认定评价机制；四是统筹新片区住房保障机制，提高引进人才安居幸福度；五是优化大数据技术应用，以产业需求为导向，大力引进高端人才和关键人才；六是全力打造国际一流法治化营商环境，推进自贸区多元纠纷解决机制。

在互联网接入便利领域法治保障方面。由于新片区发展时间较短，在信息快捷联通方面，也不可避免地存在一些潜在问题。从客观上来看，面对数字保护主义与海量数据，在跨境数据流动过程中，如何对数据进行有效管理以减少数据风险对企业创新的影响对新片区是一项重要挑战。从主观上来看，新片区在短期发展的过程中，存在整体设计缺失与法治滞后掣肘创新等瓶颈，政策到市场“最后一公里”问题尚待有效解决。而在新冠疫情的冲击下，欧美经济停摆，新片区信息发展也受到社会信息安全的影响。为有效推动临港新片区的信息快捷联通，实现国际互联网数据跨境安全有序流动，建议新片区：一是进行系统整体设计，提升改革的法治化科学化水平，在后续实施落地上，可围绕

"绝对便利、相对便宜、本质公平、全面安全"等方面重点发力,"以施政之新,促营商之新";二是着力于建设跨境数据流通和交易风险评估机制,建立数据安全管理体制;三是充分依托新片区产业集聚和地理区位优势,通过空间资源的高效配置,实现低成本协同发展,共享发展的收益。在防"疫"期间,也应积极运用"互联网+招商"方式,先梳理企业的老大难问题,找出解决方案,再一起商讨,加快政策试点,然后逐步推广。从长远来看,还应通过积极引进多元产业为临港新片区找到新的增长点。

在具有国际竞争力税收领域法治保障方面。本课题在梳理上海自贸区发展历程及国内外自贸区税收制度的基础上,深入分析了临港新片区税收政策面临的挑战,提出了建立具有国际竞争力的临港新片区税收制度体系,以最大限度吸引企业、人才入驻,实现临港新片区的发展目标。具体建议如下:一是强化法制思维,落实我国自贸区税收法定原则,出台自贸区法保障临港新片区及其他自贸区发展;二是按照"简税制、低税率、惠税收"的原则,整合上海自贸区新老片区税收政策,逐步实施统一的自贸区税收政策;三是通过扩大流转税优惠适用范围、统一企业所得税制度、优化个人所得税税制、改革航运税收政策等,进一步优化区内税收法律制度;四是出台促进离岸贸易业务发展的税收政策,以税收法定原则为基础制定离岸贸易税收激励措施、创新离岸金融税制,促进区内离岸贸易快速发展;五是确立税收分享机制,在长三角地区试点税收分成制度,打破行政壁垒对各要素跨区域自由流动的限制,为临港新片区及长三角区域带来新的增长动能,进而推动临港新片区真正建设成为具有国际竞争力的自贸区。

在全面风险管理领域法治保障方面。上海自贸区成立以来,以海关为代表的区内主要监管机构不断探索可复制、可推广的制度体系,形成了一系列创新的做法和举措,推动综合监管改革持续向纵深迈进。但是,结合临港新片区关于对标国际上公认的竞争力最强自由贸易园区的要求,当前监管制度在综合法制保障、满足企业需求、促进产业发展等方面还有一定差距。为此,需要以"智能化"为突破口,按照流程再造的思路,依托跨境贸易大数据、一体化信息管理服务、智能化监管设施设备“三大平台”,加快健全企业信用管理、风险综合防控、知识产权综合执法“三大体系”,进一步实现卡口监管、通关监管和后续监管“三大智能”。

第一篇

新片区参照经济特区管理与创新法治保障研究

根据《中国(上海)自由贸易试验区临港新片区总体方案》(以下简称“总体方案”),新片区要“对标国际上公认的竞争力最强的自由贸易园区,选择国家战略需要、国际市场需求大、对开放度要求高但其他地区尚不具备实施条件的重点领域,实施具有较强国际市场竞争力的开放政策和制度”。习近平总书记曾指出,改革开放越深入越要强调法治,要坚持在法治下推进改革,在改革中完善法治。因此,推进新片区改革发展进程尤其要特别注重法治的重要作用,保障、推动和引领各项改革有序开展。

一、上海自贸区发展历程及取得的成绩

2019 年 6 月,习近平主席在 G20 峰会上提出中国将新设 6 个自贸区,增设上海自由贸易试验区新片区,加快探索建设海南自由贸易港进程。2019 年 8 月 6 日,国务院下发《中国(上海)自由贸易试验区临港新片区总体方案》(以下简称“临港新片区”),提出诸多新制度设计和开放路径,开启上海自贸区改革的 4.0 版本。

1. 上海自贸区发展历程及阶段性特征

2013 年 9 月 29 日,上海自贸试验区正式挂牌成立,实施范围涵盖上海外高桥保税区等,自挂牌以来,上海自贸区从 1.0 版、2.0 版到 3.0 版一路升级至 4.0 临港新片区。

(1) 自贸区 1.0 版:2013 年设立自贸区

2013 年国务院发布《中国(上海)自由贸易试验区总体方案》,宣布在上海外高桥保税区、外高桥保税物流园区、洋山保税港区以及空港综合保税区 4 个海关特殊监管区域内,建设上海自贸区,明确改革方向和目标,揭开自贸区 1.0 版本序幕。自贸区 1.0 版的重点既要积极探索政府经贸和投资管理模式创新、促进贸易和投资便利化、扩大服务业开

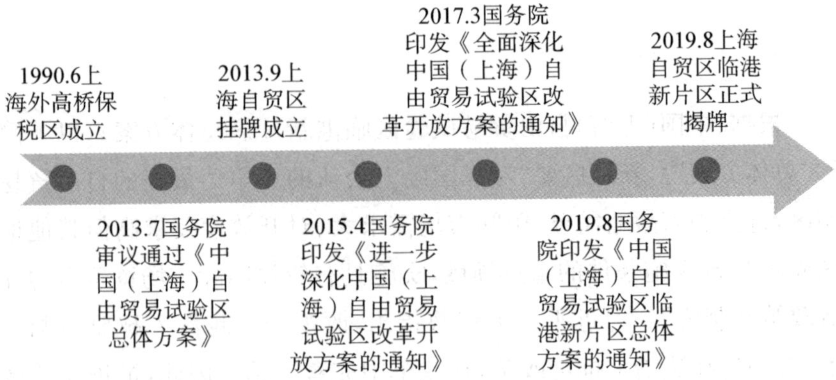

图 1.1　上海临港新片区规划示意图

资料来源：课题组整理。

放，又要防范各类风险，推动建设具有国际水准的投资贸易便利、监管高效便捷、法制环境规范的自由贸易试验区，使之成为推进改革和提高开放型经济水平的“试验田”，形成可复制、可推广的经验。挂牌后两年，上海自贸区在负面清单、服务业开放、准入前国民待遇、自由贸易账户等领域进行了大胆创新并取得成效。

（2）自贸区 2.0 版：2015 年扩大自贸区改革范围

2015 年国务院再次印发《进一步深化中国（上海）自由贸易试验区改革开放方案》（以下简称“《深改方案》”），将自贸区范围扩展到陆家嘴金融片区（含世博片区）、金桥开发片区、张江高科技片区三个片区，并将部分改革试点经验推广至全国，推动上海自贸区进入改革 2.0 版本。2.0 版改革方案包括投资管理制度由正面清单和审批管理转向负面清单和备案管理；贸易管理制度逐步实现一线放开、二线管住、区内不干预的国际公认标准规范；金融管理制度推动人民币国际化、利率市场化、外汇管理体制改革；综合监管执法制度框架，从事前审批和主体监管转向事中事后监管和功能监管。

（3）自贸区 3.0 版：2017 年提出改革系统集成

2017 年 3 月国务院印发《全面深化中国（上海）自由贸易试验区改革开放方案》（以下简称《全改方案》），首次提出了“改革系统集成”的概念，并要求上海自贸区对标最高国际标准，建设综合改革试验区、风险压力测试区、提升政府治理能力的先行区以及服务国家“一带一路”建设，推动市场主体走出去的桥头堡，“三区一堡”建设方针由此翻开了上海自贸区建设的3.0版本。至此，上海已有五个自贸区，也称之为五个老片区，即外高桥保税区、陆家嘴金融片区、世博片区、金桥开发片区和张江高科技片区。

(4) 自贸区4.0版：2019年临港新片区的成立与战略目标

2019年8月6日，国务院印发《中国(上海)自由贸易试验区临港新片区总体方案》(以下简称“《临港方案》”)明确，新片区按照“整体规划、分步实施”原则，先行启动南汇新城、临港装备产业区、小洋山岛、浦东机场南侧等区域，面积119.5平方公里。预计到2025年建立比较成熟的投资贸易自由化便利化制度体系；到2035年建成具有较强国际市场影响力和竞争力的特殊经济功能区。临港方案强调建立以关键核心技术为突破口的前沿产业集群，设立洋山特殊综合保税区，对标国际最强自由贸易园区。

2. 五个老片区取得的成绩

自2013年自贸区建立以来，自贸区在制度建设上取得了显著突破，同时也推动上海经济实现较快增长，持续扩大对外开放。

(1) 四大制度创新卓越，负面清单连续“瘦身”

五个老片区的开放创新是层层递进的，制度创新成果尤为卓著，主要体现在4个方面：①建立完善以负面清单管理为核心的投资管理制度，2013年至2019年负面清单持续缩减项目(从190条缩减至37条)；②以贸易便利化为重点的贸易监管制度；③以资本项目可兑换和金融服务业开放为目标的金融创新制度；④以政府职能转变为核心的事中事后监管制度。

(2) 以“单一窗口”为代表的制度在全国复制和推广

2015年上海自贸区首创的企业准入“单一窗口”宣布延伸5项功能，包括对外贸易经营者备案、报关单位注册登记等。2016年4月，国务院批准的“证照分离”试点在浦东新区全面展开，试点对涉及的116

表 1.1　上海自贸区四大制度创新领域

制度	政策法规	具体任务	具体措施
投资管理	22 个	以负面清单为核心，形成更加开放透明的投资管理体制	① 外商投资实行准入前国民待遇加负面清单的管理模式；② 外商投资项目实行备案制；③ 深化商事级制度改革；④ 完善企业准入“单一窗口”制度。
贸易监管	52 个	以贸易便利化为重点，提升监管水平和能力	① 实现“一线放开、二线管住、区内不干预”的国际公认海关管理标准规范；② 建立国际贸易“单一窗口”管理制度；③ 推进货物状态分类监管；④ 推动贸易转型升级；⑤ 完善具有国际竞争力的航运发展制度和运作模式。
金融创新	20 个	以资本项目可兑换和金融开放为目标，服务实体经济发展	建立包括自有贸易(FT)账户体系、投融资汇兑便利、人民币跨境使用、利率市场化、外汇管理改革五方面内容的宏观审慎的金融制度框架和监管模式。
事中事后监督	20 个	以政府职能转变为核心，创新政府管理方式	① 转变以形成审批为主的行政管理方式，制定发布政府权力清单和责任清单；② 构建由社会信用体系、企业年报公示和经营异常名录制度、安全审查制度、反垄断审查制度等五方面共同构建的事中事后监管制度。

资料来源：课题组整理。

个行政许可事项进行。截至 2018 年末，“单一窗口”制度已实现与 25 个部委的系统“总对总”对接，提供了货物申报、舱单申报、运输工具申报、展览品申报、许可证件申领、原产地证书申领、企业资质办理、查询统计、出口退税、税费支付、加贸保税、跨境电商等 12 大项基本功能，满足海运、空运、公路等各种口岸类型和特殊监管区、自贸试验区、跨境电商业务办理。为进一步提升跨境贸易便利化水平，改善口岸营商环境，海关总署等部门决定自 2019 年 12 月 16 日起，进出口货物申报、舱单申报和运输工具申报业务统一通过国际贸易“单一窗口”办理。

（3）投资环境逐步优化，推动上海经济快速发展

通过四大领域的制度创新，五个老片区在各个方面成绩显著。2018 年，五个老片区实现规模以上工业总产值 4965 亿元，占浦东新区 48.2%，占全市 14.3%；实现外贸进出口额 1.46 万亿元，占浦东新区的 70.9%，占全市 42.8%。自贸区的快速发展对浦东新区乃至上海的发展贡献度不断提升。

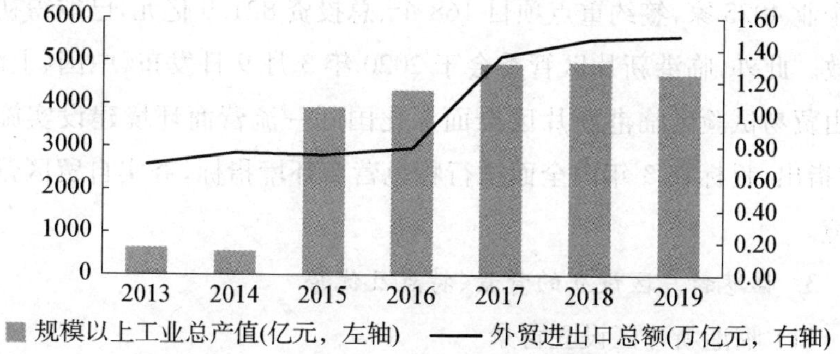

图 1.2　上海自贸区规模以上工业产值不断攀升

资料来源：各年上海市统计年鉴、2019 年上海市国民经济统计公报，课题组整理。

在投资环境方面，2018 年上海自贸区外商投资稳步发展，五个老片区全年新设外资企业近 1300 家，新设企业数的占比由自贸区成立前的 5.2%上升至 2018 年的 18.2%。此外，上海自贸区金融市场体系日益完备，自由贸易账户功能不断拓展，实现了本外币一体化管理，成为境外融资、结售汇便利化等许多重要金融改革的基础。截至 2018 年末，五个老片区累计开立自由贸易账户 13.6 万个，全年跨境人民币结算总额 25518.88 亿元，同比增长 83.9%，占全市的 35.3%。

临港新片区方面，自印发《临港方案》以来，2019 年临港新片区新

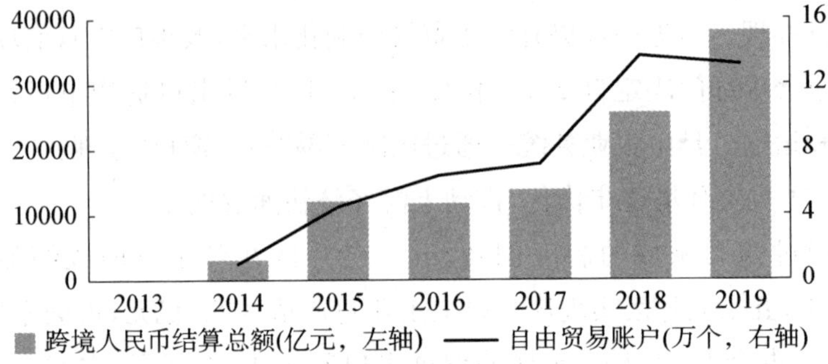

图 1.3　上海自贸区人民币跨境结算及自由贸易账户快速增长

资料来源：各年年上海市统计年鉴、2019 年上海市国民经济统计公报，课题组整理。

设企业 4025 家，签约重点项目 168 个、总投资 821.9 亿元，已取得初步成效。此外，临港新片区管委会于 2020 年 3 月 9 日发布《中国（上海）自由贸易试验区临港新片区全面深化国际一流营商环境建设实施方案》指出，目标在 3 年内全面推行特色营商环境指标，夯实自贸区营商环境。

3. 临港新片区设立的背景、特点及优势

（1）临港新片区设立背景

从国际背景来看，当下全球贸易关系处于交织浑浊状态且缺乏共识。在全球化进程受阻和贸易保护主义抬头的形势下，目前还没有一个大国能够推出充分开放自由贸易的举措。因此，本着继续深化改革开放、坚持全球自由贸易和多边贸易体系的原则，推出《临港方案》可进一步探索自贸区建设。从国内背景来看，当前我国在产业结构转型升级以及挖掘改革开放动力等方面遭遇瓶颈，为打破制度性瓶颈和障碍，并解决创新功能不足等问题，推出新片区方案具有必要性。

此前我国的自贸区方案主要是在管理方面跟国际对标，而临港新片区被赋予了最大限度的自主创新权，拥有自主改革、自主创新、自我管理等权利，《临港方案》是完全本着市场经济原则来设计临港新片区功能性架构的。

(2) 临港新片区总体方案特点

临港新片区总体方案的特点主要体现在以下三个方面：

① 战略层次更高。临港新片区提出要重点打造“特殊经济功能区”，全面对标或赶超国际最高水准的自由贸易园区，并且首次在临港新片区总体方案中提出“主动引领经济全球化健康发展”，这意味着临港新片区将有别于之前国内所设立的其他自贸试验区，其战略层次更高，在强调主动融入“一带一路”和长江经济带建设的同时，进一步突出了服务长三角区域一体化发展国家战略。

② 产业体系更聚焦。临港新片区重点强调提升前沿科技、跨境金融、国际贸易等服务功能，围绕人工智能、民用航空、集成电路、生物医药等关键核心技术领域，深化供给侧结构性改革，增强有效供给质量，打造具有国际竞争力和影响力的新型产业体系。临港新片区产业更加着眼于高端资源要素全球配置功能提升，并注重更深层次国际分工合作，同时大力发展离岸贸易，全方位增强临港新片区重点产业的国际竞争力和影响力。

③ 制度体系更开放。临港新片区方案围绕“投资、贸易、通关、金融、人员”五大自由制度体系，对标国际最高标准，实施深层次、系统性、引领性、首创性的改革创新探索，旨在构建与国际通行规则相衔接的制度体系，推进投资贸易便利化向自由化转型。与其他自贸试验区相比，弱化了政策的复制推广性，着重凸显特殊性。临港新片区作为我国自贸试验区的“升级版”，更加聚焦从投资贸易便利化到自由化的探索，通过借鉴国际自由贸易区通行的做法，探索实施“6＋2”政策的八大制度创新，以前沿产业为支撑，推动更宽领域、更高层次、更大力度的改革开放。其中“6”即5个自由和1个便利，包括投资自由、贸易自由、资金自由、运输自由、人员从业自由以及信息便捷联通；“2”即2个制度，包括税收制度和全面风险管理制度。

表 1.2 临港新片区“6+2”政策制度体系

目标	具体规划
1. 投资自由	借鉴国际上自由贸易园区的通行做法，实施外商投资安全审查制度，在电信、保险、证券、科研和技术服务、教育、卫生等重点领域加大对外开放力度，放宽注册资本、投资方式等限制，促进各类市场主体公平竞争。
2. 贸易自由	在新片区设立物理围网区域，建立洋山特殊综合保税区，实施更高水平的贸易自由化便利化政策和制度。
3. 资金自由	简化优质企业跨境人民币业务办理流程，探索新片区资本自由流入流出和自由兑换。支持金融机构为新片区内企业和非居民提供跨境金融服务。符合条件的金融机构开展跨境证券投资、跨境保险资产管理等业务。
4. 运输自由	提升拓展全球枢纽港功能，逐步放开船舶法定检验，吸引相关国家和地区航空公司开辟经停航线。打造区域性航空总部基地和航空快件国际枢纽中心。
5. 人员从业自由	给予科研创新领军人才及团队等海外高层次人才办理工作许可、永久或长期居留手续“绿色通道”。
6. 信息便捷联通	试点开展数据跨境流动的安全评估，建立数据保护能力认证，数据流通备份审查、跨境数据流通和交易风险评估等数据安全管理机制。
7. 税收制度	对新片区内符合条件的关键领域核心环节生产研发的企业，自设立之日起 5 年内减按 15%的税率征收企业所得税等。
8. 风险防控	强化重点领域监管，聚焦投资、贸易、金融、网络、生态环境、文化安全、人员进出、反恐反分裂、公共道德等重点领域，实现全流程的风险实时监测和动态预警管理；加强信用分级管理，按照“守法便利”原则，把信用等级作为企业享受优惠政策和制度便利的重要依据；强化边界安全，守住“一线”国门安全、“二线”经济社会安全。

资料来源：《中国(上海)自由贸易试验区临港新片区总体方案》

(3) 上海设立临港新片区的优势

根据世界银行发布的《2020 年营商环境报告》显示，中国连续两年成为全球营商环境改善幅度最大的 10 个经济体之一，2019 年中国的总体排名同比上升 15 位，名列全球第 31 名。而其中上海作为权重占比 55%的中国样本城市，近年来整体营商环境不断优化，这也为建设具有国际竞争力的临港新片区提供了较好的区域优势。同时，从上海港口集装箱吞吐量、离岸业务试点、特斯拉工厂投产、《外商投资法》等来看，当前上海自贸区已具备加速升级自由港的条件。

① 上海港口集装箱吞吐量蝉联榜首。根据 2018 年全球港口集装箱吞吐量排名，上海以 4201 万 TEU(标准箱)吞吐量蝉联榜首，同比增长 4.4%，未来成长为自由贸易港空间巨大。

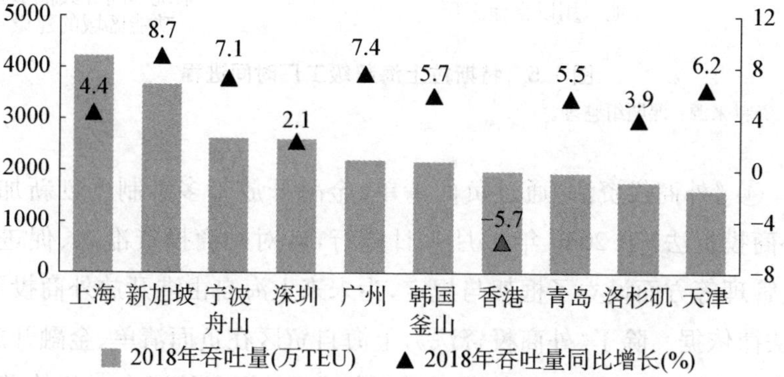

图 1.4 2018 年世界港口集装箱吞吐量排名

资料来源：各大港口官网，课题组整理。

② "一带一路"离岸贸易业务首单试点。自贸区和自由港核心区别之一在于离岸服务：自由港允许开展离岸贸易，故可以进一步开放高端服务业、发展离岸金融等相关业务。2018 年 7 月，沃尔沃中国总部开展中国首个离岸贸易跨境结算试点项目，标志着上海自贸区正式打通离岸贸易环节。

③ 特斯拉超级工厂入驻临港新片区。特斯拉新能源整车项目是上海自贸区史上最大一笔外商制造业投资，预估投资金额 50—100 亿美元。特斯拉规划 2021—2022 年完全投入运营，产能预计初期将达到年产约 25 万辆，并将逐步增长至年产 50 万辆。上海工厂顺利建成后将成为特斯拉旗下规模最大工厂，体现临港新片区外商投资开放，未来伴随物理面积扩围，特斯拉有望形成"示范效应"吸引更多外商在园区内投资建厂。

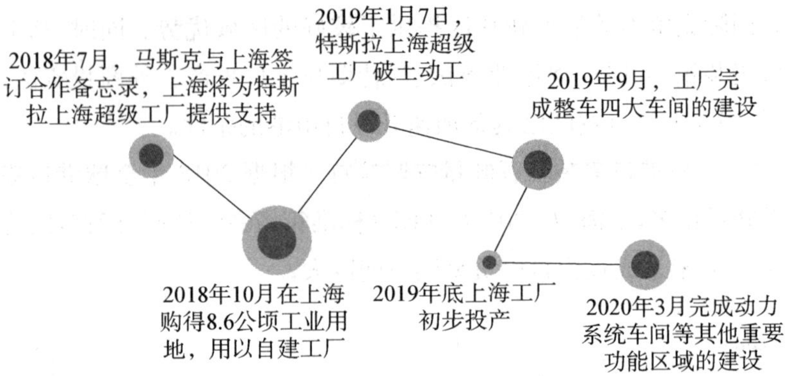

图 1.5　特斯拉上海超级工厂时间进程

资料来源：课题组整理。

④《外商投资法》通过负面清单、金融开放等多维制度创新加码。《外商投资法》于 2020 年 1 月 1 日施行，针对外商投资准入、促进、保护、管理等方面设立了框架与规定，为未来上海自由港开放外商投资提供法律依据。除了《外商投资法》，上海自贸区在负面清单、金融开放上也有较大突破，包括吸引外资金融机构集聚、便利外资金融机构落户、支持境外创新企业发行 CDR，开通"沪伦通"等。

二、临港新片区经济特区立法权理论探究

作为我国国家立法权的特殊表现形式，经济特区立法权本身所具有的独特优势，可为特殊经济区域改革发展提供强大的推动和保障作用。《总体方案》明确规定，新片区参照经济特区管理。该规定为争取新片区的经济特区立法权，提供了一定的依据。

从全国人大及其常委会对经济特区立法的授权决定来看，经济特区人大及其常委会实际上获得了在本区域内享有超出省一级人大及其常委会的法规制定权。它可以创设特区范围内的实体权利、义务，或者将宪法、法律已规定的实体权利和义务加以具体化。它还可以在遵循宪法的规定以及法律和行政法规的基本原则的前提下，就经济特区的重大事项作出规定。特区人民政府由于受其职权制约，在立法的内容

范围上同特区人大及其常委会有着重大的区别，它所制定的特区规章，不能创设实体的权利义务和重大程序，它只能将行政法规和特区法规具体化。

（一）《立法法》对经济特区立法权的规定

2000 年通过的《立法法》第 65 条、第 81 条对经济特区授权立法作了直接规定。第 65 条规定："经济特区所在地的省、市的人民代表大会及其常务委员会根据全国人民代表大会的授权决定，制定法规，在经济特区范围内实施。"第 81 条第 2 款规定："经济特区法规根据授权对法律、行政法规、地方性法规作变通规定的，在本经济特区适用经济特区法规的规定。"此外，立法法中对授权立法的一般性规定，也适用于经济特区授权立法，如"根据授权制定的法规与法律规定不一致，不能确定如何适用时，由全国人民代表大会常务委员会裁决。""根据授权制定的法规应当报授权决定规定的机关备案。"对有关授权决定中的经济特区政府规章，立法法未做规定。

根据《立法法》的框架体系，经济特区立法权虽然从形式上属于地方立法范畴（存在于"地方性法规、自治条例和单行条例"一节中），但由于其权源系全国人大授权而产生，本质上是国家立法权的延伸，是国家立法权的一种特殊表现形式。

根据《立法法》规定，经济特区法规具有三方面的特殊性：

1. 法规的创制权。即在上位法缺位的情况下，经济特区法规可以创制性规定有关事项。这在改革开放初期，由于国家法制不够健全、完备而更加凸显。需要指出的是，创制权不是经济特区立法权的独有特性，因为根据《立法法》第 72 条的规定，省级人大及其常委会根据本行政区域的具体情况和实际需要，在不同宪法、法律、行政法规相抵触的前提下，可以制定地方性法规。只是一般而言，经济特区立法的创制性适用较一般地方立法更为普遍。

2. 对上位法的变通适用性。这是经济特区法规的主要特性，也是其独特价值所在。一般来说，拥有经济特区立法权所在地的人大及其常委会，可以在遵循国家法制统一原则，符合相关法律、行政法规基本原则的前提下，对上位法进行变通规定。而一般的地方立法，则必须严格遵循不得与上位法相违背的要求，其制定的地方性法规、规章大多是对法律、行政法规的实施性规定，不具有变通性。

3. 一定程度的优先适用性。一般来说，地方性法规必须遵循与上位法不抵触的原则，否则当然无效。但经济特区法规则可以有一定程度的例外。《立法法》第 90 条第 2 款规定，经济特区法规根据授权对法律、行政法规、地方性法规作变通规定的，在本经济特区适用经济特区法规的规定。《立法法》第 95 条第 2 款规定，如果该经济特区法规与法律规定不一致，不能确定如何适用时，应当由全国人大常委会裁决。也就是说，与法律规定不一致的经济特区法规，并非一定当然无效，而是具有一定程度的优先适用性。

（二）经济特区法规的性质和效力

有关授权决定未对经济特区法规性质作出规定，《立法法》第 81 条第 2 款、第 86 条第 2 款规定了经济特区法规在经济特区内的优先适用效力以及解决法律冲突的原则，但未明确它的性质和效力等级。由于理论上对经济特区法规与法律和行政法规、部门规章、一般地方性法规等几层关系的理解不一致，导致在执法、司法实践中，尤其是经济特区与非经济特区之间的经济案件审理中的法律、法规冲突现象比较严重。

1. 代理说。以“代理说”为理论依据，提出经济特区授权立法实质上是最高国家权力机关向经济特区让渡部分国家立法权，是全国人大立法权的逻辑衍生，超越了一般地方立法的范畴，享有与全国人大立法同等的效力。

2. 立法权转移说。以“立法权转移说”为理论基础，提出立法主体通过授权行为使其立法权转移到一个无此项法定立法权的国家机关，立法权性质的转移意味着授权立法的地位应与接受授权机关原来的立法地位相适应。据此，经济特区法规的效力等级等同于经济特区所在地运用较大市立法权制定的地方性法规。

3. 新型授权立法说。部分学者提出经济特区授权立法是一种新型授权立法，它既非国家立法权的一部分，也不同于地方的立法模式，是一种新型的地方立法权。

一些学者提出，经济特区授权立法是中国改革开放的特色产物，传统理论很难为其性质与效力提供依据。经济特区授权立法与法律、行政法规、一般地方性法规之间的关系，关系到利益调整和权力冲突问题，很难靠法律诠释来解决。当前关键在于解决法律冲突的程序设置，《立法法》第 86 条仅作了原则性规定，操作程序的健全完善要尽快提上议事日程。

总之，无论何种学说都有一个基本依循，即经济特区立法权来自国家的授权。解析经济特区立法权的性质，离不开立法权、权力主体、权力来源和立法位阶。周旺生教授认为，立法权就是为主权者所拥有的，由特定的国家政权机关所行使的，在国家权力中占据特殊地位的，旨在制定、认可和变动规范性法律文件以调整一定社会关系的综合性权力体系。我国是独立主权国家，立法权在我国属于国家所有，是国家主权的组成部分，这一点容易理解。但是，立法权由什么样特定的国家政权机关所行使呢？这还得考察什么样的国家政权机关有权立法，即立法权力的来源。抛开理论单从现实认知来看，宪政国家的国家政权机关以及立法权首先来源于宪法。在宪法之下，我国还有《地方各级人民代表大会和地方各级人民政府组织法》《立法法》规定立法权限。

在 1992 年深圳获得经济特区立法权之前，《立法法》尚未颁布。根据 1982 宪法和 1986 年修正的《地方各级人民代表大会和地方各级人民政府组织法》，享有立法权的最低层级是省所在地的市和“较大的市”，深圳不在其列，深圳并没有法定立法职权。但是，除了法定职权立法，立法权还有来源，那就是享有法定立法权主体的授权，这就是授权立法。授权立法，是指享有法定立法权的主体将自身所享有的立法权授予给另一个能够承担立法责任的机关，该机关根据授权要求所进行的立法活动。当今世界大多数国家都实行授权立法制度，即使在奉行“三权分立”的美国，国会授权行政机关立法，也是立法的重要组成部分。

在我国，虽然自中华人民共和国成立以来所颁行的宪法中都没有授权立法的规定，但是在实践中也实行了授权立法，如全国人大常委会授权深圳立法。《关于授予深圳经济特区立法权的议案》规定，授权深圳市人民代表大会及其常务委员会根据具体情况和实际需要，遵循宪法的规定以及法律和行政法规的基本原则，制定法规，在深圳经济特区实施，并报全国人民代表大会常务委员会、国务院和广东省人民代表大会常务委员会备案；授权深圳市人民政府制定规章并在深圳经济特区组织实施。根据授权决定，深圳经济特区的立法权限“遵循宪法的规定以及法律和行政法规的基本原则”，即不能违反宪法规定，不能违反法律和行政法规的基本原则。但是，授权决定是一揽子的授权，没有限定立法事项。因此，深圳经济特区的授权立法事项非常宽泛，立法实践空间很大。

（三）经济特区法规的位阶

由于经济特区法规享有一定的立法变通权，这就使得其与法律、行政法规、地方性法规之间的位阶关系比较特殊，不能简单地加以界定。

当然，经济特区法规享有立法变通权，这并不意味着此种法规中全是变通性规定。根据宪法的规定，经济特区法规的制定机关也有权依据宪法赋予的职权制定地方性法规。在通常情况下，具有双重地方立法权的机关应当根据立法目的和需求的不同，选择相应的立法形式。由于经济特区法规比地方性法规的立法权限范围大，有权机关在制定经济特区法规时，对应当制定地方性法规的事项一并作出规定，不会产生越权立法的问题。在立法实践中，基于立法成本、立法效率等因素的考量，有权机关在制定经济特区法规时，常常将本应制定地方性法规的事项一并纳入，这就导致经济特区法规中大多包含着具有地方性法规性质的规定。甚至，在有些时候，有权机关特意采取经济特区法规的立法形式来制定地方性法规，以达到提高地方立法权威性的目的。所有这些因素，导致经济特区法规在内容上呈现出多元化的特点。

根据立法内容的不同，经济特区法规有三种基本类型，第一类是先行性、试验性的经济特区法规，第二类是补充性、执行性的经济特区法规，第三类是变通法律、法规的经济特区法规。以上第一类系有权机关根据授权对除法律绝对保留事项以外国家尚未制定法律、行政法规的事项作出的规定，第二类系有权机关就完全属于地方性法规权限范围内的事项作出的规定，第三类系有权机关根据授权对法律、法规的规定予以变通而作出的规定。不过，从经济特区立法实践来看，多数经济特区法规中既有先行性、试验性的规定或者补充性、执行性的规定，又有变通法律、法规的规定以及照搬照抄法律、行政法规的重复性规定。

混合性、复合性的经济特区法规包含着不同类型的规定，不能执着于对其位阶作出单一的界定，而应就其中不同类型规定的位阶分别作出界定：

1. 先行性。试验性的经济特区法规存在的前提是国家尚未就相关事项制定法律、行政法规，其具有暂时补充法律、行政法规的性质和作用。一旦中央国家机关就相关事项制定法律或行政法规，这种经济特区法规即无存在的必要。在此意义上，先行性、试验性的经济特区法规的位阶应与同一机关制定的地方性法规相同，低于法律、行政法规。

2. 补充性。执行性的经济特区法规是对法律、行政法规的规定予以具体化、细节化的产物，同一机关依法定职权制定地方性法规时也可作出与其内容完全相同的规定，故此类经济特区法规只是名义上的经济特区法规，其实质与同一机关制定的地方性法规无异。与此相适应，此类经济特区法规的位阶自应与同一机关制定的地方性法规相同。

3. 变通性。变通法律、法规的经济特区法规具有在一定期限和范围内“替代”该法律、法规的效果。目前，理论与实务界对经济特区法规位阶问题的探讨，主要就是围绕变通法律、法规的经济特区法规而展开的。对此类经济特区法规的位阶，无论是认为其与经济特区法规可以作出先行性、试验性规定的事项范围取决于全国人大的授权。但凡属于法律绝对保留事项范围的事项，全国人大不得授权经济特区所在地的省、市的人大及其常委会作出规定。

相比之下，按《立法法》第 73 条第 2 款规定，地方性法规无权就法律保留事项作出先行性、试验性规定。按《立法法》第 73 条第 4 款精神，对法律、行政法规已经明确规定的内容，经济特区法规通常不应作重复性规定。但是，在经济特区立法实践中，大部分经济特区法规或多或少都有一些重复性规定。法律相同，还是认为其与行政法规相同，抑或是认为其与同一机关制定的地方性法规相同，都存在这样或者那样的问题。变通法律、法规的经济特区法规的位阶应当与其所变通的对象相同。

经济特区法规根据授权可以变通法律的规定，也可以变通法规的规定，还可以对法律、法规或者对不同类型的法规同时作出变通规定。根据变通法律、法规的经济特区法规的位阶与其所变通的对象相同这一见解，在其变通对象为单一类型的规范性文件时，自可对其位阶作单一的界定，而在其变通对象并非单一类型的规范性文件时，则无法对其位阶作单一的界定。在后一种情况下，只能对其中不同变通规定的位阶分别作出界定，即变通法律的规定具有与法律相同的位阶，变通法规的规定具有与该法规相同的位阶。在这种情况下，如果仍然执着于对整部经济特区法规的位阶作出单一界定，就会产生这样或者那样的问题。试想一下：一部同时对法律、行政法规予以变通的经济特区法规，若认为其具有与行政法规相同的位阶，在其与被变通的法律不一致时，根据“上位法效力优先原则”，只能适用被变通的法律的规定，这将导致立法变通权的目的落空；若认为其具有法律的位阶，将产生对变通行政法规的规定赋予和法律同等之效力的结果，这又与“变通行政法规的经济特区法规具有和行政法规相同的位阶”的精神相违背。

须强调的是，变通法律、法规的经济特区法规与其所变通的对象具有相同的位阶，应以该法规符合授权目的且未超出授权范围为前提。经济特区法规所作的变通如果违背授权目的或超出授权范围，就不具合法性，自然不具有与其变通对象相同的法律效力。

综上，对经济特区法规的位阶作出界定时，不能执着于对其作单一的界定。对于不同类型的经济特区法规，应当根据其性质和特点，运用法源位阶理论，分别作出相应的界定。

经济特区法规是比较特殊的地方法规,《立法法》未对其位阶作出明确界定,正是考虑到其特殊性。理论与实务界在对经济特区法规的位阶作出界定时,也必须充分考虑到这一特殊性,才有可能获致正确的结论。对于具体适用经济特区法规的机关来说,具有实质重要性的不是作为一个整体的经济特区法规的位阶,而是其中个别条文规定的位阶。

(四) 经济特区立法权与地方本身立法权的衔接与协调

经济特区立法权因我国改革开放的伟大实践而产生,在国家法制不够健全的历史条件下有其合理性与必要性。但是,随着国家法制建设的日趋健全完善,经济特区立法权的合法性也越来越受到质疑与批评。对此,我们认为,应当作两方面分析:

1. 由于"改革开放永无止境",只要改革开放永远在路上,客观上就一直需要发挥改革开放的"试验田"和"窗口"的作用。作为我国改革开放前沿的上海,也必将越来越被国家寄予改革先行先试的期望并赋予重任。作为改革开放立法保障的经济特区立法权,作为一项具有重要价值的制度安排,必将长期存在。2019 年 8 月 9 日,党中央国务院发布的《中共中央国务院关于支持深圳建设中国特色社会主义先行示范区的意见》明确:深圳市要"用足用好经济特区立法权,在遵循宪法以及法律和行政法规的基本原则前提下,允许深圳立足改革创新实践需要,根据授权对法律、行政法规、地方性法规作变通规定",就是对经济特区立法权充分肯定的最新进展和体现。

2. 经济特区立法权的行使应当遵循必要、谨慎、有效的原则。按照上文分析,《立法法》在继续保留经济特区立法权的前提下,对其行使作了一定的限制和规范。根据《立法法》有关省级行政区域的立法权限规定,上海如果获得临港新片区的经济特区立法权,将出现两种立法体系并存的格局。这两种立法体系可以相互补充,也会使得经济特区立法权的行使更趋有序、合理。

一般来说,上海的地方立法权适用于全市行政区域,而临港新片区经济特区立法权只能适用于新片区。其次，从适用领域来说，地方立法权的规制范围较广，地方性法规可以规定“属于地方性事务需要制定地方性法规的事项”，而经济特区法规只能根据授权决定，一般围绕经济特区的经济发展、对外开放等。最后，地方立法权的行使主体包括市人大及其常委会和市政府，而临港新片区的经济特区立法权只能由市人大及其常委会行使，市政府不能享有。基于上述三方面区别，可以有针对性地行使地方性立法权和经济特区立法权。

在地方立法权与经济特区立法权并存的格局下，为使两个立法体系有效衔接、协调运用，应根据立法谦抑原则，尽量首先行使省级行政区域本身固有的地方立法权，即使涉及先行先试的立法，也并非一概动用经济特区立法权。只有当需要立法的事项直接针对临港新片区，且内容超越地方立法权限，需要对上位法进行变通适用时，才可以行使经济特区立法权，使经济特区立法权的行使做到必要、谨慎、有效。

总之，上海如能争取到临港新片区的经济特区立法权，市人大及其常委会即可针对新片区制定相关经济特区法规，可为新片区改革发展提供更为持续、高效的法治保障。

三、经济特区立法应有的限制

（一）经济特区立法应当坚持的原则

1. 维护国家法制统一

制定特区的法规、规章不能违背宪法的规定和原则；应当遵循法律和行政法规的原则或基本原则；要保证宪法、法律、行政法规在特区贯彻实施。第一是宪法的规定。我国的宪法是国家的根本法，具有最高的法律效力，宪法的各项规定都必须得到全面的遵守和执行。因此，宪法的规定是不能变通的。第二是法律和行政法规的基本原则。一部法律的基本原则是这部法的或某一法律领域的基础或出发点，是其灵魂与核心。它们既可能是一些政策性原则，也可能是一些公理性原则，而不论是政策性原则还是公理性原则，它们往往是以“基本原则”的法律语言在这一部法中表现出来且其基本精神贯穿于整部法律之中。一部法律或某一法律领域作为一个有机整体，正是依靠这些基本原则得以维系和保证。因此，经济特区授权立法对其上位法——法律和行政法规的基本原则是绝对不能作出变通性规定的，否则它将毁坏法律和行政法规的根基，进而导致对整部法律和行政法规的否定。第三，法律和行政法规中的专门规定，法律和行政法规中的专门规定是指法律和行政法规专门就经济特区立法所做的规定，它包括实体的规定和程序的规定，例如有关授权决定和《立法法》中有关经济特区授权立法的规定。由于这些专门规定是经济特区立法的依据和运行规则，如果经济特区授权立法突破这些规定，就等于否认了自己立法的法的依据，破坏了其法定的运作规则，因此，这些规定是不能突破的。

2. 从特区具体情况和实际需要出发，符合特区实际

特区立法具有特殊性，突破了与法律、行政法规"不相抵触"的规定。可以从特区实际情况出发，适度突破国家法律、法规的某些条款，在法规中规定特殊政策、变通规定和灵活措施，以利于特区在进一步改革开放中进行探索和试验。如在《海南经济特区土地管理条例》中有关征地审批权限、集体土地有偿出租转让等问题均对国家有关法律有所突破。

3. 借鉴发达国家或地区立法经验

经济特区这方面做了大量工作，如深圳特区在制定立法规划方面，借鉴港台和发达国家市场经济立法的种类和项目，结合深圳的实际，选定题目制定规划，然后在各项法规的具体规范内容上进行学习借鉴，使之既符合国际惯例，又符合特区实际，还要遵循国家法律、法规的原则。

4. 不能就政治改革进行立法

经济特区授权立法的重点是经济立法，在经济立法方面利用自身的优势开拓创新。虽然经济特区授权立法必然会涉及到某些行政管理问题，必然会联系到某些行政体制改革的问题，但中国经济特区并不是政治特区，举凡与经济体制改革、扩大开放有关的一些政治领域如行政方面的事项，经济特区授权立法必须十分慎重，不得突破上位法的规定。

（二）经济特区授权立法的权限

有关授权决定采用笼统的表述，规定“根据具体情况和实际需要，遵循宪法的规定以及法律和行政法规的基本原则，制定法规”。《立法法》则规定“经济特区法规根据授权对法律、行政法规、地方性法规作变通规定”。通常认为经济特区授权立法可以对法律和行政法规进行变通和填缺。但如何界定“基本原则的内涵”、“变通”的尺度、“填缺”的空间，在理论和实践中一直争议较大。

1. 关于“法律和行政法规的基本原则”

一种意见认为，应指该法律或行政法规的基本宗旨和指导思想、所需确立的基本制度以及该法律或行政法规总则中规定的贯穿于该整个法律或法规的总原则，有关 WTO 的规则也应包含在基本原则范畴内。另一种意见认为“法律、行政法规的基本原则”是法律或行政法规的立法精神和倾向，为了便于经济特区立法创新，在理解上宜粗不宜细，必要时再就具体立法问题请全国人大常委会作出指导和解释。

2. 关于“变通”的尺度

根据《立法法》第 98 条规定，经济特区法规报送备案时，应当说明对法律、行政法规、地方性法规作出变通的情况。此举有助于防止过去对法律、行政法规等的变通适用过于宽泛而引致的经济特区立法权肆意、任性行使的疑虑，也对新形势下经济特区立法权的规范化运行提出了新的要求。

在实践中，有时会出现经济特区法规在制定时尚无上位法的规定，在其制定实施后，国家出台了相关法律或行政法规，且有关规定与已制定的经济特区法规相冲突的情况。在此情形下，制定在先的经济特区法规可否以“变通”为由，不作符合相关法律或行政法规的修改或废止？在实践中，深圳“贤成大厦案”即因作为经济特区法规的 1995 年《深圳特区企业清算条例》与作为行政法规的 1996 年《外商投资企业清算办法》有关规定发生冲突，而深圳市中级法院和广东省高级法院均认为前者优先适用。对此，如果根据上述《立法法》第 98 条有关经济特区立法变通适用的备案说明的规定，创制性的经济特区法规并不属于经济特区变通立法，违反制定在后的上位法，应当与一般地方性立法同样归于无效。

3. 关于授权立法的事项范围

（1）依据《立法法》规定，有关国家机关、国家主权、刑事法律制度、公民基本政治权利和人身自由权利、司法制度以及明确属于国家事权的立法权，必须由全国人大及其常委会行使，不属授权范围。从七个法律部门对应分析，经济特区授权立法不能涉及宪法和宪法相关法、刑法、诉讼与非诉讼程序法，行政法、民法、商法、经济法、社会法的立法领域，则可在一定范围内涉及。(2)对“法律保留”事项的排除。根据《立法法》第8条有关“法律保留”的规定，11大类事项只能以法律的形式加以规定，包括对非国有财产的征收、征用，民事基本制度，基本经济制度以及财政、海关、金融和外贸的基本制度等以往经济特区立法经常会涉及的领域。(3)可以增设有关请求授权立法的制度，根据需要，经济特区所在地的省市的人大及其常委会可以向全国人大及其常委会提出授权立法的请求，全国人大代表或全国人大常委会组成人员也可以依法提出授权立法议案，由全国人大及其常委会决定。(4)鉴于经济特区建立之初授权立法的需要，当时采取了“一揽子”授权方式，但随着法制的健全和完善的需要，现在应采取限制和列举并用的方式，在法律中对经济特区立法的权限范围作出明确规定。

（三）经济特区授权立法的民主参与和监督机制

与“放权”相匹配，更重要的配套制度建设还在于事前的“民主参与”机制和事后的“违法审查”机制。扩大地方立法权，势必会提升法律冲突的风险。一个能有效纠错并维护好相对应人合法权益的监督机制和救济渠道，应及时建立与疏通。

1. 民主参与机制

现代立法制度要求立法过程的民主性，立法的内容要体现出民意。从整体来看，特区立法在民主化方面做了许多有益的尝试，如召开立法听证会、在各种媒体上公布法规草案听取意见等。但有些地方，立法的民主化并没有形成制度，听证会有时召开，有时又不召开。因此说，经济特区立法的民主化还有许多地方需要完善。随着我国民主法制进程的深入以及互联网技术的广泛推广运用，包括微博等多种信息交流沟通方式的普及，普通民众对于社会问题的关注度、熟知度，对公民在社会公共生活中地位的认识都获得了前所未有的深化。尤其在经济特区城市，民众对于包括立法领域在内的广泛社会公共领域有更高的参与热情和更为便利条件。以此为理由，经济特区立法应当加快其民主化进程，切实回应民众参与立法的强烈诉求。

首先，应当切实改变闭门立法的传统，充分贯彻立法公开的原则，通过多种渠道和途径及时向公众公开特区立法规划、立法事项、立法进程、立法草案等内容，保障经济特区立法权的阳光行使、各项立法活动都在公众的关注下，透明地开展，保障公民的基本知情权和监督权，以杜绝立法腐败，提高立法的质量。其次，应当明确公民参与特区立法的相关权利，不断拓宽渠道、完善程序，保障公民对特区立法活动的广泛参与，同时建立公众意见反馈机制，保障公众参与的有效性，提升民众意见对特区立法工作的影响力。再次，应当密切立法机关与经济特区城市居民之间的联系，通过走访、调研、座谈等方式，立法机关的工作人员深入基层、深入民众，时刻对民众情绪保持敏感，在立法过程中对民众的利益诉求积极作出反应，并以此培养和增强其事业心和荣誉感，增强了立法过程的公开性与透明度，实现立法的民主化与科学化。最后，还应重视经济特区民主党派、无党派人士、社会团体等在特区立法中作用的发挥，积极邀请他们参与立法工作，主动倾听他们的意见，并形成充分发掘和集中民主意见，提高立法的民主性。

2. 监督机制

分析授权决定和《立法法》的有关内容，关于经济特区授权立法的监督机制包括两个层面：一是授权机关有权撤销被授权机关制定的超越授权范围或者违背授权目的的法规，必要时可以撤销授权；二是接受经济特区法规备案的机关对经济特区法规的审查。

有些学者认为，作为经济特区立法的授权机关，全国人民代表大会会期较短，难以对授权实施真正的监督。在备案上，也存在几个方面的问题。一是在备案主体上，根据相关授权规定，备案主体涉及全国人大常委会、国务院和省人大常委会三个主体，后两者有无审查权，并无规范明确。二是在理论上，备案审查的标准不明确，三个备案机关之间缺乏有效的沟通，各备案机关可能会基于对“基本原则”的不同理解，作出相互矛盾的审查结论。三是从实践中看，备案机关对报送备案的规范性文件大都备而不查，流于形式。对此，学者强调要完善经济特区法规备案审查制度和法规冲突协调机制作为完善有关立法的重要内容，同时建立对备案的主动审查制度和终止授权立法的明示制度。

有些学者提出，授权立法监督包括对程序的监督，许多国家都在授权法中明确规定了授权立法程序，被授权机关必须按照程序立法，否则监督机关可以以违反程序要求而宣布授权立法无效。一些学者还提出，要建立重要授权立法的批准制度，一些重要的授权立法应当在授权主体审查批准后才能生效。

四、实践中特区立法应当处理好的关系

（一）特区授权立法与世贸规则的关系

非歧视原则和透明度原则是世贸组织及其法律制度的两大基本原则，它们作为分别从实体和程序两方面保障国际贸易平等秩序的两大基本原则，必然对世贸组织成员国的立法提出统一、公正与透明的要求。中国经济特区授权立法作为中国立法体制的重要组成部分，作为拥有特殊立法权的地方立法，必然要受到这些要求的影响，并因此有了更高的要求。我们不否认，国民待遇原则是世贸组织的重要基本原则之一，但我们也不能不同时注意到国民待遇原则适用范围的有限性及其诸多例外性规定。而且，从《中国议定书》第 2 条(B)款第 3 项来看，世贸组织并不排斥特区经济区的存在以及对特殊经济区内的企业提供优惠安排的做法。中国在经济特区内实施一些特殊的政策并不违背世

贸组织的国民待遇原则，经济特区及其立法还是有其存在的合理性和空间的。同时，从世界范围内关于经济特区的实践来看，世贸组织成员大都设有经济特区，当今世界上的1000多个经济特区，其所在国和地区大多是世贸组织的成员。

衡量中国经济特区近年来的立法状况，以下几个方面还有待于改进：

1. *在立法的统一方面*。贸易制度统一实施的首要要求在于，中国法律、法规及其他措施均应与世贸规则和我国的对外承诺相统一，在这一大前提下，中国的法律、法规及其他措施之间也应保持统一。对于经济特区而言，为达到这两项统一，除了应当对不符合世贸规则和我国对外承诺的法律文件进行清理外，还应当处理好经济特区授权立法与中央立法之间的关系以及经济特区不同形式的立法之间的关系。

2. *在立法的公正方面*。世贸组织对其成员国立法提出的公正要求是指一国相关的法律应当以公正的方式得以实施。依世贸规则，中国在对经济特区内的企业提供优惠安排时，应当全面遵守非歧视和国民待遇原则。但目前我国给予外商投资企业优于国内企业的所谓"超国民待遇"依然存在，因此，经济特区应当尽快取消"超国民待遇"，将一切优惠安排同等地提供给区内的外商投资企业和内资企业，使内外资企业公平竞争，才能实现世贸组织关于立法公正的要求，兑现中国政府相应的承诺。

3. *在立法的透明度方面*。世贸规则对立法提出透明度要求，主要目的在于保证各成员国涉外经济政策的可获得性，保障贸易关系的安全性和可预见性。中国经济特区是外商进行贸易和投资的集中地区，经济特区的经济法律环境最涉及外商的切身利益。由于经济特区授权立法具有较大的自主性，使得经济特区的贸易政策更不具有可预见性，而且，在同一个经济特区所在地的市，经济特区内与区外的政策也不完全相同，这些都引起了外商对经济特区立法透明度的特别关注。因此经济特区授权立法主体应通过官方刊物及时公布有关影响货物贸易、服务贸易、TRIPs（与贸易有关的知识产权协定）或外汇管制的法规，并在法规实施之前提供一段可向有关主管机关提出意见的合理时间。

（二）经济特区授权立法与政策的关系

中国经济特区的“特”，除了经济特区在全国改革开放和现代化建设中具有“窗口”的历史地位和“试验区”的作用外，还“特”在国家让特区实行与一般地区有所不同的特殊政策，如国家在利用外资、海关、财税、外贸、进出口、外汇、金融、国土开发、房地产、企业、劳动工资等方面均赋予经济特区与一般地区有所不同的特殊政策。以国家赋予的优惠政策为启动机制，并同区位优势相结合，这是长期以来中国经济特区取得举世瞩目的成就的主要原因，同时也是经济特区授权立法的优势所在。

经济特区授权立法仍应立足于经济特区的优势上，只有充分利用经济特区的优势，并充分发挥授权立法的特有功能，才能拓展空间。中国经济特区的优势在设立前期主要表现在政策优势，经济特区依靠着国家赋予的优惠政策，大胆改革、积极创新，通过实行特殊的经济政策和经济管理体制，使经济特区迅速发展起来。经济特区的最大优势是经济特区享有授权立法权，因为，无论是政策优势还是体制优势、区位优势、产业优势、人才优势及环境优势的形成和提升都有赖于经济特区的授权立法的推动。另外，国家在希望经济特区继续担当“排头兵”“窗口”和“试验区”的角色的同时，还会在必要时给予经济特区政策上的扶持，加之经济特区已有的政策优惠，国家并不会完全在内地实施，经济特区与内地在政策上仍存在着时间差和势能差，经济特区授权立法也应保住这一优势并及时地将国家给予的特殊政策法律化和制度化。

（三）经济特区授权立法与政府及利益团体的关系

经济特区授权立法如何从程序上尽量避免部门立法倾向，保证其立法能最大限度地反映和满足社会各利益团体的要求，使其利用自身优势拓展立法空间能得以顺利进行，同样是必须关注的命题。“多元社会秩序”是民主国家的一个主要特征。在这个“多元社会秩序”中，各利益团体总是通过各种途径追求其利益的“最大化”。

在我国最大的利益团体是工会和妇联，近些年又出现了各种行业协会，如律师协会、会计师协会等。工会与妇联在国家政治生活中已占有重要的地位，它们已具有行政机构的特征，通过各种途径参与政府决策，影响政府和人大的立法。但就人大立法而言，相对于政府对于人大立法的影响来说，无论是工会、妇联还是行业协会都大为逊色。由于社会和经济的发展，需要立法调整的社会关系日益增多，特别是随着科学技术的迅速发展、立法内容的专业性、技术性越来越强，立法机关无法满足大量立法需求，于是往往将法律草案交给政府职能部门去起草，这对于需要立法调整的社会关系得到及时、有效地调整是十分有利的。但这也产生了一些负面的问题，如一些政府职能部门把立法看作是部门之间权力和利益的再分配，在法案起草中尽量扩大本部门的权力和利益，致使法案中部门倾向相当严重，而其结果便是在不同程度上影响或损害了其他利益团体或公民个人的权益。

建立利益制衡机制是克服这一现象的有效措施。所谓利益制衡机制是指让各利益团体都能通过各种途径参与到立法中，为各种利益和意志的融合留下空间，同时采取有效的方式，保持各利益团体的利益均衡，使各种力量在相互牵制中达成平衡的机制。我国《立法法》在程序的设计方面，强调了立法的民主性，并通过设置座谈会、论证会和听证会以及公布法案等形式让各利益主体参与立法，发表自己的看法并提出相应的建议。同时通过各专门委员会及统一审议的设置为协调和整合各方利益提供了程序上的保证。但现行立法程序的设计主要是针对立法机构的，且有关座谈会、论证会和听证会的规范是以任意性规范的形式表现出来，因此利益制衡方面的制度设计还有待完善。

参与权的赋予是利益制衡机制启动并有效运行的前提条件，各利益团体只有享有了参与权，且主动地参与到立法过程中，它们才有可能充分地发表自己的意见，也才有可能通过参与权的行使，达成对政府及其他利益团体的制衡。立一个法需要经历一个过程，这个过程可以分三个阶段：一是立法准备阶段，是指在提出法案前所进行的有关立法工作；二是由法案到法的阶段，是指由法案提出到法的公布这一系列正式的立法活动所构成的立法阶段，是立法主体通过正式的程序产生法的阶段，在我国它包括提出法案、审议法案、表决法案及公布法这四道程序；三是立法的完善阶段，是指法案成为法后，使该法进一步臻于完善的阶段，它包括立法的解释，立法的修改、补充和废止，法的整理、汇编及编纂等。无论是哪一阶段，都存在利益协调和利益整合的问题。因此，只有从法律上明确赋予利益团体的参与权并为它们提供发表意见的平台，如将立法听证会规范化、制度化，使它们通过合法有效的途径加入到利益的协调和整合中，这样制定出来的法才有可能是各方利益协调、妥协的结果，才能最大限度地反映各方的利益，部门立法倾向才有可能逐渐得以克服。

强化人大在立法中的协调作用是利益制衡机制有效运行的保证。由于经济特区的人大及其常委会是国家地方权力机关，这就决定了它在经济特区立法中处于主导的地位。但由于主客观的原因，有些经济特区的人大或人大常委会在立法中的主导作用并没有充分发挥，导致现行的协调机制，如我国《立法法》规定的人大的立法搁置权，尚不能有效地运行。协调各方利益则既是人大的权力也是它的义务。倘若人大在立法中高度重视并充分地应用现行法律的规定一系列协调措施，如立法听证，并将之贯穿于立法的全过程，利益制衡机制就能有效地运作起来，利益制衡机制的功能也能得以充分发挥。

五、临港新片区改革法治保障路径

(一) 国家层面

近年来国家为自贸试验区改革等提供法治保障主要采取的是调法模式，即对于阻碍改革推进的法律、行政法规有关规定，适时作出调整适用的决定。这一路径使得重大改革于法有据，确保改革始终在法治的轨道上进行。

1. 国家进行调法的依据与实践

《立法法》第 13 条规定，全国人民代表大会及其常务委员会可以根据改革发展的需要，决定就行政管理等领域的特定事项授权在一定期限内在部分地方暂时调整或者暂时停止适用法律的部分规定。上述规定是国家调法的依据，也是对实践的总结与固化。自 2013 年 8 月以来，国家层面就保障上海及各地自贸试验区改革和发展，多次作出有关授权调法决定。其中，全国人大常委会分别于 2013 年 8 月 30 日、2014 年 12 月 28 日和 2019 年 10 月 26 日，先后三次作出授权国务院在有关自贸试验区暂时调整有关法律规定的行政审批或调整适用有关法律规定的决定，共涉及 10 部法律的有关规定。同时，国务院也先后于 2016 年 7 月 1 日、2017 年 12 月 25 日和 2020 年 1 月 15 日，三次作出在自贸试验区暂时调整有关行政法规、国务院文件、经国务院批准的部门规章规定的决定，共涉及行政法规 32 部，国务院文件 6 件、经国务院批准的部门规章 6 件。

国家层面适时调法，为自贸试验区改革发展及时破解了法律瓶颈与障碍。需要强调的是，《立法法》仅规定了法律的调整适用，未规定行政法规的调整适用，原因可能是 2015 年《立法法》修订时，实践中尚未发生国务院调整行政法规适用的实践，因而没有固化入法。但国务院比照全国人大常委会作出调整行政法规的决定，既有其法理上的正当性，也具有贯彻全国人大常委会有关法律调整适用决定的必要性。因为我国很多法律在制定后往往都制定了相关配套性的行政法规，如果只调整法律而相关配套性行政法规保持不予相应调整，则法律调整适用的目的也难以完全实现。

鉴此，对于新片区改革的法治保障问题，《总体方案》在既有自贸试验区改革经验的基础上明确规定，新片区的各项改革开放举措，凡涉及调整现行法律或行政法规的，按法定程序经全国人大或国务院统一授权后实施。因此，在推进新片区改革发展中，市人大常委会和市政府应加强与全国人大常委会和国务院有关部门的沟通，根据改革需要适时向国家层面提出对有关法律、行政法规、国务院文件等的调整适用的建议，通过“打包”调法，及时破解新片区改革发展中的法制瓶颈和障碍，确保改革始终保持在法治的轨道上进行。

2. 国家有关改革调法的规范化要求

在我国统一的法制体系大框架下，全国人大常委会和国务院有关调整法律、行政法规和国务院决定等的行为，也越来越受到法治约束。2015 年修订后的《立法法》在原有规定的基础上，对授权立法作了更严格的规定，根据该法第 10 条的规定，授权决定应当明确授权的目的、事项、范围、期限以及被授权机关实施授权决定应当遵循的原则等。授权的期限一般不超过 5 年。而且，还规定被授权机关应当在授权期限届满的 6 个月前，向授权机关报告授权决定实施的情况，并提出是否需要制定有关法律的意见。前述全国人大常委会有关自贸试验区改革的三次调法授权决定，均明确有关行政审批的调整试行期为 3 年。后对于经过实践证明可行的，全国人大常委会对涉及到的有关暂停实施的法律条款进行修改完善。

此外，根据《立法法》第 11 条的规定，由于授权调整法律部分内容实施有其期限限制，在相关法律制定后，相应立法事项的授权终止。也就是说，法律授权调整更加注重先行先试，而非长期适用。这就倒逼被授权地方必须在授权时限内推进改革并取得积极成效，这对于改革无疑是一种推动。

3. 国家授权调法的具体做法

根据《立法法》第 13 条，法律的调整适用包括“暂时调整或者暂时停止适用法律的部分规定”两种情形。因此，在请求国家调法中，应根据法律和行政法规等的不同特点，相应采取不同的针对性措施。一般来说，法律的调整大多较为简单直接，上述自贸试验区改革所涉三次调法内容大多为暂时停止实施相关行政审批，改为备案管理，或者对有关行为实行告知承诺制、取消有关审核要求等，尚未出现对法律的部分规定进行调整适用的情形。而行政法规的调整则更为全面，相关调整决定不仅明确对有关条款暂时不予适用，还会提出有关具体的补充性要求，或者明确国务院相关部门制定有关意见，使得相关改革举措更具系统性和直接适用性。

为此，临港新片区改革涉及国家层面调法需求的，应根据不同情形和需要，采取不同的路径选择。对于明显阻碍改革进行的法律规定，市人大常委会可直接向全国人大常委会或市政府通过国务院请求全国人大常委会授权在新片区内对法律的部分规定暂时不予适用即暂停实施，做到"重大改革于法不悖"。在此基础上，对与上述法律规定相关的行政法规、国务院文件或国务院批准的部门规章，请求国务院作出暂时不予适用的同时，并提出具体的工作要求或明确国务院有关部门制定具体的部门规章，或者授权上海市政府制定有关规章、决定等，做到"重大改革于法有据"。

需要注意的是，从法律、行政法规的普遍适用性及其制定过程的严谨性考虑，一般不宜请求对现行法律、行政法规作条款修改、增设或删除等，即应仅请求"停法"，而非"修法"，以增强调法请求的可行性。

4. 争取国家提供法治保障的具体路径

国家对临港新片区改革提供法治保障的具体路径，可以考虑争取经济特区立法权和征求国家调法适用"两条腿"一起走。

(1) 推动国家层面进一步明确临港新片区的定位

从临港新片区《总体方案》来看，可以认为临港新片区的建设目标就是要建成自由贸易港。自由贸易港是目前开放水平最高的特殊经济功能区，被赋予了更多的开放功能和更高的目标定位。因此，如能从国家立法层面对此加以确认，无疑会对加快推进新片区改革发展起到重要的保障作用。

目前，全国只有海南是被明确为建设自由贸易港。在推动国家立法保障方面，出席十三届全国人大二次会议的海南省代表团在大会期间，提出的关于启动海南自贸港法立法工作的议案被大会采纳，被列入了2019年全国人大常委会工作计划。目前，全国人大常委会正开展海南自由贸易港法的调研起草工作。因此，上海可以借鉴海南有关做法，借助海南自由贸易港法立法的"东风"，乘势而上，推动临港新片区立法相关工作。对此，可以搭乘海南自由贸易港法立法便车，争取在该法中增加一款，即“中国（上海）自由贸易试验区临港新片区建设参照本法执行”。市有关部门可以进一步加强与全国人大常委会相关部门和国家有关部委的沟通，力争将上述参照适用的规定写入法律，从根本上解决新片区的发展定位和法治保障问题。

（2）争取国家授权调整相关法规有关内容的实施

请求国家授权调法，应当遵循必要、可行、注重轻重缓急的原则。根据《总体方案》，临港新片区改革涉及投资、贸易、金融、海商、通讯、税收、数据流动、人员就业等诸多领域，涉及面广。据了解，根据2019年10月市人大常委会与全国人大常委会法工委的沟通情况，临港新片区管委会起草了请求全国人大常委会和国务院有关调整相关法律、行政法规等部分内容的报告，目前正在研究论证。相关建议调整实施的法律、行政法规主要涉及涉外民事关系法律适用法、民事诉讼法、仲裁法、专利法、著作权法、建筑法、法官法、文物保护法、出境入境管理法以及国际海运条例、注册建筑师条例、船舶和海上设施检验条例等。

经初步研究分析，上述调法建议大多与改革事项具有较强的指向性，可以积极向国家层面提出。其中，有些改革事项不仅需要调法，还需要做好与国家有关部门的沟通，积极争取支持方可开展。如探索实施沿海捎带业务，首先需要请求暂停实施《国际海运条例》第22条和《国内水路运输管理条例》第11条有关中国港口之间的运输等不得由外国国际船舶经营的禁止性规定；在此基础上，应按照《海商法》第4条有关法律、行政法规对上述禁止性规定作出例外规定的规定，请求国务院交通主管部门批准实施。同时，在提出建议前，要加强调法效果的针对性分析，做到所调法律规定与改革所要达到的目标相适应。如按照《总体方案》有关支持新片区加强国际商事纠纷审判组织建设规定，如提出对《涉外民事关系法律适用法》的适用范围条款增设允许新片区内涉外商事交易法律关系的当事人选择适用境外法律或者国际商事通行规则、商事惯例，可能难以达到改革的目标。因为该法调整的对象是“涉外民事关系”，并不涉及涉外商事关系，上述建议与法律本身调整对象并不兼容，不宜在该法中作上述规定，且欲在法律中增设条款，超出以往调法通常做法，可行性也较低。

总之，向国家层面提出调法建议，不宜贪大求全，而应针对阻碍改革推进的最迫切最急需的事项和领域，先易后难、循序渐进。同时，要加强建议事项的专业论证，确保调法建议的精确性、有效性。

（二）地方层面

临港新片区改革法治保障在着力推动国家层面授予经济特区立法权和适时作出调法决定的同时，还要高度重视上海地方性立法本身的重要作用。

1. 参照地方立法“两步走”的成熟经验

上海从开展自贸试验区试点之初，就非常重视地方立法对改革的保障作用，并初步形成了有着上海地方特色的法治保障路径。2013 年 9 月 29 日上海自贸试验区正式成立运作，市政府就于当日公布了《中国（上海）自由贸易试验区管理办法》，并自同年 10 月 1 日起施行。经过近一年的运作，市人大常委会于 2014 年 7 月 25 日通过《中国（上海）自由贸易试验区条例》（以下简称《自贸区条例》），自同年 8 月 1 日起施行，实现了自贸试验区地方立法从规章到地方性法规的升格，也为自贸试验区发展提供了更为有力的法治保障。

相对而言，政府规章的制定比地方性法规更为灵活、快捷，对有关事项尤其是改革性事项，先通过出台规章进行规制，在试点一段时间总结经验的基础上，适时上升为地方性法规，既可充分发挥规章制定周期较短，可及时满足法治保障的需求，也更加符合改革事项本身具有的先行先试的性质，同时还可更好体现立法的严肃性和慎重性。实践表明，自贸试验区改革地方立法“两步走”的举措是正确的。

2019 年 8 月 20 日，临港新片区正式挂牌运作，市政府于当年 7 月 30 日经第 60 次常务会议通过了《中国（上海）自由贸易试验区临港新片区管理办法》（以下简称《管理办法》），自 2019 年 8 月 20 日起施行。因此，临港新片区地方立法也可参照自贸试验区地方立法“两步走”的有益经验和成熟做法，市人大常委会在新片区改革推进到一定阶段，积累了一定的经验后，适时对《管理办法》进行总结，并结合国家有关全国和临港新片区改革发展的新要求，高标准制定出台临港新片区条例。

2. 适时出台专门的地方性法规

为推动自贸试验区及新片区改革，市人大常委会已将《自贸区条例》修订工作纳入立法计划并适时启动。据了解，此次《自贸区条例》修订的主要内容，是增设有关促进新片区改革发展的专章。

考虑到国家对新片区与自贸试验区发展定位的差异，新片区总的发展要求是差异化的政策创新，不强调复制推广。因此，通过在《自贸区条例》中增设新片区专章的模式，无论是体例还是结构都不是非常妥贴，建议专门出台新片区条例更为妥当。为此，新片区管委会、市发展改革委等有关部门在有序推进新片区各项改革，推动改革成果尽快落地见效的基础上，可以适时启动《管理办法》立法后评估工作，为地方性法规立法工作正式启动做好准备。

六、对临港新片区立法内容的建议

（一）一般规定

我国应通过自贸区临港新片区基本法确定临港新片区的法律地位、临港新片区立法的基本原则和一般规则等内容，为临港新片区法律制度奠定基础。

1. 我国临港新片区立法应对临港新片区相关概念进行定义。临港新片区基本法的首要任务是明确临港新片区的概念，确定区域“境内关外”的特殊法律地位，并且临港新片区基本法也应确定区域管理机构及其组成。

2. 基本法应当确定临港新片区法律的适用范围、临港新片区法律制度与一般法律制度的关系。临港新片区法律将涉及多项法律制度并对现行法律制度进行突破，这将引发临港新片区法律与其他法律之间的冲突。因此，临港新片区基本法必须协调好临港新片区法律制度和其他一般法律制度之间的关系。

3. 临港新片区基本法应当确定临港新片区立法的基本原则。临港新片区基本法难以事无巨细地对临港新片区管理中不断涌现的各种事务进行具体规定，基本原则将在临港新片区基本法规定缺失或不明确时提供指引。我国临港新片区法律至少应确立以下几个原则：

（1）自由与开放原则。自由与开放是临港新片区的本质属性，区域立法也应遵循这一原则。就自由原则而言，自由不仅仅指货物贸易的自由，而且包含了服务贸易自由、投资自由、外汇自由与人员流动自由等多方面的自由。同时，临港新片区的自由是政府监管下的有限自由。我国建设临港新片区的目的是推动全面开放新格局形成，促进开放应当是临港新片区立法的追求，开放原则因此应当成为区域立法的基本原则。

（2）经济主权原则。临港新片区"境内关外"的法律性质并不会妨碍我国政府行使对区内企业的监管权。

（3）国家安全与税收保护原则。自由与开放通常意味着简化监管，监管的简化可能导致监管失效甚至损害国家安全，我国临港新片区法律制度应密切关注国家安全问题，谨防过度的自由与开放带来的国家安全威胁。此外，也需警惕利用区域优惠逃避税收义务的情形。

（4）效率原则。临港新片区法律的效率原则一方面应表现在管理效率的提高上，临港新片区管理机构应当致力于优化流程、简化监管从而营造出良好的营商环境；另一方面，效率原则应表现在资源配置效率的提升上，在临港新片区建设过程中，应集中资源支持具备良好基础条件和发展前景的区域。

（5）公平原则。公平原则要求临港新片区平等地向企业提供区域优惠与服务，在区内营造出良好的、公平的竞争环境。

（6）非歧视原则。吸引外资是临港新片区的基本功能之一，可以预见，未来临港新片区中将涌入大量外商投资企业，临港新片区在接纳企业、管理企业和为企业提供政府服务时应当一视同仁。

（7）透明度原则。我国政府应当公开临港新片区相关的法律法规、行政决定等内容，以方便公众了解并进入区域。另外，区域管理机构在进行决策的过程中也要遵循透明度原则。

(8) 正当程序原则。临港新片区的建立和临港新片区内的行政管理活动应符合正当程序,这也是行政法律制度的基本原则。

(二) 优化自贸港管理机制

美国自由贸易港(区)采用政府管理与市场自主管理相结合的双层管理体制。其中,对外贸易区委员会(Foreign Trade Zones Board,简称 FTZB)和海关和边境保护局(Customs and Border Protection,简称 CBP)是主要的政府管理机构,自由贸易港(区)的政府管理主要由联邦进行。以中央管理为主的自由贸易港(区)政府管理机制有力地保障了联邦政府对自由贸易港(区)的统一管理,使美国自由贸易港(区)建设始终与美国的自由贸易港(区)政策目标保持一致。另外,由中央对自由贸易港(区)管理中涉及到联邦权力的事务进行统一管理也符合美国联邦与地方的权力分配规则。美国地方政府对区域有限的管理权和市场主体的自治权提高了自由贸易港(区)管理的灵活性。美国市场主体对自由贸易港(区)的自治权与其对自由贸易港(区)的建设责任是密不可分的。在我国,临港新片区显然将由政府主导,并且,我国在引入市场主体进行经济特区管理方面的实践经验尚不充分。在临港新片区立法中,以政府管理为主的管理模式更符合我国的经验,但发展市场自治符合“简政放权”的目标,因此我国应适当鼓励市场参与管理或者在一定范围内探索市场自治机制。

在充分调动本地资源、及时响应临港新片区管理需求方面,地方比中央更具优势。在临港新片区管理中,如果过于倚重地方也有缺陷,赋予地方过大的管理权限可能催生出地方保护主义,临港新片区或将沦为地方竞争的工具。地方之间的恶性竞争可能使临港新片区偏离我国有关政策目标,不利于临港新片区的整体发展和长远发展。因此,临港新片区立法应当加强中央对临港新片区管理的参与,临港新片区的管理需要多个部门的共同参与,我国可借鉴国务院部际联席会议的工作经验建立一个临港新片区中央统一管理机制。2015 年 2 月 7 日,国务院为推进自贸试验区建设与综合管理建立了由副总理领导的、多位部长参与的部际联席会议。这一机制与 FTZB 有着相似之处，并且，联席会议成员比 FTZB 成员多得多。与 FTZB 相比，这一机制的显著缺点在于联席会议本身不具有任何行政权力。联席会议决定的执行有赖于各部门在各自权力范围之内的行动，这将降低联席会议决定的执行效率。为克服这一缺陷，临港新片区立法可参考当前联席会议的构成组建一个具有行政权的议事协调机构或者赋予该联席会议一定的行政权。地方在临港新片区实践中建立了管委会，可以将管委会作为临港新片区管理的主要机构，保证管委会享有切实且充分的管理权。

（三）实施便利化措施与优惠政策

便利化措施与优惠政策应当是临港新片区法律制度的核心内容，也是临港新片区吸引力的主要来源。同美国自由贸易港（区）法律制度一样，现行经济特区法律制度中的便利化措施与优惠政策也散见于中央和地方立法之中。这种模式有利于实现法律稳定性和灵活性的有机统一，临港新片区立法宜延续当前做法。

我国在便利化措施与优惠政策的制定方面已经积累了的一定经验并取得了一定的成效。各自贸试验区的《总体方案》《管理条例》中都有大量的相关规定。另外，美国自由贸易港（区）的便利化制度与优惠政策也可为我国临港新片区立法提供借鉴。我国在制定临港新片区便利化措施与优惠政策时可从贸易、投资、金融和人员管理四个方面展开。在贸易自由方面，关税优惠和各类海关便利化措施应当成为核心。在投资自由方面，我国应继续为促进投资自由与开放而不断努力。在金融管理方面，临港新片区立法应当积极促进外汇自由。我国应当继续探索自由贸易账户体系，除此之外，还需积极促进临港新片区金融开放与创新。在人员管理方面，除了人员流动自由之外，临港新片区立法还应当包含富有吸引力的人才政策，一方面要采取措施吸引人才，另一方面也要为人才培养提供支持。

第二篇

新片区一线“六个自由”法治保障与创新法治保障研究

第一章　新片区实现高水平投资经营便利法治保障研究

一、引言

“投资便利化”是当前国际投资领域的新兴热门议题，其实质是通过简化并协调国际直接投资相关程序，以降低成本并创造协调、透明和可预见的投资环境。不过，相比于发展在先的“贸易便利化”议题，目前国际社会对“投资便利化”的认知和探讨还处于起步阶段，尤其是我国，这方面的关注和研究较少，还有很大进步空间。特别是对于新片区的发展而言，投资自由是区内政策和制度体系设计的重点之一。本课题的具体框架如下。一是关于当前自贸区内投资环境现状的优势分析。总体来看，自贸区内商事主体登记制度改革成效明显，登记时间进一步缩短、效率进一步提高；负面清单制度进一步完善，体现对标国际最高开放水平要求；司法保障举措进一步细化，体现对标国际最好营商环境要求；投资激励政策务实可行，前沿产业集群效应初步显现。二是关于临港新片区实现公平竞争投资经营便利的困境与挑战。主要涉及：商事登记制度改革的瓶颈问题、仲裁机制的发展局限、涉外商事裁判的制度性难题、国家安全审查制度亟待完善、实施《外商投资法》的难点问题等五个方面。三是关于临港新片区高标准推进投资经营便利的对策建议。具体包括：不断完善新片区内外商投资管理体制，如，严格制定外商投资准入规则，全面加大外商投资监管力度，同步推动配套改革，注重外商投资引导，创新产业招商方式；不断完善新片区内负面清单管理制度；不断完善新片区商事登记行政管理机制，如商事登记进行立法专章规定，全面提升政府服务智慧化水平；不断完善新片区外商投资司法保障机制，如，加强涉外商事审判规范化建设，扩大域外国际仲裁机构的引入。

二、上海自贸区内投资环境现状分析

（一）总体投资环境更加自由，外资管控进一步放松

2019 年 9 月，上海市人民政府印发《关于本市进一步促进外商投资的若干意见》（以下简称《意见》），提出推进自贸区投资便利化、支持外商投资企业上市等一系列举措。《意见》提出，推进上海自贸试验区及临港新片区投资自由化便利化，进一步在电信、保险、证券、科研和技术服务、教育、卫生等重点领域加大对外开放力度，放宽注册资本、投资方式等限制，打造全方位开放的前沿窗口；鼓励和支持外商投资新一代信息技术、智能制造装备、生物医药与高性能医疗器械、新能源与智能网联汽车、航空航天、海洋工程装备、高端能源装备、新材料、节能环保等战略性新兴产业和研发设计、总集成总承包、检验检测认证、供应链管理、电子商务等生产性服务业重点领域，鼓励外商投资企业实施产业转型升级和技术改造。

《意见》明确的各项举措尚处于初步运行阶段，但此前我国促进外商投资的不少政策已经取得了不错的成效。

1. 整体外商投资规模不断扩大

根据我国国务院商务部统计的数据，近年来我国新设立外商投资企业数、全国以及自贸区的实际使用外资额如图 2. 1. 1 和图 2. 1. 2 所示：

由此可见，我国新设立外商投资企业数量和实际使用外资都基本保持平稳，且总体都呈现出增长的态势。特别是 2019 年，在全球经济增长放缓、跨国投资低迷、国际环境不确定性增加、各国引资竞争加剧

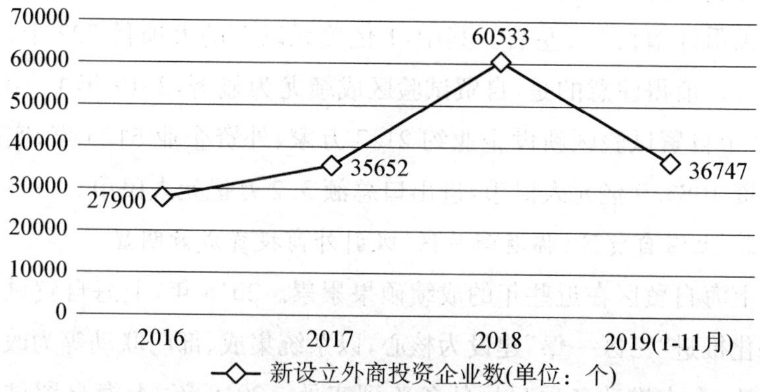

图 2.1.1　新设立外商投资企业数

的背景下，我们吸收外资实现逆势增长，规模再创历史新高，稳居发展中国家首位、全球第二位。在政策使用上，2019 年，我国连续发布实施了新的外商投资法、国务院稳外资 20 条、新版外资准入负面清单等一系列法规政策，持续优化营商环境，打出了稳外资的"组合拳"，有力稳定了外商投资的预期，提振了投资信心。

图 2.1.2　实际使用外资额

此外，从图 2.1.2 我们可以看出，虽然自贸试验区所占国土面积份额不大，但占全国实际使用外资的比例却很高。据统计，2019 年 1—11

月，全国实际使用外资 8459.4 亿元人民币，同比增长 6.0%，预计全年按人民币计增长 5%左右。其中，1 亿美元以上的大项目 722 个，增长 15.5%。值得注意的是，自贸试验区成绩尤为显著，2019 年 1—10 月，原 12 个自贸试验区新设企业约 21.7 万家、外资企业 5123 家；实际利用外资 1083.9 亿元人民币，进出口总额 3.2 万亿元人民币。

2. 上海自贸区（临港新片区）吸引外商投资成效明显

上海自贸区在近些年的成绩硕果累累。2018 年，上海自贸试验区以深化推进“三区一堡”建设为核心，以系统集成、部门联动等为改革创新方法，全力推动各项目标任务落到实处。2018 年，上海自贸试验区实现外贸进出口额 1.46 万亿元，占浦东新区的 70.9%，占全市的 42.8%；吸引合同外资 42.3 亿美元，占浦东新区 70%，占全市 19%；上海自贸区还发挥了推动市场主体走出去的桥头堡功能水平，对“一带一路”沿线国家和地区投资总额 21 亿元，同比增长 3%。此外，2018 年 8 月 6 日上海自贸区临港新片区总体方案宣布后，2018 年版的负面清单实施以来，2018 年上海自贸试验区外商投资有了明显增长。新设外资项目 601 个，占浦东新区 72.5%，占全市 20%（部分数据如图 2.1.3、2.1.4 所示）。

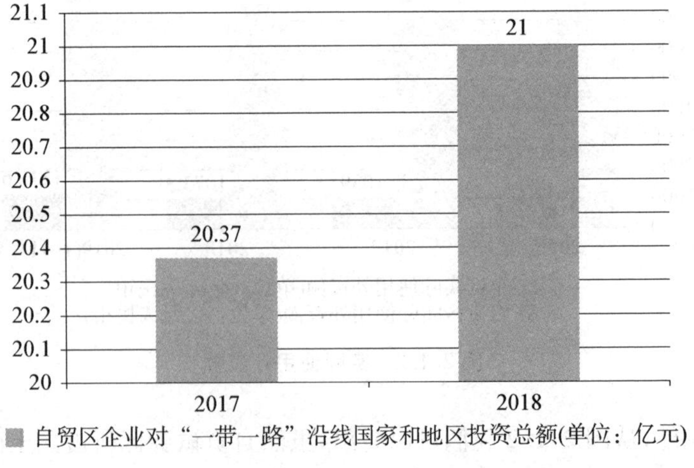

图 2.1.3　自贸区企业对“一带一路”沿线国家和地区投资总额

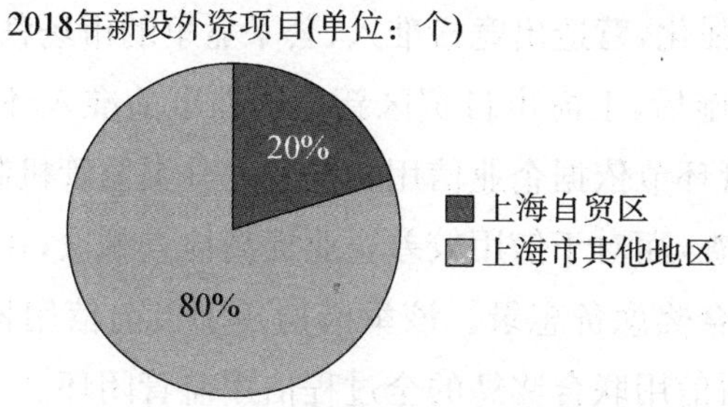

图 2.1.4　2018 年新设外资项目

就临港片区而言，作为最新进入上海自贸区版图的一片热土，自 2005 年起至 2019 年 11 月底，临港共新增外商投资企业 1018 家，吸引合同外资约 36 亿美元，累计实到外资超过 14 亿美元，引进了特斯拉、西门子、卡特彼勒、戴勒姆奔驰、YKK 等一批国际知名企业。2019 年以来，上海自贸区在扩大开放新领域又取得突破性进展，继续推动自贸区 54 项扩大开放措施首个项目落地以及新版负面清单新开放领域实现零的突破。截至 2020 年 10 月底，54 项扩大开放措施中已落地 33 项，累计落地企业数 3131 家。

此外，继上海自贸区航运服务业扩大开放，允许外商独资设立国际船舶管理企业以来，一批世界级航运服务机构相继落户上海自贸区，外资国际船舶管理领域在上海自贸区集聚发展。借助上海自贸区深化改革开放的契机，国际船舶代理业务也逐步加大开放力度。

（二）投资激励举措更加务实，市场竞争呈现良性态势

1. 商事主体登记制度改革成效明显，时间进一步缩短、效率进一步提高

2019 年 8 月 20 日，上海市场监管部门明确了在上海自贸区新片区探索试行商事主体登记确认制。企业设立登记的行为性质从行政许可改为行政确认。在该制度下，申请人只要符合法定条件并经登记确认就能开业。此举一方面放松了对市场主体准入的管制和审查，降低了准入门槛，提高了登记效率；另一方面，对商事主体的诚信意识和自

律意识进行了强化，营造出宽松准入、公平竞争的市场秩序。商事主体登记确认制实施后，上海市自贸区新片区在事前准入环节开展信用核查；在事中监管环节依据企业信用状况建立分类监管机制，对于信用良好企业减少检查，而对于信用较差企业提高检查频次；在事后奖惩环节落实了国家联合奖惩备忘录。该举措构建了事前信用核查、事中信用分类监管、事后信用联合奖惩的全过程信用监管闭环。

同时，为了进一步简化开办企业环节、降低开办企业成本，上海市推行开办企业全程无纸化登记。申报人使用手机 App 便可完成身份认证、数字签名和在线提交，登记机关确认后为企业发放电子营业执照，简化了面对面办理的繁琐环节。此外，上海还实现了电子执照电子印章同步发放。上海在全国率先打破部门藩篱，通过打通电子执照、电子印章、实体印章系统，共享企业登记和印章制作数据，革命性再造企业印章刻制流程，在全国范围内首创提出电子印章在先、实体印章按电子印章刻制的改革思路，并率先将之付诸实践。

2. 负面清单制度进一步完善，体现对标国际最高开放水平要求

2019 年 6 月 30 日，国家发改委、商务部发布《外商投资准入特别管理措施(负面清单)(2019 年版)》《自由贸易试验区外商投资准入特别管理措施(负面清单)(2019 年版)》(发展改革委商务部令 2019 年第 26 号)以及《鼓励外商投资产品目录(2019 年版)》(发展改革委商务部令 2019 年第 27 号)。近几年的负面清单 2019 年自贸试验区负面清单特别管理措施由上一版 45 条缩减为 37 条，压减比例 17.8%。对负面清单的减法进一步扩大了农业、采矿业、制造业、服务业的开放。2019 年修订的外资准入负面清单与 2018 年的相比体现出如表 2.1.1 所示的变化：

表 2.1.1　2018 年与 2019 年负面清单变化情况

2018 年自贸区负面清单	2019 年自贸区负面清单	变化
4. 禁止投资中国管辖海域及内陆水域水产品捕捞。		删除

续　表

<table>
<tr><th>2018 年自贸区负面清单</th><th>2019 年自贸区负面清单</th><th>变化</th></tr>
<tr><td>5. 禁止投资钨、钼、锡、锑、萤石勘探、开采。</td><td rowspan="2">4. 禁止投资稀土、放射性矿产、钨勘查、开采及选矿（未经允许，禁止进入稀土矿区或取得矿山地质资料、矿石样品及生产工艺技术）。</td><td rowspan="2">修改</td></tr>
<tr><td>6. 禁止投资稀土勘查、开采及选矿（未经允许，禁止进入稀土矿区或取得矿山地质资料、矿石样品及生产工艺技术）。</td></tr>
<tr><td>7. 禁止投资放射性矿产勘查、开采及选矿。</td><td></td><td>删除</td></tr>
<tr><td>8. 出版物印刷须由中方控股。</td><td></td><td>删除</td></tr>
<tr><td>12. 禁止投资宣纸、墨锭生产。</td><td></td><td>删除</td></tr>
<tr><td>17. 国内船舶代理公司须由中方控股。</td><td></td><td>删除</td></tr>
<tr><td>23. 电信公司：限于中国入世承诺开放的电信业务，增值电信业务的外资股比不超过 50％（电子商务除外），基础电信业务须由中方控股（且经营者须为依法设立的专门从事基础电信业务的公司）。上海自贸试验区原有区域（28.8 平方公里）试点政策推广至所有自贸试验区执行。</td><td>电信公司：限于中国入世承诺开放的电信业务，增值电信业务的外资股比不超过 50％（电子商务、国内多方通信、存储转发类、呼叫中心除外），基础电信业务须由中方控股（且经营者须为依法设立的专门从事基础电信业务的公司）。上海自贸试验区原有区域（28.8 平方公里）试点政策推广至所有自贸试验区执行。</td><td>修改</td></tr>
<tr><td>34. 禁止投资国家保护的原产于中国的野生动植物资源开发。</td><td></td><td>删除</td></tr>
<tr><td>42. 电影院建设、经营须由中方控股（放映电影片，应当符合中国政府规定的国产电影片与进口电影片放映的时间比例，放映单位年放映国产电影片的时间不得低于年放映电影片时间总和的 2/3）。</td><td></td><td>删除</td></tr>
</table>

3. 司法保障举措进一步细化，体现对标国际最好营商环境要求

良好的纠纷解决方式是保障投资自由的必要要素。就上海而言，上海已在总体方案框架下，全面推进投资领域各项试点任务，包括加强国际商事纠纷审判组织建设等。在已设立知识产权法院和金融法院的基础上，进一步加强国际商事纠纷审判组织建设，允许境外知名仲裁机构和争议解决机构设立业务机构，就国际商事、投资等领域发生的民商事争议开展仲裁业务。比如，除了上海国际仲裁中心和上海仲裁委员会以外，已经有四家全球知名的国际仲裁机构在中国（上海）自由贸易试验区设立了代表处，包括国际商会仲裁院、香港国际仲裁中心、新加坡国际仲裁中心以及韩国商事仲裁院。我国通过有步骤地引入世界知名的仲裁机构落户自贸区临港新片区作为投资自由的有力保障，为境内外当事人提供了更多样的国际商事仲裁服务，使投资纠纷的解决更高效更公正，且有效地激发投资自由带来的活力。

自上海自贸区建立以来，最高法院和上海高院高度重视自贸区建设的司法保障工作。上海市第一中级人民法院在加强涉自贸区司法前沿问题探索思考的同时也在司法实践中精心处理涉自贸区案件。2019年5月30日，上海市第一中级人民法院与上海市浦东新区人民法院联合发布《自贸区司法保障白皮书》；2020年2月26日，为坚决贯彻落实习近平总书记对上海的工作要求、深入贯彻落实中央关于增设中国（上海）自由贸易试验区临港新片区的决策部署和上海市委关于全面深化国际一流营商环境建设的要求，上海市第三中级人民法院出台了《关于服务保障上海自由贸易试验区新片区建设、进一步促进营商环境优化的实施意见》；2020年3月25日，中国（上海）自由贸易试验区临港新片区管理委员会（以下简称“新片区管委会”）与上海市浦东新区人民法院（以下简称“浦东法院”）共同签署了《合作协议》。随后，根据这一协议，结合最高人民法院《关于人民法院为中国（上海）自由贸易试验区临港新片区建设提供司法服务和保障的意见》、上海市高级人民法院《上海法院服务保障中国（上海）自由贸易试验区临港新片区建设的实施意见》文件精神和浦东法院的工作实际，浦东法院后续又制定了十项落实举措。

4. 投资激励政策务实可行，前沿产业集群效应初步显现

投资自由赋予自贸试验区改革自主权是自贸区总体规划的重点内容。2020年1月15日的上海市政府工作报告显示，自从8月20日上海自贸试验区临港新片区正式揭牌以来，新设企业4025家，签约重点项目168个、总投资821.9亿元。上海市政协委员刘家平也在2020年1月2日举办的上海市优化营商环境暨投资促进大会上表示：临港新片区揭牌以来，迎来新一轮产业投资高潮，累计洽谈项目超过1700个，全年完成产业投资超过200.4亿元，比上年同比增长61%，创造了临港开发16年的新纪录。今年（2020年），临港新片区的规划是加强人工智能、集成电路、航空航天、生物医药等核心产品的精准招商，签约项目投资规模不低于500亿元。

金融机构将改革新政落实到操作实务中，协助企业办理跨境投资款汇入汇出，助推上海自贸区深化改革，让企业享受到投资自由化的改革成果。建设银行作为首家获批成立新片区分行的银行业金融机构，全面专业对接新片区业务，支持投资自由化的推进。交通银行在《中国（上海）自由贸易试验区临港新片区总体方案》发布后，贯彻改革精神，为新片区生物医药研发企业上海赛默罗德生物科技有限公司提供投资便利化服务，办理新片区成立后首笔跨境投资款汇出业务。

三、临港新片区实现公平竞争投资经营便利的困境与挑战

（一）商事登记制度改革的瓶颈问题

1. 商事登记属性思考缺位致使制度创新呈现“碎片化”

目前，各自贸区不断出台各种商事登记制度创新措施，有的是在国家引导下进行上下联动创新，如多证合一，有的是根据自贸区发展情况，进行有针对性的创新，如名称核准程序的简化。而且每项措施背后都有若干个规范性文件的跟进，致使基层执法部门隐入规范性文件的丛林中，缺乏对商事登记内涵及属性的思考，这个结论可以从中央文件表达与地方改革措施供给“错位”中得以证成。何谓商事登记？其与企

业登记是怎样一种关系？商事登记具有怎样的属性？如果商事登记制度创新的过程中，没有对这些关涉商事登记的基本概念和本质属性进行深入思考，只能使我们的改革沦为“头痛医头、脚痛医脚”的碎片化措施改良之中。而且这种碎片化的改革，也极易使各个自由贸易试验区进入“制度创新的逐底竞争”——“你新我异，你有我特”的局面。为此，需要透视这些商事登记措施，找到商事登记制度存在的制度价值。首先从商事主体的需求视角反思，商事登记对于商事主体而言，其属于何种属性的行为？商事登记源于一种习俗性的产权制度，其并不是出于任何人或者组织的理性设计，而是一种自发秩序形成的结果。商事登记只不过是私权确认与信息统计功能的结合。然而随着经济发展，商事登记的功能也不断扩张，其不仅仅是私权确认，还内含实现经济管制、市场准入、赋税和信息公示等公法属性，为此，有学者主张，商事登记属性为“公私混合行为说”。可见，商事登记的属性并不是一成不变，其随着时代的发展而被赋予不同的制度功能。从现在各国商事登记改革动向以及市场主体的回应来看，商事登记属性向商事登记的起源属性回归，以商事主体的私权尊重为本位，兼顾市场安全。如果我们不能正确理解商事登记的属性，则会引发商事登记制度改革“只见树木，不见森林”，甚至会出现偏离改革初衷的“商事登记措施”。

2. 宏观法律引导缺位致使制度创新进入“瓶颈阶段”

截至目前，自由贸易试验区的商事登记制度改革，主要是地方政府主导与条约驱动的结合体，在商事登记改革中，地方政府不仅改革商事登记中商事主体权利义务，而且还改革政府职能范围，这就使政府在商事登记改革中既是推动者又是改革对象，这种双重身份，很可能使商事登记改革与商人实质需求相悖。而条约驱动的最大特点是我国参加某些国际组织，并签订某些国际条约，这些条约中的个别商事登记条款倒逼自贸区商事登记制度进行改革，这种个别制度改革是否与其他制度相契合，形成法律制度合力，则无法考量，而这一切都是因为国家相关立法缺位所引致。

制度创新最终要以法治为依归，《中共中央关于全面推进依法治国若干重大问题的决定》中指出，实现立法和改革决策相衔接，做到重大改革于法有据。然而，自由贸易试验区因为立法权局限的影响，其制度创新能力难以突破既有立法的障碍，实现以“法”趋动改革，尤其商事登记改革会涉及有关部委职权，地方立法不能越权对部委的职权进行重置，虽然国家不断出台国家层面的规范性文件对全国商事登记制度改革进行引导，甚至全国人大常委会授权国务院将三资企业法在上海、广东、福建、天津 4 个自由贸易试验区内暂停实施 3 年，但这种法律实施的调整犹如“达摩克利斯之剑”悬在外国投资者的头上，让其质疑规范性文件的稳定性和连续性，进而影响其投资决心。尤其随着自贸区队伍快速壮大，自贸区逐渐由稀有性向普惠性发展，并向自由贸易港转化，其所承载的战略目标，也必然由上海自由贸易区的“国家级开放战略”，逐渐演化为“区域发展空间战略”，直至“贸易的发展极”。面对这种扩张局面，国家层面的“先行先试”的实质性支持政策的含金量，必然会逐步消减。尤其是在商事登记改革制度，国家层面相关立法的缺位，必然会引发全国各自贸区商事登记改革的“创新逐底竞争”，如前述分析，从“三证合一”到“五证合一”发展到“十二证合一”和“十五证合一”飞跃至“二十二证合一”，商事登记在某种程度上可能呈现出追求“标新立异”政绩工程的盲目发展趋势。

3. 商事登记国际接轨程度低引发未来发展空间受限

我国自贸区商事登记之所以陷入“改革措施丛林”，商事登记国际接轨程度低也是制度碎片化的主要原因之一。商事登记制度因其具有技术性特点，而成为各个国家效仿及移植的主要制度。如专项法律引导、便利的商事登记簿制度以及商事电子法律技术的应用等，为多数国家商事法律所采用。由于我国对商事登记制度理念认知的错位，致使我国在自由贸易试验区商事登记制度建设上秉持“特事特办”“成熟一个推广一个”的发展模式。这种虽然制度风险小，但体系性不足。投资者无法对自贸区商事登记具有系统化的认知，影响投资者的投资决策。如果秉持试验的理念来继续发展自贸区的商事登记制度，并将这种理念延续到自由贸易港的商事制度建设中，只能增加其他国家投资者对我国营商制度环境的误读。基于此，在商事登记制度构建的过程中，还要研磨其他国家及国际商事登记规则，进行借鉴与移植，以发挥法律的引导功效，而不是采取自由贸易试验区构建之初的“尝试性”的制度构建手段，这类制度生成方式在自贸区创设之初，具有一定的制度正效应，但在自贸区向自由贸易港探索过程中，必须要有稳定的商事法律制度做指导，才能吸引更多市场主体到中国进行投资。这一点，可以从德国汉堡自由贸易港、荷兰鹿特丹港、新加坡自由贸易港等运作模式中窥见一斑，这些自由港因诚信、法治、效率及严谨的执法政策而得到快速稳定的发展。

（二）仲裁机制的发展局限

1. 境内外当事人对选择国内仲裁存在顾虑

长期以来，境内外当事人对选择中国内地仲裁的顾虑，主要集中在独立性、公正性、开放性等关键问题上。通过制度创新，上海自贸区的仲裁机制在公正性和开放性上有了很大的提高，但是在实践中，大陆的仲裁机构多采取传统的事业单位管理模式，决策层与执行层混为一体，难以消除当事人对仲裁独立性的顾虑。

由于我国法院对境外仲裁机构在国内做出的裁决效力的认定并不统一，基本采取不认可的态度，导致境外当事人往往在仲裁条款中要求选择境外仲裁机构在境外仲裁；即使最终约定由境外仲裁机构在大陆仲裁，争议发生后，境外当事人也往往在境外开始申请仲裁或诉讼程序。这种做法经常得到境外仲裁机构和法院的支持，主要理由正是中国不允许境外仲裁机构在中国内地仲裁。

2. 现行规定的局限

2019 年 11 月 8 日，在第二届进博会配套论坛“上海国际高峰仲裁论坛”上，上海市司法局正式发布《境外仲裁机构在中国（上海）自由贸易区临港新片区设立业务机构管理办法》（以下简称《管理办法》）。该《管理办法》明确，符合规定条件的，在外国和我国香港、澳门特别行政区，台湾地区合法成立的，不以盈利为目的的仲裁机构以及我国加入的国际组织设立的开展仲裁业务的机构，均可以向上海司法局申请在临港新片区设立业务机构。业务机构可以受理国际商事、海事、投资等领域发生的民商事争议，开展涉外争议的庭审、听证、裁决、案件管理和服务以及业务咨询、管理、培训、研讨等仲裁业务。

但是，由于《管理办法》由上海市司法局公布，由于职权限制只能就境外仲裁机构的准入资质及可开展业务作出规定，相关法律法规尚未对境外仲裁机构的业务开展规范作出调整，导致对于境外仲裁机构及当事人来说，尚存很多疑问及挑战，例如如何认定内地业务机构的"身份，境外仲裁机构的业务机构是否可以保持其原有组织架构，是否需要根据《仲裁法》进行适当调整，在调整后是否可以保持其相较国内仲裁委员会的独立性与优越性，都需要打上大大的问号。其次，如何适应我国《仲裁法》，并处理好其自身的仲裁规则与《仲裁法》规定中的冲突，也是境外仲裁机构来华开展业务面临的另一大挑战。境外仲裁机构在内地业务机构能否适应我国《仲裁法》规定，解决类似仲裁中临时措施申请向谁提出申请的问题，以及境外仲裁机构是否需要另行制订适应其内地业务机构发展的仲裁规则，目前都是未知数，不排除相关境外仲裁机构会推出适应其临港新片区业务机构发展的单行仲裁规则、示范仲裁条款，甚至仲裁员名册。最后，对于当事人来说，如何判断争议是否具有涉外因素也十分重要，否则即使通过境外仲裁机构在内地业务机构完成仲裁裁决，也可能会因为不具有涉外因素被人民法院撤销或拒绝执行。

（三）涉外商事裁判的制度性难题

1. 国际商事法庭制度存在缺陷

2018 年 6 月最高人民法院出台了《关于设立国际商事法庭若干问题的规定》（以下简称《规定》），本着公平公正、专业高效、透明便利的原则，在深圳和西安分别设立了第一、第二国际商事法庭，为我国国际商事争端解决机制注入了新生力量，但在制度设计上仍然存在不少问题。

（1）调解协议性质与诉调对接问题。我国调解制度分为诉讼内调解与诉讼外调解。在受国际商事法庭委托的调解机构及专家委员会的主持下所达成的调解协议效力高于传统诉讼外调解协议，而又不足以当然地使法庭制作调解书。针对这样一种情况，就需要明确若国际商事法庭出具调解书，则应对当事人达成的调解协议中的哪些内容进行审查。同时，国际商事法庭本身是否还应具有调解职能也是值得商榷的问题。

（2）管辖权与审级架构存在合理性问题

首先，国际商事法庭管辖范围过窄问题。国际商事法庭的限缩的管辖权规定可能将相当一部分涉外案件排除于国际商事法庭管辖范围之外，同时也会在一定程度上消减"一带一路"各沿线国将案件交至我国国际商事法庭管辖的意愿，从而无法充分发挥我国国际商事法庭的作用。其次，一审终审制与双轨制的合理性问题。国际商事法庭作出的裁决为终审裁决。可能造成的结果是大量涉外案件依然由传统的具有涉外案件管辖权的法院进行审理，采取了双轨制的做法。国际商事法庭在审理机制上较我国传统涉外案件审理程序进行了较多修改和创新，由国际商事法庭审理的涉外案件和由其他法院审理的涉外案件所适用的审理程序将存在较多差异，存在司法不公的可能性。

（3）国际商事专家委员会相关问题

国际商事专家委员会是我国国际商事法庭的一项重要制度创新，但其中依然有许多问题有待进一步明确。由于32位专家来自不同国家且在不同的组织机构担任重要职位，专家委员会对案件的参与度有多少、在具体案件中若专家委员会内部产生意见分歧应如何解决、如何保证专家委员会的中立性并对其进行监督、随着新片区影响力的不断扩大如何对专家委员会进行筛选及扩充等，都是需要考虑的问题。

2. 司法判决的承认与执行存在困难

国际商事法庭作出的判决能否得到广泛的承认和执行是"一带一路"各国当事人是否愿意将争议提交至我国国际商事法庭的评判标准之一。根据我国民事诉讼法的规定，我国与他国进行司法协助的主要依据是多边条约、双边条约以及基于互惠原则的协助行为。与国际商事仲裁裁决可以依据《纽约公约》在全球范围内得到承认和执行不同，虽然我国正在积极参与有关国际民商事司法协助条约的制定，但到目前为止，世界上并没有规范国内法院判决全球流通的国际统一法律制度，国内法院判决无法在全球范围内流通。因此，我国应考虑如何有效解决我国国际商事法庭作出的判决在其他国家得到承认和执行的问题。

3. 解决投资争端的国际机制受限

在解决争端的国际途径方面，国际投资争端解决中心（ICSID）显然是一个重要的选择。建立 ICSID 的依据是《解决国家与他国国民间投资争端公约》。其第 25 条规定，争端当事人如想将有关争端提交 ICSID 调解或仲裁，必须同时具备以下三个条件：首先，该争端必须是法律争端，且由于投资活动而直接产生；其次，争端的一方是该公约的缔约国，另一方是该公约另一缔约国的国民，包括自然人和法人；第三，争端双方都通过书面的形式表示愿意通过 ICSID 来解决分歧。其第 26 条规定，缔约国可以将用尽当地救济作为其同意根据该公约提交国际仲裁的前提条件。故在遇到投资争端时选择 ICSID 的事由十分受限，而国内并无可选择的国际投资争端解决机构。

（四）外资准入制度亟待完善

1. 安全审查制度尚未形成完善的法律体系

我国在对接国际经贸规则高标准的同时，也进行了外资国家安全审查的探索。2011 年 2 月之前，我国与外资并购相关的国家安全审查具体制度的相关规定仅有为数不多的几个条款，如《反垄断法》第 31 条和商务部《关于外国投资者并购境内企业的规定》（以下简称《并购规定》）第 12 条。而当时的法律法规均未对国家安全审查的具体审查机构、标准、程序、期限等作出规定。国务院办公厅于 2011 年 2 月 3 日发布了《关于建立外国投资者并购境内企业安全审查制度的通知》，并于 3 月 3 日正式开始实施，标志着我国正式建立起外资并购的国家安全审查机制。该机制以《反垄断法》第 31 条规定为依据，其中规定了并购安全审查范围、内容、程序以及工作机制这些问题。2015 年 4 月 8 日，国务院办公厅印发《自由贸易试验区外商投资国家安全审查试行办法》，决定在上海、广东、天津、福建 4 个自由贸易试验区实施。办法指出，总原则是对影响或可能影响国家安全、国家安全保障能力，涉及敏感投资主体、敏感并购对象、敏感行业、敏感技术、敏感地域的外商投资进行安全审查。2019 年《外商投资法》第 35 条规定："国家建立外商投资安全审查制度，对影响或者可能影响国家安全的外商投资进行安全审查。"至此我国基本建立起外商投资安全审查制度。

外资安全审查的主旨在于确定外国人通过新建或收购而对本国人的控制是否影响本国的国家安全，因此哪些外资项目应该进行安全审查，自然会涉及到对于"外国人""本国人""并购""国家安全""投资"和"投资者"等一系列重要概念的界定，我国完整的外资安全审查制度的确立还需要对这些作出更为明确和具有可操作性的规定。同时，关于这类定义，上海自贸区只能遵守我国已经签署的国际条约。不过，我们却可以在国内相关措施上进行适当的尝试。因为：第一，国家安全例外条款国际社会并无统一规则，具体内容需要东道国国内立法补充；第二，我国目前在已经签订的国际条约中没有承诺准入前国民待遇，上海自贸区的准入前国民待遇是单边给予的优惠，对该优惠有所限制也不违反既有的国际条约，只要该限制是非歧视性的。

2. 外资准入负面清单存在不足

从形式方面看，自贸区"负面清单"由我国单边制定，其作用有限。世界上主要国家的"负面清单"都是以国际协定的形式出台的，这种在国内法层面制定的"单边负面清单"相较于双边投资协定的"负面清单"而言其效力相对较低，发挥的作用十分有限。

从内容方面看，自贸区负面清单的内容不尽合理，仍有待完善。(1)负面清单的行业分类采取国际标准。自贸区负面清单采用的是我国国民经济行业分类，这与美国以及国际通行的 WTO《服务部门分类列表的文件》标准存在着较大差异，在今后双边投资协定签订的过程中，势必与国内法的衔接存在障碍。而且，诸如互联网、云计算、电子支付等尚未纳入国民经济行业分类的新兴行业和领域，目前的自贸区负面清单上都很难对其加以规制。(2)负面清单对具体的、明细的限制措施的国内法依据未作列明，由此透明度大打折扣，使得特别管理措施缺乏国内法律法规支撑。(3)负面清单对我国尚未产生的潜在新兴行业或者现有行业中的"创新"是否在负面清单之列未作出规定，按照"法无禁止即可为"的法理精神，这些行业是否是当然允许进入的领域，一旦出现外国投资者投资该些领域，而我国就该领域亦未对内资有任何禁止或限制，我国可能会陷入被动。

从法律衔接方面看，自贸区的"负面清单"缺乏配套的法律法规与之衔接。虽然"负面清单"的制定有明确的法律依据，但其内涵、性质、解释权等均存在争议，缺乏统一的法律法规加以规范。而"负面清单"并不单适用于新片区，亦会进一步扩展适用于其他新增的自贸区，由于统一的法律法规的缺失，目前又不存在统一的监管"负面清单"实施的专门机构或部门，也不存在相应的争议解决机制，"负面清单"适用时将有可能产生各个自贸区掌握标准不一，管理监督不一致的情况。

从成效上看，总体上改革幅度有限，扩大开放的程度有限，与市场预期差距较大。作为中美双边投资协定的先试先行，自贸区"负面清单"被社会各界寄予厚望。尽管"负面清单"的模式以及逐渐缩减的趋势已经使得外资准入的门槛一再降低，但这种程度的开放无论从形式和内容上来说，都与促成中美双边投资协定谈判的进程显然有着不小的差距，更遑论实现与国际投资领域的接轨。

(五) 实施《外商投资法》的难点问题

《外商投资法》第26条规定："国家建立外商投资企业投诉工作机制，及时处理外商投资企业或者其投资者反映的问题，协调完善相关政策措施。外商投资企业或者其投资者认为行政机关及其工作人员的行政行为侵犯其合法权益的，可以通过外商投资企业投诉工作机制申请协调解决。"因此目前该条款的落地就需要完善外商投资企业投诉工作机制的配套措施。我国新型外国投资投诉协调处理机制首先要改变多个平台多头受理、层叠处理的现行做法，由各地的“外商投诉中心”统一受理、处理外国投资者和外国投资企业(包括台港澳投资者及其投资企业)对我国行政机关的投诉，外商投资企业协会和台办不再承担受理、处理外商投诉的职能，这样可以让外商投资企业协会的业务范围集中在会员间交流、合作、互助及自律，撤销台商投诉协调处(中心)后的台办也能更高效处理我国繁杂的台湾事务。其次，我国新型外国投资投诉协调处理机制还应明确其法律地位、具体受理范围、协调处理具体程序及时限、处理结果的法律效力等。

《外商投资法》的实施同样涉及到大量相关外汇管理配套法规的修改。外商投资企业涉及非常繁复的外汇管理法规，覆盖在很多方面，仅以投注差就可以反映外汇管理法规的复杂性。投注差(borrowing/financing gap)是指外商投资企业(包括外商独资企业和外国投资者出资比例不低于25%的合资企业)的总投资规模与其注册资本之间的差额。中国法规规定外商投资企业在任一时点的全部对境外负债之和都不得超过这一差额，这直接导致外商投资企业从境外借款或向境内银行申请境外担保项下的授信时，境外借款额度或境内授信规模受制于其可用的投注差。这是一个中国外汇管理法规中特别规定的、只适用于外商投资企业的专门法律概念。中国外汇管理法规关于投注差具体如何计算的规定散落在数量众多的单个规范性文件中，即使是经验丰富的大型跨国企业的财务人员也不易全面掌握。2009年以来，跨境人民币结算业务持续蓬勃发展，相应地中国人民银行对于投注差又增加了新的繁复规定。这些由于国际业务发展而不断更新和愈发复杂的法规要求，使得不少外商投资企业和银行对于投注差的理解产生了困惑甚至误解，给各自的业务经营带来了不同程度的法律风险。因此新《外商投资法》通过后，需要修改这个领域大量散见的法规。

《外商投资法》于2020年1月1日起生效的同时，《中外合资经营企业法》(1979年颁布，1990年、2001年两次修订)、《外资企业法》(1986年颁布，2000年修订)和《中外合作经营企业法》(1988年颁布，2000年修订)(以下统称“三资法”)将同时废止，《外商投资法》第42条规定，对于已设立的外商投资企业，在5年内可以保留原企业组织形式。这意味着众多三资企业需要在5年过渡期内完成组织机构调整的工作。“三资法”中对于企业的最高权力机构设定、分配形式等，都有着与现行《公司法》不同的规定，其调整将带来大量的工作同时，也可能带来各方的新一轮博弈。对于采用境外投资者直接投资而设立的中外合资企业，将不可避免地涉及与境外投资者就组织机构权利分配、董事会议事方式、股权转让原则等问题重新讨论。对于之前的外商投资指导目录必须采用中外合作企业的也会面临比较复杂的问题。以教育培训行业为例，首先比较特殊的是基于《中外合作办学条例》而设立的企业。这类企业一方面需要满足合作办学相关要求条件，另一方面往往采用中外合作企业或合资企业的形式，对于管理组织机构及资产投入、退出均有特殊要求。那么在过渡期内，如何由合作各方修改并协调与《公司法》要求不一致的约定，将成为复杂的问题。

（六）新冠疫情影响外商投资

疫情造成的违约情况影响国际市场对中国的信任与依赖。新冠病毒疫情影响企业生产，进而影响订单能否完成及时交付。虽然企业可以借疫情缘故，强调不可抗力，以避免在仲裁、诉讼中被认定为存在违约行为。但事实上，外商仍然不一定能理解中国企业遇到的困难，即使同意延期交付，也会给外商留下不好的印象。疫情发生以来，市政府先后召开9场政企合作圆桌会议，切实帮助外资企业解决实际困难，坚定外资企业投资上海、扎根上海的决心和信心。2020年2月10日，新片区发布了《临港新片区全力防控疫情支持服务企业平稳健康发展的若干政策措施》，3月，上海市商务委发布《关于应对新冠肺炎疫情支持外贸企业稳定发展的政策措施》。但还是有很多问题需要解决，如政策支持力度该多大？如何精准支持？如何兑现承诺？如何从临时紧急措施平稳过渡到长效机制？

四、临港新片区高标准推进投资经营便利的对策建议

以“准入前国民待遇”“负面清单”和“备案制度”为核心的外资准入新规则，是上海自贸区投资制度创新的“重头戏”。研究国际通行规则，检视新片区改革现状并进而做前瞻思考，将对推进临港新片区的健康可持续发展具有重要价值。

（一）不断完善新片区内外商投资管理体制

在引入外资的磋商过程中，新片区能够明显地体察到西方国家高水平的外资准入和外资保护要求所带来的巨大压力。这种压力不但来自开放领域的扩展，更来自国内相关管理体制的变革。新片区的发展改革正是中国在全球视野下和国家总体战略中极为重要的改革措施。

1. 完善外商投资准入规则

就当前阶段来说，国际上所形成的高标准外商投资准入规则是美国投资协定确定的规则，此项规则的核心在于投资准入国民待遇。在我国自贸区的发展和建设当中，由于外商投资体制将会直接影响到自贸区的发展，关乎自贸区商业发展的竞争力也需要对国际上的相关经验进行积极学习和借鉴，以国际高标准的外商投资准入规则为基础，立足本国国情，制定更为清楚明确同时又极具操作性特征的外商投资准入规则。我国在外商投资体制改革当中所确立的准入前国民待遇以及负面清单这两种模式就是一个非常典型的例证。不过我们需要清醒的认识到这样的管理模式，并不会造成东道国失去外资监管的权力，因为准入前国民待遇是设置相应条件的，也就是说在给予外资国民待遇的同时，也允许东道国提出待遇保留。就国际经验而言，只要是双方设定了有关协议，可将认定不能开放的领域与部门或者是目前还不存在的部门领域与特殊性的投资体制都纳入负面清单。这样既不会损害本国利益，又能够为外商投资提供保障。

2. 全面加大外商投资监管力度

做好新片区外商投资的监管工作，是外商投资管理体制创新改革工作当中的一项关键性内容。第一，要努力提升外商投资监管透明度。要想提升监管的透明度，必不可少的一项工作内容是做好信息采集与共享工作。虽然政府在功能方面已经在积极推动转型，要求不能够利用行政命令干预经济活动，但是政府也需要为市场经济的发展提供更加方便快捷的服务，尤其是在信息咨询方面满足要求，为市场决策的制定提供有效根据。第二，要积极完善外商投资监管和纠纷解决措施。从监管角度上看，为确保外商投资争端问题得以有效解决落实争端解决方案，要实现对外商投资的全周期监管，主要涵盖资金来源审查、境内经营审查、境外资金追踪这几个方面。在外商投资纠纷处理方面，可以先由自贸区诉调对接中心实施调解，如果不能够用调解方法解决的话再走司法程序。其中也要运用好新片区监管信息平台，促进对接中心与地区法院的有效连接，提升协同服务效果。

关于外资的安全审查，根据《外商投资法》第 35 条规定的"投资安全审查制度"，临港新片区可以通过实践，对"投资安全审查制度"进行检验和诠释，形成实践经验。值得注意的是，这种特色和侧重点可以随着时间和环境的变化而发生转移。如 20 世纪 90 年代，国防安全和技术秘密是美国对外资进行国家安全审查的侧重点和特色。随着时代的变迁，国家安全的内涵与外延也伴随着国家地位和所处形势的变化而变化。于是，晚近的美国国家安全审查已经开始侧重审查能源、经济等因素。新片区对外资的国家安全审查制度的侧重点和特色也需要在实践中不断摸索和清晰化，除传统的安全审查外，亦应将能源放在重要地位。

3. 同步推动配套改革

从本质上看，全新的新片区外商投资管理体制究竟能否顺利和成功的落实在极大程度上取决于东道国的法治水平的高低。所以在新片区的发展建设当中，要助推外商投资管理体制的改革工作，需要从加强法治化建设开始，积极制定针对自贸区的法制条例，为新片区的一系列改革与建设工作提供法律方面的支撑。另外,要保障准入前国民待遇体制与负面清单管理模式的顺利推行,还需要同步推动消除隐性壁垒的相关工作,跟进配套改革,尤其是行政管理、金融发展、公共财政、项目核准等诸多方面。只有在确保系列制度完全建成,并且可以发挥制度约束作用之后,才能够逐步形成适用全国的能够进行复制与推广的实践性经验,有效推动改革开放战略的实施,提升改革开放的质量和效果,更好发挥新片区的积极作用。

4. 注重外商投资引导

要加快外资增长速度,除了要注意开放外商投资市场,建设良好的外商投资环境之外,还需要加强对外商投资的引导工作。下面将对几个重要的外商投资引导方案进行简要说明。第一,引导境外金融机构建立分支与合资机构。伴随管制放松程度的提高,对外资金融机构的开放力度也在逐步增加,开始有大量境外金融机构进入国内金融市场,严重冲击本土金融企业的发展。所以在新片区的外商投资引导工作实施当中,可以利用准许建立外资银行、外资保险企业的方法对符合条件的外资金融机构开设方便之门。另外还可吸引金融机构在新片区当中建立合资企业,以便积极学习先进管理与运营经验,对我国金融机制进行改革。第二,开发多元化中小企业融资路径。在外商投资引导当中,需要特别关注的是中小企业融资问题的解决,尤其是要拓宽融资路径。一方面可以利用众筹方法进行以资助个人或初创企业为重要目的的小额资金募集,另一方面可积极引导外资构建区域银行。中小企业受到融资难问题的影响,无法获得有效发展,甚至出现不能顺利进行经济结构转型的情况。因此可以利用在新片区当中建立区域银行试点的方式先让一些中小企业入驻试点银行经营领域。区域银行可由境内投资者建立面向外资进行存款、贷款、销售金融产品等方面的服务。

5. 创新产业招商方式

疫情特殊时期,创新招商方式,推广采取发起线上宣介会,通过分会场接入主会场实现视频对接的方式,介绍临港新片区的政策措施和产业环境整体情况。支持企业积极利用跨境电商平台,加大国际市场开拓力度，扩大全球采购规模。发挥企业国际营销体系公共服务平台作用，延长贸易供应链。鼓励企业充分发挥网上广交会平台作用，引导企业及时调整贸易促进活动，维持并扩大国际市场客户和销售渠道。扩大“秒批”服务范围，推行无纸化申报。利用信息技术，探索企业开办全环节、全链条无人工干预智能审核，对符合条件的企业实现即时审批，申请人零跑动，推动以“能秒尽秒”为方向，实现更多的审批服务事项“秒批”或局部环节“秒批”，进一步压缩许可时间。借助移动CA证书等技术，继续提高商事登记设立、变更、注销全链条“网上全流程”办理比例，实现企业“零跑动”，推进实现办事结果移动化查询。全面推行“企业名称自主申报”。明确推行企业名称“自主查、智能办”，鼓励、支持新兴行业产业发展，及时动态维护企业名称行业表述用语库，通过系统引导企业自主查询、自主申报。

（二）不断完善新片区内负面清单管理制度

1. 完善负面清单制度的立法问题

（1）提高负面清单的法律地位。根据《中华人民共和国外商投资法》，负面清单应该由国务院发布或批准发布，同时由地方政府具体负责制定实施。国务院这一清单颁布主体在层级上是符合现实需要的，但国务院颁布文件的法律地位并不明确，其到底属于政府政策还是法律规范性文件仍不明确，不利于作为司法实践的依据存在。因此，应该对负面清单的法律地位予以重视，进一步明确该类负面清单的效力层级以及应用标准，在新片区建设和发展的过程中尽可能避免出现外资管理措施和现有体制相冲突的问题。

（2）完善配套法律法规体系。负面清单制度的完善需要在实践中不断摸索，而仅仅依靠清单中管理列表的内容很难实现对外商投资的有效管理，所以还需要完善配套的法律法规。首先，应当完善基础行业的立法和修订程序，将部分处于关键地位的基础行业由国家直接立法，例如电信行业、互联网行业、网络金融行业等，这些行业发展迅速，但我国目前关于此类行业的法律规定已经不能适应行业的发展，因此需要及时更新立法；其次，在法律法规中制定投资具体标准，可以要求外国投资商在我国设立办事机构，在进入我国市场时及时进行有关评测；最后，进一步加强实质性鼓励措施，作为负面清单外项目的激励机制。当前我国虽然规定了很多适合外商来华投资的优惠政策，但是仅仅表现为原则化、表象化的规定，缺乏实质性的规定，所以应该重新对这些政策和措施进行细化，从而吸引投资，促进经济发展。负面清单制度的建立则对我国的法理和法律体系而言都具有重要的价值。建立健全“负面清单”实施的相关配套法律，完善负面清单制度的法律衔接机制，促进负面清单制度整体架构的和谐、完善，通过目前自贸区“负面清单”的实践，积累具有极高参考价值的经验，用以丰富我国外资准入制度相关法律制度。从而，一方面通过法律支撑制度发展，做到有法可依；另一方面通过制度发展推动法律完善，做到联动发展，最终使我国负面清单制度与相关法律实现共进，实现双赢，进而推动我国法治化的进程。

2. 提高负面清单自身质量

（1）精简负面清单本身内容。我国负面清单内容应和国际标准相契合，按照通行的部门类、子部门类设置；明确划分限制性措施与禁止性措施，增加对措施的具体描述，将模糊用语明确化，提高理解清单内容的准确性。同时应该将清单中和国际通行规则不相适的国内法律法规进行梳理，并在清单内列明设定的具体理由，进一步增加清单内容的透明度。在坚持维护国家主权和经济利益的基础上，结合新片区发展实际情况，逐步减少限制条件和领域，为外商投资提供一个公平、公正的营运环境，以实现经济结构转型发展。

（2）特殊权限应该予以保留。特殊权限是指对于尚处于发展摸索阶段、存在不可控性的新兴行业，在制定负面清单时，采取“特殊权限保留”的方式，尽量避免因不确定因素导致的不必要损失。这也是各国常见做法，例如美国对关系到国家经济安全的服务业会在开放时进行保留规定，虽然美国的金融、通信等领域发展迅猛已经远超其他发达国家，具有明显的竞争优势，但是美国仍采取保留规定。因此，新片区在规定负面清单内容时，应当对一些重点领域做出安全性和国内产业竞争力等方面的权限保留，同时对基础概念例如“公共秩序”“新兴产业”等进行准确界定。

3. 扩大服务业的开放程度

我国一直在尝试扩大服务业开放范围，2019年版的负面清单对金融、交通、文化等领域均做出开放规定，但是和发达国家相比，我国对服务行业的限制仍相对严格。随着中国经济不断融入世界经济发展的大潮，服务业的作用也越加明显，因此，在制定负面清单内容时还应该尽可能地借鉴和吸收自贸区服务业开放的成功经验，有区别、有层次地渐进式开放，从金融、航运、商贸服务等基础领域，到医疗保险、法律服务、投资管理等专业领域，在维护我国国家安全及市场稳定基础上逐步扩大开放领域。

4. 加快地方政府职能转变，注重差异化创新

新片区政府应充分认识到从“管制型”到“服务型”的转变对经济活力和自由的重要作用，由“限制审批”改为“创新开拓”，积极探索政府对经济活动和社会生活治理的责任与权力合理配置方案，逐步向公共治理型政府转变，建立政府职能协同制度，健全投资者权益保障制度、政务信息公开制度、劳资关系协调解决机制、知识产权纠纷调解援助机制等。在具体监管过程中，不同自贸区应根据自身定位上的特色和侧重点，寻求差异化发展，不断探索适合地区特点的发展方向和管理机制，避免同质化竞争，突出本区域的优势投资领域。

（三）不断完善新片区商事登记行政管理机制

1. 新片区立法并对商事登记进行专章规定

任何一项法律的创制都必然受制于一定的立法理念，它是指导立法制度设计和立法活动的理论基础和主导价值观。鉴于前述商事登记属性的分析，商事登记法律制度构建的核心目标应该是减少商事登记的制度成本，最大化地保障私权权益的实现。以此目标为制度创新基点，则商事登记创新措施少了些盲目性，而体现出更多的结构性和系统

性。而且这类系统的商事登记制度，也便于投资主体掌握与识别，进而能够吸引其他国家投资主体愿意到新片区投资和开展贸易，进而使在自由贸易港贸易的巨大附加值留在我国，促使外商愿意在我国开展投资活动。

一是明确商事登记的内涵及属性。 结合前述立法理念采取商事登记分类立法的形式。针对这两类商事登记设计不同的登记制度。一方面使行政部门在履行商事登记职责时，可以明晰自己的职责范围，做到有的放矢，另一方面根据商事登记的私法属性，构建一般企业全程网上登记制度及商人登记簿的备案审查制度等以商人需求为导向的优化商事服务的法律制度。

二是注意商事登记立法构建的动态性。 商事登记不仅仅是设立登记，商事主体运营过程中还涉及变更和企业年报等备案登记以及注销登记等等，商事登记的动态性，必然会涉及事中事后监管，为此在备案登记和注销登记制度设计上，也要还商事登记的私法本性，进而减少商事登记的制度成本，例如建立电子商事登记与民间评级机构企业信用评价公示制度，这些便利化的商事登记的创新，可以吸引更多商事主体投资兴业。

三是探索构建“商业登记专员”制度。 提高商业登记工作人员的准入门槛，培养专业的商事登记人员，提高商事形式登记效率，同时在立法中设置“容错”责任豁免制度，职业的专业化和法定责任的确定，有利于激发基层执法人员改革创新，更好地推动商事登记改革。

四是借鉴其他国家地区自由贸易商事登记的技术性规定。 例如借鉴新加坡自由贸易港的企业信用分级评定制度，实施大数据分析基础上的信用分级，并对重点风险事项进行有效监管，再如借鉴美国纽约港的立法，采取“负面清单与非违规不干预”结合制度，简化商事登记流程，完全实施网上登记式备案等商事制度，进而完成自由贸易试验区向自由贸易港转化，完成与其他国家商事登记制度的无缝对接，进而达到完全境内关外的制度功效，同时，也体现我国商事登记立法的前瞻性和引导性。

2. 提升政府服务智慧化水平，全面实施“一站式”

一是推广电子证照、票、章的应用。建设电子营业执照管理应用平台，推进电子营业执照在政务服务领域的应用，探索拓展电子营业执照在商务领域中的应用；税务部门积极推广电子发票，加大区块链电子发票覆盖范围；公安部门积极推广电子印章广泛应用。可尝试推广为新办企业提供实体印章一次免费按电子印章刻制服务。围绕政务服务事项收集《临港新片区电子证照发证清单》《上海市用证事项清单》，并向社会公布政务服务“免证办”清单，明确事项办理可免带免交纸质证照。实现电子证照数据管理常态化，推行增量电子证照生成实时化、自动化。创新推出无感申办新模式，申报信息和申请材料由后台数据库和电子证照库自动识别、自动填充、自动推送，让市民办事零信息填报、零材料提交。同时完成各区各部门政务服务领域电子印章的制章和备案工作，并应用于电子证照签发。

二是建立政务服务“好差评”体系。依托网上政务服务平台，围绕服务评价、实时上报、差评核实、整改反馈等环节，构建“好差评”闭环工作流程，出台《上海市政务服务“好差评”实施办法》。畅通市民、企业评价入口，整合并拓展线上线下政务服务评价渠道，实现政务服务“好差评”层级全覆盖、渠道全覆盖、业务全覆盖。开展第三方满意度评估，通过定性定量研究，洞察问题和短板，从第三方角度提出下一步工作建议，提升企业群众办事满意度。

（四）不断完善新片区外商投资司法保障机制

就自贸区的投资争端解决问题，我国并不存在条约法上的实体和程序上的义务，且争端产生的原因主要是执行新片区的法律和政策形成的新片区专属投资争端，故新片区外国投资者与我国政府之间的外资准入行政争议，并非典型的国际投资领域的投资者与东道国投资争端，简单的套用双边和多边投资条约中的投资者与东道国仲裁争端解决机制不恰当，但继续沿用原有的纠纷解决机制也无法满足现实的需要。一方面，应当完善行政协调、行政复议及司法审查机制，鉴于该类行政争议的国际性、复杂性，行政一审案件适宜由中级人民法院管辖，况且上海市第三中级人民法院又是跨行政区域法院，由其管辖上海自贸区外国投资者与我国政府机构之间的行政诉讼一审案件，有利于司法公正。对于重大、复杂的行政诉讼案件，一审可由上海市高级人民法院审理，二审则由最高人民法院确定某一巡回法庭专项审理，以有效发挥司法裁判的规则指引功能。另一方面，应当着力探索构建向国际靠拢的投资争端解决机制，发展仲裁机制。由于基于我国“一带一路”战略实施、亚投行建设和上海要打造亚太仲裁中心的背景，探讨和研究在亚洲地区发展国际投资争端仲裁机构并建立相应的争端解决机制的可行性和具体实施方案就显得重要和紧迫。临港新片区由于其本身所具有的经济、政策以及制度创新优势，有条件、有能力在发展国际投资仲裁的道路上做出探索。

1. 加强涉外商事审判规范化建设

(1) 推进商事审判机构专业化建设

一是积极探索完善上海法院系统专业化商事审判机构布局。 进一步完善商事审判工作流程，细化商事案件审判流程管理，规范案件延长审限、扣除审限以及延期开庭的审批工作，全面提升商事审判工作质效；充分运用信息化手段，加强长期未结案件管理工作，完善长期未结案件督办制度，定期通报长期未结案件清理情况；进一步完善审判质量评估指标体系，优化完善法官绩效考核办法，充分发挥审判执行工作绩效考核的指挥棒作用，全面提升法院管理水平；加强网上裁判文书质量评查工作力度，定期通报两级法院裁判文书上网数量、质量情况；推进送达机制改革，完善 E 网送达工作机制，丰富电子送达方式，扩大电子送达范围，提升电子送达工作成功率。

二是优化完善知识产权审判机制，营造尊重知识产权价值和激励创新的知识产权生态体系。 研究制定自贸区知识产权司法保护指数。多维度设计自贸区知识产权司法保护指标体系，通过可视化的司法大数据支撑，科学合理评估涉新片区知识产权司法保护水平，进一步探索知识产权惩罚性赔偿机制和知识产权案件类型快审机制，助力营造稳定公平透明、可预期的营商环境。深入挖掘指数体系的大数据衍生效能，进一步推动案件动态管理、审判决策参考和产业风险提示。依托上海知识产权法院和相关法院知识产权审判庭，完善符合知识产权案件特点的证据规则、审理方式等诉讼制度，充分发挥知识产权审判职能，高效审理涉临港新区科技创新、技术转移、合作研究等案件，严厉打击专利侵权、抢注囤积商标、攀附仿冒名牌等恶意行为，依法制止各类不正当竞争，营造尊重知识产权价值和激励创新的知识产权生态体系，努力把上海建设成为亚太地区知识产权中心城市，积极推动建设临港新区创新之路。

具体而言，深化知识产权案件繁简分流机制，简化庭审程序，提高审判效率，推进知识产权案件审理信息化，做好向最高法院知识产权法庭上诉案件衔接工作，建立新型疑难复杂案件技术查明机制，加大案件结案清理力度。完善专利代理师执业备案承诺制度，制定执业和注销备案承诺书，要求专利代理师承诺所填写的所有信息真实、准确，所提交材料内容和所附资料均真实、合法。加快知识产权"一站式"协同保护平台建设。建立完善知识产权纠纷"一站式"解决方案，推进司法和行政部门达成知识产权战略合作，引进社会专业机构、行业组织等各类知识产权机构，充实"一站式"协同保护平台执法资源，拓展服务范围，推动纠纷调解与行政执法、刑事司法、仲裁相衔接，突破知识产权保护关键环节。建立知识产权快速协同保护体系。进一步完善行政执法与刑事司法相衔接信息共享平台；检察机关与审判机关、司法行政机关、行政执法单位等部门及时协调解决知识产权类案件法律监督和司法审判、行政执法监督衔接配合工作中遇到的问题，不断建立完善本市知识产权领域（专利、商标、版权）行政执法、司法审判数据共享机制。发挥市知识产权联席会议作用，协调推动公检法司等市知识产权联席会议有关成员单位以及市场监管局各执法办案单位加大知识产权办案力度，加快处理存量案件，及时办结。加大知识产权刑事打击力度，强化知识产权管理资源配置，开展年度知识产权执法保护专项行动，强化电子商务、战略性新兴产业等重点领域执法，办理有影响力的大要案，依法严厉打击知识产权侵权违法行为。

三是全面提升破产审判机构的专业化建设水平。 深化破产案件繁简分流改革，整合现行简易程序规定和“执转破”规定，制定全面系统的繁简分流、快速审理办法，实现简单破产案件标准化处置，进一步提高破产办理效率。建立完善企业破产工作协调机制，协调解决企业破产过程中涉及的问题。探索更加规范便利的破产程序，建议研究起草“中国（上海）自由贸易试验区临港新片区企业破产重组条例”。提高企业重整成功率。推动企业市场化重整专项工作，对陷入经营困境但符合国家产业政策、有市场前景的企业加大重整力度，积极引入风险投资等主体参与企业重整。制定“破产程序中债务人财产网络拍卖若干问题的规定”，规范网络拍卖流程，提高财产处置效率，降低拍卖成本。针对重整案件中银行债权额大、分组表决支持率低、内部决策流程复杂等问题，协调银行采取一致行动，明确支持重整计划草案的相关标准，简化重整程序中银行债权人减免破产企业债务所需手续，提高企业重整成功率；协调银行为管理人自行开设管理人账户，将破产企业账户内款项划入管理人账户，查询破产企业账户、征信报告、资金流水，解除破产企业账户冻结措施等提供支持。指导商业银行等国家金融信息基础数据库接入机构根据企业破产重整方案执行情况，按照数据采集接口规范要求，进行数据报送，更新信贷记录。

（2）继续推进国际商事法庭制度创新

一是借鉴离岸案件制度。 将争议不适用我国法律且标的不受我国法律调整，或案件与我国的唯一联系在于当事人选择国际商事法庭管辖的案件界定为离岸案件。在该类案件中适度开放外籍注册律师制度，并对当事人的意思自治给予更加充分的保障。

二是探索构建国际商事专家陪审制。 在国际商事法庭审理案件中引入商事陪审制，可有效弥补我国难以引进外籍法官的制度空白。与国际商事专家委员会组成人员不同的是，国际商事法庭的此类陪审员不要求一定具备法律专业知识，而仅要求具备商事知识，系商事专家。

三是重构国际商事法庭一审终审裁判的救济机制。 对国际商事法庭一审生效裁判的救济，根据现行我国民诉法体系，只能采取申请再审方式。我国民事再审范围较国际通行标准更为宽泛，如果将再审程序设定为国际商事法庭一审生效裁判的唯一救济方式，使特定救济变为通常救济，将可能导致申请再审程序被频频启动。重构国际商事法庭一审裁判的救济机制，有两种建议方案。第一种方案是探索建立移送最高人民法院大合议庭审理的特殊救济机制。第二种方案是仍运用再审程序进行救济，但不适用民诉法较宽泛的再审事由，探索建立国际商事法庭一审生效裁判的专门再审事由，将国际商事法庭一审终审申请再审救济限制在极小范围内，对申请再审事由主要限制在审判组织不合法等程序违法事项以及认定事实的证据有虚假等极小范围，并不包括判决实体结果有错误的情形。

(3) 试点投资法庭机制

为了应对投资仲裁机制正当性危机以及设计一个能为欧盟接受的投资者与国家争端解决机制，欧盟在《TTIP 协定》投资章节建议案提出建立投资法庭机制，该机制设立了一套上诉机制，选任了一批更具独立性的专职法官，采纳了更具透明度的程序规则，但同时也保留了大量投资仲裁规则。投资争端解决机制是中欧双边投资谈判的重点，对我国海外投资和资本输入产生重要影响，我国需要据此制定具体的应对措施。

在临港新片区试行投资法庭机制对于解决投资争议具有明显优势。从《TTIP 协定》投资章节建议案中可以得知，当前的投资法庭机制仍然属于双边投资争端解决机制，这一机制的优势十分明显，即可以保证判决的高度一致、对某一个具体条款的解释也容易达成共识。首先，设立投资法庭的根本目的是保护投资者。投资者启动该机制时的事由不再局限于《ICSID 公约》、UNCITRAL 仲裁规则的规定，投资者可以根据双方达成的任何规则提起诉讼，这就大大增加了投资者启动该程序的自由度，更有利于保护投资者。其次，投资者在海外的诉讼成本将会大大减少，有利于促进中小型企业海外投资活动的增加。但具体试点时应当注意以下方面：

一是对外投资的审批或者备案部门应当将投资是否可能损害当地的公共利益作为审查重点。 投资法庭机制另一个重要目的是保护国家对投资的管制权。国家可以以保护国家安全、保护文化多样性、公共健康等理由对我国投资者的投资进行管制且不必承担赔偿责任。在诉讼进程中，为了能够对公共利益有更深入的了解，法院允许非政府组织以法庭之友的方式参与诉讼程序，考虑到西欧国家发达的市民社会形态，这些颇具实力的非政府组织可以引导投资法庭作出倾向于东道国的判决。相关部门在审查境外投资申请的时候，主要判断其是否损害我国的主权、安全和社会公共利益，或违反中华人民共和国法律法规，并未将投资目的地的公共利益纳入考虑。虽然商务部每年都会制作《对外投资合作国别（地区）指南》，但该指南只是对投资者提出的建议，而不为审批或备案机关所考虑。投资者出于投机主义心理可能会产生危害当地公共利益的投资行为，一旦这类投资引起当地居民的反对不仅会给投资者造成经济损失，还会破坏我国的声誉，影响未来投资。建议临港新片区在对投资进行审批或者备案的时候，应当结合《对外投资合作国别（地区）指南》，判断投资是否会损害当地公共利益。当合理怀疑投资会产生负面影响时应当予以纠正。

二是完善新片区保密机制方面的立法。 具体包括：明确界定国家秘密的含义，有针对性地列举保密范围；限制定密主体的范围；建立损害测试和公共利益测试机制；建立严格的定密程序和内部监督机制等。各部门在制定涉及投资的法律法规时应当顾及彼此的权力范围，避免法律法规出现冲突。

三是加大力度，培养专业化的法律团队。 一方面，投资法庭等投资争端解决机制，意味着我国的投资法律专家可能会作为法官审理涉及中外双方的投资争议。由于之前我国的法律专家很少有参与国际投资仲裁的经验，这一新的实践领域在为我国参与国际投资治理提供一个完美契机的同时，也对我国法律人员的职业素养、专业技能提出了更高的要求。只有培养一支更加专业化的法律人员队伍，才能真正参与和主导国际投资治理进程。另外，我国在WTO的诉讼经历表明，增强我国律师人员的专业技能不仅可以减少诉讼成本，还可以利用其自身对我国国情的了解，给出更加有效的法律意见。

(4) 健全承认、执行机制

一是国内层面，加大案件执行力度，优化速控快执机制建设。完善执行工作长效机制，在进一步规范执行工作的同时，针对知识产权、环境资源、食品药品等纠纷执行案件，尤其是涉新片区相关执行案件的特性，创新执行思路和方式方法，加强速控快执团队建设，优化执行法官、执行员及执行辅助人员责任分工，充分借助信息化手段全面提升合同纠纷案件执行质效。加大执行案件的财产查控和执行力度，提升执行效率，确保债权人胜诉权益及时兑现。对妨害清算、虚假破产行为，加大打击力度，规范清算秩序；法院受理破产案件后，依法解除有关债务人企业的保全措施以及刑事查封、扣押、冻结等强制措施。完善商事仲裁司法审查规则，制定仲裁司法审查案件裁判指引，规范仲裁协议效力认定、仲裁保全、申请撤销仲裁裁决、申请不予执行仲裁裁决案件的审查程序，统一仲裁司法审查案件的裁判标准。

二是国际层面，推动判决在国际上的承认与执行。适时批准《选择法院协议公约》。我国已签署《选择法院协议公约》，准确把握国内批准的时机与进度，推动中国法院作出的判决在全球流通。由事实互惠转向推定互惠。互惠是判决境外执行的传统方式。我国采用事实互惠原则，只要两国间不存在条约关系和互惠实践，即推定两国间不存在互惠关系。落实《南宁声明》中关于推定互惠的要求，尽快形成我国法院适用推定互惠的典型案例并广泛宣传，向世界展示我国在互惠原则上的开放态度。加快与他国司法机关签署备忘录。通过最高人民法院与他国最高司法机关签订法院间协议、备忘录的方式，实现我国判决在国外得以顺利执行。

2. 扩大域外国际仲裁机构的引入

作为制度创新的试验田，新片区应完善商事仲裁规则，增强仲裁规则的灵活性和可预见性，加强仲裁与司法的业务沟通交流，提升临港新片区仲裁的国际竞争力和吸引力。可以在以下几个方面做出尝试，探索国际仲裁机构在华开展业务的模式。

（1）明确国际商事仲裁机构的准入要求

适度开放国际商事仲裁机构在中国的仲裁业务，有利于为当事人提供更多的选择，也有助于倒逼国内仲裁机构向更专业化的方向发展，尤其是更加市场化和独立化。作为特殊的法律服务，新片区引入国际商事仲裁机构，离不开市场准入方面的制度安排。具体而言，区内可以参照外资律师事务所的模式，明确国际商事仲裁机构的准入标准与条件，特别是是否将国内争议也放开给外国仲裁机构。本课题认为有必要遵循循序渐进的开放模式：一方面，我们需要承认开放国际仲裁机构在华业务的种种优点；另一方面，我们也需要看到过快的全面开放，可能对国内正在成长中的仲裁业务产生巨大的冲击。需要指出的是，法律服务业的开放需要考虑 WTO 的"棘轮效应"，因为一旦开放，如果再关闭或者降低开放标准，会有违反国际贸易规则的风险。

（2）摸索国际仲裁机构入驻区内的多元模式

作为中央政府先行先试的产物，临港新片区承担了制度创新的地位和作用，可以就中央政府一些正在进行尝试的内容先行立法，积累经验，然后再将成功经验推广到中央层面。就投资仲裁问题而言，美国目前主要通过签订自贸协定的方式实现其在投资仲裁问题上的主张，最新成果就是《跨太平洋伙伴关系协定》，而欧盟目前也开始逐渐形成其在对外投资领域的政策，主要体现在最近几年商签的自贸协定中。同时，美国和欧盟目前正在进行《跨大西洋贸易与投资协定》谈判，商讨建立投资仲裁上诉机制的可能性。就上海自贸区可能从上述协定中获得的借鉴而言，主要是协定规定的例外条款可以成为新片区准备建立的投资仲裁机制的范本。

国际仲裁机构入驻新片区会面临具体设立模式的问题。参考外资企业的模式，国际仲裁机构入驻自贸区可采取的模式可分为独资、合资和合作三种模式。就目前已入驻上海自贸区的国际商会仲裁院、新加坡国际仲裁中心和香港国际仲裁中心来看，它们采取了类似于独资的模式。该种模式也可见于域外的实践。譬如，国际商会仲裁院除了在法国和上海以外，还在香港和美国设有商业存在。设立商业存在的目的是为了更好地管理辐射区域内的案件。这种模式一方面可以保障国际仲裁机构的独立性，另一方面还可以兼顾到国际仲裁机构对于机构声誉的考量。除独资以外，迪拜金融中心（DIFC）的实践也很具有特点，迪拜本地仲裁机构通过与英国伦敦国际仲裁院（LCIA）合作，在 DIFC 内设立了 LCIA 的机构。未来，境内外仲裁机构的合作也不失为一种可供参考的途径。借此模式，域外先进的仲裁理念和管理模式和中国国情可以得到有机结合。不仅如此，在一定程度上也能够缓解国内仲裁机构和国外仲裁机构的商业博弈状态，是一种互利共赢的方式。争取国家知识产权局支持建立专门的知识产权仲裁平台，建立知识产权纠纷仲裁、调解优先推荐机制，健全行政确权、仲裁、调解之间的衔接机制，形成各渠道有机衔接、优势互补的运行机制，切实提高维权效率。

（3）调整《仲裁法》部分条款和法律标准在区内的适用

为了避免突破《仲裁法》，在现有法律未做修改的情况下，可以参考“三资企业法”暂停实施的模式，在区内实施特殊规范。全国人大常委会在该事宜上，可以考虑给予自贸区一定的支持。自贸区的制度创新，需要顶层法律制度的支持，面对特殊需求，适时、适度调整法律的实施，不仅具有合理性，也具有先例。具体而言，可以考虑将仲裁法中关于“仲裁机构所在地”“仲裁委员会”等法律条款做调整适用。特别是，很有必要在自贸区内明确“仲裁地”标准。除此之外，DIFC 的实践同样可供参考。为了更好地提升 DIFC 内仲裁的国际竞争力，DIFC 内实施了特别法，即对《联合国国际贸易法委员会国际商事仲裁示范法》的转化适用。尽管 DIFC 的实践得益于其顶层法律设计（如宪法层面的保障）和联邦制的国家体制，这与我国的国情大不相同，但在区内实施特殊规范的做法至少从短期看，可以使得仲裁准据法和国际仲裁机构的实践良好融合，有助于亚太仲裁中心的构建。

（4）最高人民法院出台相关司法解释

鉴于我国现有法律规范对调整国际商事仲裁机构在我国的仲裁活

动存在诸多真空地带，在相关法律修改调整或新的法律出台之前，可采用由最高人民法院在现有法律体系框架内出台相关司法解释的方法作为弥补法律不足的权宜之计。作为补充，与上海自贸区仲裁关系紧密的上海市第二中级人民法院，也可以通过类似于《关于适用自贸区仲裁规则仲裁案件司法审查和执行的若干意见》的方式对相关问题做进一步细化。实践中，前文所列举的诸多司法判决从不同角度反映了我国司法实践对中国仲裁国际化的支持以及对仲裁司法监督所采取的“适度与谦抑”态度。此类先进的司法理念也应反映在我国引入国际商事仲裁机构的问题上。具体来说，司法解释需要着重规定的问题，包括但不限于境外仲裁机构中国仲裁的仲裁协议效力、境外仲裁机构中国仲裁的管辖和撤销、境外仲裁机构中国仲裁的执行等。但困难的是，司法解释具有局限性，过度的扩张解释恐有造法之嫌。不仅如此，很多问题是立法本身缺乏自洽性和良好的可适用性所导致，司法解释无论如何解释，都会面对一些矛盾的释义，难以自圆其说。

(5) 大力推动我国《仲裁法》的修改

《仲裁法》生效至今已二十周年，鉴于当时立法的局限，其中一些法律规则对于仲裁制度的进一步发展产生了制约作用。如前文所说的“仲裁机构所在地”就是一个显著的例子。在《仲裁法》的修改过程中，有必要考虑当下国际商事仲裁的主流做法，参考《示范法》和《纽约公约》，明确以“仲裁地”标准取代“仲裁机构所在地”标准。不仅如此，还有必要消除一些诸如“仲裁委员会”的措辞，因为这样的术语不能清晰地涵盖所有境内外仲裁机构。除此之外，《仲裁法》在修订过程中，也有必要吸纳仲裁庭临时措施发布权、友好仲裁、紧急仲裁员制度等，这将有助于我国《仲裁法》与境外仲裁机构规则的配合。最后，就外国仲裁机构在我国的法律地位、设立和管理模式以及可从事业务范围等方面，也有必要纳入《仲裁法》的修改过程。

第二章 新片区实现高水平贸易自由化便利化法治保障研究

一、引言

随着全球贸易发展的不断推进，贸易自由化便利化问题已经成为各国际组织和全球各国家(地区)最为关心的焦点话题。从理论上看，贸易自由化便利化问题的基本精神是简化和协调贸易程序，加快要素跨境的流通。从具体实践来说，贸易便利化旨在通过程序和手续的简化、适用法律和规定的协调、基础设施的标准化和改善，为国际贸易交易创造一个协调的、透明的、可预见的环境。对于新片区而言，要对标国际上公认的竞争力最强的自由贸易园区，必须在实现更高水平贸易自由化便利化上下更大的功夫。具体研究框架如下。一是关于自贸区设立以来贸易自由化便利化的现有成果。主要梳理已经形成的一系列可复制可推广的制度创新成果和实现的一系列对标国际最高水平改革目标。二是关于临港新片区实现更高水平贸易自由化便利化面临的困境和挑战。主要涉及：新冠肺炎疫情全球蔓延带来的发展隐忧、建设洋山特殊综合保税区的功能瓶颈、发展重点新型贸易业态的制度瓶颈以及贸易管制立法的不足等四个方面。三是关于高标准推进临港新片区贸易自由化便利化的对策建议。具体包括：扎实推进重点环节立法进程，如，新型保税监管法律制度、生物医药产业监管法律制度、跨境电商产业制度；加快健全区内综合行政执法体系，如与新片区全面开放相适应的海关监管体系，与新片区全面开放相适应的知识产权边境执法体系；立足《区域全面经济伙伴关系协定》(RCEP)形成改革倒逼效应；不断强化区内贸易自由司法保障，如强化知识产权审判职能，强化跨行政区划审判职能。

二、上海自贸区设立以来贸易自由化便利化的现有成果

为全面深化改革和进一步扩大开放探索新路径、积累新经验，2013年9月29日，中国第一个自贸试验区——上海自贸区挂牌运行。自成立以来，上海自贸区以制度创新为核心，为制度型开放开展了一系列的先行探索工作。

(一) 形成了一系列可复制可推广的制度创新成果

上海自贸区探索形成了以负面清单管理为核心的投资管理制度。2013年，上海自贸区制定并发布了全国首份外商投资负面清单，实施"准入前国民待遇+负面清单"的管理模式，是对长期以来中国实行的"正面清单+准入后国民待遇"管理模式的革命性变革。上海自贸区2013年版负面清单总共190条禁止和限制类措施，2014年减少到139条。2015年上海、天津、福建和广东自贸区共用的负面清单进一步缩减到122条。2017年，全国11个自贸试验区共用的负面清单进一步缩减到95条。2018年，自贸试验区负面清单进一步减少至45条，2019年再次缩减至37项。2019年3月全国人大通过《外商投资法》，自2020年1月1日起在全国范围内实施负面清单管理模式，取代原先的"外资三法"。

上海自贸区不断探索以贸易便利化为重点的贸易监管制度创新，先后推出了"先进区、后报关"、"批次进出、集中申报"、进口货物预检验、"十检十放"等近百项便利化措施和创新举措。上海自贸区已经完成了世界贸易组织《贸易便利化协定》40项条款中的38项，

图 2.2.1　自贸区负面清单变化情况

其中 36 项 A 条款已全部签约实施，剩余 2 项 B 类条款将进行便利化试点。这些措施使得上海自贸区通关时间不断缩短，通关成本逐年下降。上海自贸区国际贸易“单一窗口”已经从 1.0 版升级到 3.0 版，拥有 9 个功能板块，使得企业申报数据项在船舶申报环节缩减 65%，在货物申报环节缩减 24%，累计为企业节省成本超过 20 亿元。上海自贸区国际贸易“单一窗口”建设还有力推动了亚太示范电子口岸网络的建设。目前，亚太示范电子口岸网络成员已经拓展到“一带一路”沿线 11 个经济体的 19 个口岸，海运物流可视化、空运物流可视化、电子原产地证数据交换等项目取得明显进展。成立以来，上海自贸区在投资便利化、贸易便利化、金融开放与创新、政府放管服改革、法制环境完善等五大领域推出了 127 项制度创新成果，已经分别在全国范围、全国海关特殊监管区域以及其他 11 个自贸试验区进行了分类复制推广。上海自贸区的制度创新成果通过上海市法律法规、《上海自贸试验区条例》、国务院和部委法规、《外商投资法》等制度性文件得以总结、确认和体现。

（二）实现了一系列对标国际最高水平的改革目标

1. 压缩通关时效，贸易便利化水平显著提高

坚持简政放权，推动进境食品检疫审批授权下放，平均办理时限降至3.3个工作日。压缩生物材料和进口药品入境审批环节，将评估流程从9个环节减少为5个，评估时间压缩1/4。优化生物医药试剂估价流程，事前提前审核备案，事中简化审价快速通关验放，事后待进口商品完成研发临床试验阶段正式获准上市后对已经备案的企业和商品进行集中估价审核。

2. 聚焦改革创新，重点功能拓展迈出坚实步伐

深化飞机融资租赁，借助综保区内融资租赁企业进出口大型设备异地委托监管政策，已吸引450余家融资租赁企业入驻。拓展期货保税交割监管，参与期货保税交割业务监管立法，助力20号天然橡胶在上海国际能源交易中心挂牌上市；目前已开展电解铜、燃料油、橡胶等商品的期货保税交割业务，支持大宗商品国际市场定价体系建设。推动平行汽车进口，建立“企业备案、代码识别、台账管理、全程跟踪”监管模式，叠加运用先进区后报关、分送集报、预裁定、汇总征税等创新政策提升通关便利。加快船舶设备保税维修业务功能拓展，支持区内企业为停靠在上海各港口的国际航行船舶提供设备直达、服务直供保税维修服务，实现跨港维修规模化运作。首创货物状态分类监管模式，支持企业统筹对接两种资源、两个市场。推进第三方检验结果采信、完善进口产品全链条监管体系，逐步建立检验检疫风险分类监管综合评定机制。率先推进进口非特殊用途化妆品从许可到备案管理改革试点。

3. 坚持产业布局导向，区内战略性新兴产业发展迅速

推进生物医药行业加工贸易“单耗自核”监管，对罗氏制药等3家医药行业龙头企业开展试点，简化企业备案审批手续，推动解决医药企业核销难问题。自2018年6月以来，3家试点企业进口货值近3亿美元。推进集成电路产业链全程保税监管改革，对单一企业、阶段性产品的监管延伸至对整个产业链各环节的全程监管，加快集成电路产业的商流、物流、资金流和信息流一体化整合进程。推进亚太分拨中心规模

化发展，依托批次进出、集中申报、货物状态分类监管、归类预裁定、未再加工证明签发等制度实践，支持亚马逊、宝马、戴尔、佳能、飞利浦医疗器械等国际知名品牌开展更深层次国际分拨业务，助力上海打造新型服务贸易总部型中心。支持现代服务业功能系统集成，形成消费品、制造业、文化艺术等十大专业商贸服务平台。

英国《金融时报》旗下 FDI 杂志对全球 1200 多个自由贸易园区 2018 年度指标进行测评显示，外高桥保税区荣获亚太区最受大客户欢迎奖（亚太唯一）、贸易便利化奖、企业增资扩容奖、透明度提升力度奖（全球唯一）等 4 项大奖。

世界银行发布《2020 营商环境报告》（以下简称“2020 报告”）显示，我国跨境贸易营商环境单项得分 86.5 分，排名 56 名，较上年进步 9 名。

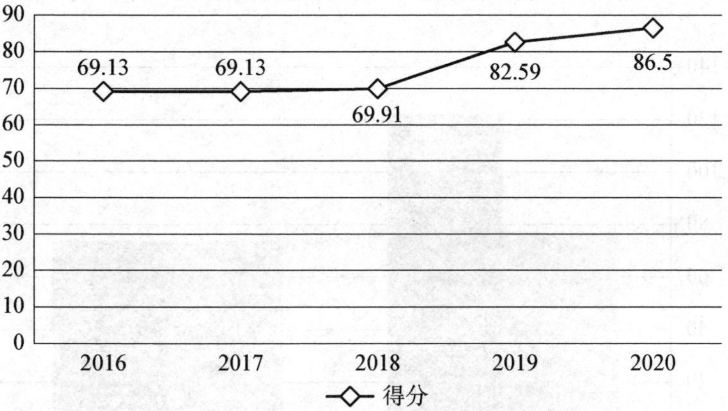

图 2.2.2　我国跨境贸易营商“跨境贸易”历年得分(分)

根据“2020 报告”，与世界主要港口（2018 年集装箱吞吐量全球前 20 的港口中有 10 个港口被世界银行营商环境报告选作评估样本，分别为上海、新加坡、釜山、香港、天津、迪拜、巴生、高雄、汉堡、林查班港，其中汉堡港仅作为出口评估样本）的跨境贸易明细指标（单证合规耗时、边界合规耗时相加为总耗时，单证合规成本、边界合规成本相加为总成本）对比，涉及我国营商环境指标评估的上海港和天津港（以下简称“我国样本港口”）在海关检查便利化领域表现优秀，但单证、港口处理相关的成本与耗时水平相对落后，仍存提升空间。

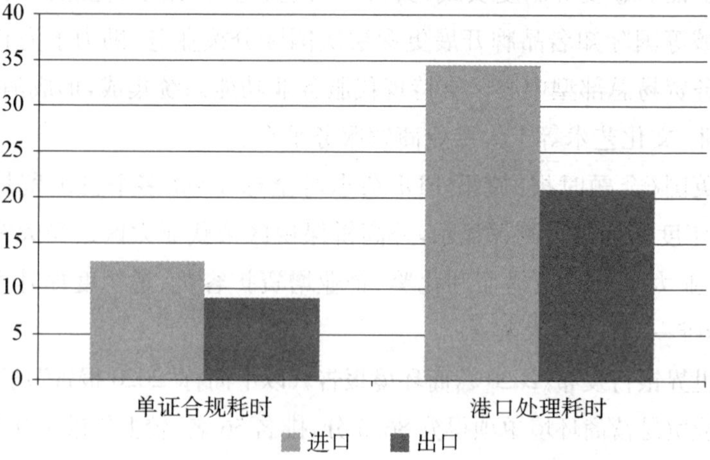

图 2.2.3　我国样本港口 2020 年进出口耗时情况（小时）

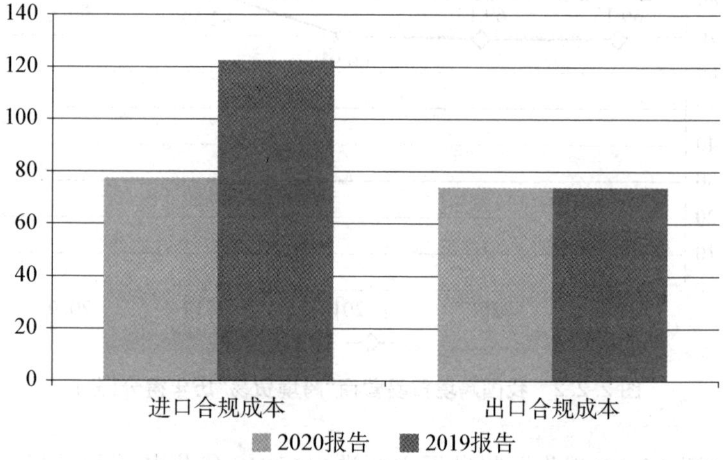

图 2.2.4　我国样本港口 2019—2020 年合规成本情况（美元）

三、临港新片区实现更高水平贸易自由化便利化面临的困境和挑战

与以往的自贸试验区相比，临港新片区绝不仅仅是简单的面积扩

大，而是有明确的、更高的定位，有更丰富的战略任务，更加突出了产业发展新特点；同时，新片区更代表着根本的制度创新，是深化改革开放的再升级。由此，新片区建设至少肩负着两大任务：一是着力解决原有自贸区内难以彻底解决的制度性难题，进而实现根本性的创新；二是着力发展原有自贸区内未能向更高水平发展的重点核心产业，进而实现跨越式的产业革新。因此，必须首先认真梳理目前推进贸易自由化便利化过程中面临的困境和挑战。

（一）新冠肺炎疫情全球蔓延带来的发展隐忧

由于全球经济不确定因素持续增多，加之新冠肺炎全球蔓延的影响，经济下行压力日益增加，给我国经济发展和对外经贸往来带来一些挑战，也对高质量推动新片区建设带来一定隐忧。一是对新片区基础设施建设和创新制度落地进度带来不利影响。新冠肺炎疫情发生后，洋山特殊综合保税区内围网等基础设施建设陷入一段时间的停滞，可能影响封关运作的整体时效。同时，各项创新制度的论证、试点工作也相应延后，将会进一步增加统筹协调、高效推进的难度。二是对整体外贸形势产生较大负面影响。新冠肺炎疫情发生后，外贸企业除了面临国内企业的诸多共性问题（如人员流动受阻、交通物流不畅、防疫物资紧缺、原材料供应不及时等）之外，叠加接单难、履约难、国际物流不畅、贸易壁垒增多等诸多外部不利因素，外贸形势更趋复杂严峻。三是对全球产业链形成巨大冲击。电子信息、通信设备、汽车、钢铁等制造业延迟复工、供应短缺、流通减速带来的影响正逐步显现，连锁反应很快传导给全球产业链。以集成电路产业为例，由于上下游产业链长，涉及领域广，因为全球疫情发展，目前市场拓展、交流等方面都已经遇到一定阻力。

（二）建设洋山特殊综合保税区的功能瓶颈

1. 全国综合保税区存在的普遍性问题

（1）区内管理成本较高。综合保税区采取围网管理措施，“二线”

进出区的货物需进行报关或卡口登记等程序。在海关特殊监管区域管理系统上线后，虽然部分缓解了企业申报问题，但因目前系统尚不完善，企业申报成本仍高于区外加工企业。海关对综合保税区卡口设置了一定的风险防控措施，如随机布控等，因此货物过卡时可能触发相应风险防控手段，导致物流成本上升。综合保税区的改革措施需要企业具备一定的条件，如工单核销系统需要企业建立完善的 ERP 系统，系统建设成本高，部分小微企业难以达到相关标准，导致改革发展滞后。

(2) 区内优惠政策吸引力不强。对于一般仅从事普通加工贸易的劳动密集型企业而言，区内最明显的优惠政策是企业投资项下的进口设备免征范围更大，但对于符合产业政策的企业而言，即便不入区也可以争取享受税收减免或者抵扣政策。此外，国内采购入区货物退税的优惠政策，区外加工贸易企业也可以通过利用附近特殊区域或保税物流中心(B 型)“一日游”的方式享有。

2. 洋山特殊综合保税区面临的新挑战

(1) “一线”进一步放开后，“二线”如何管住。为了打造在国际上最具竞争力的先进的监管体制机制，洋山特殊综合保税区的“一线”监管将进一步放开，逐步实现“一线”不涉证涉检径予放行、“二线”单侧申报、区内不设海关账册、汇总统计等改革目标。但是，竞争力的提升不等于完全的自由。恰恰相反，缺失有效规制的自由会导致监管的失控，反而不利于营商环境的改善。那么，对于洋山特殊综合保税区来说，如何通过最简化、最高效的“二线”监管举措实现最高水平的贸易自由，成为摆在眼前的核心问题。

(2) 制定新政策新制度时，如何体现“创设性”。洋山特殊综合保税区之所以增加“特殊”二字，主要在于其制度优势将进一步超越全国现有的其他一般性综合保税区。此种制度优势不应该还是简单复制推广已有创新经验，也不仅仅是局部调整已有优惠政策，而应当是全新的制度创设。这在权力赋予、立法程序、实施范围等方面都面临挑战。

(三) 发展重点新型贸易业态的制度瓶颈

1. 生物医药产业贸易便利化的制度瓶颈

(1) 相关法律规定滞后,易存在监管真空地带。目前,我国涉及生物医药产业特殊物品监管的法律法规相对滞后,已无法适应产业快速发展的需求。比如,现行的《国境卫生检疫法》制定于 1987 年,实施 30 多年间没有经过大规模的修订;《药品管理法》及其实施条例等均规定对进口药品实施许可管理,成为制约生物医药产业产品通关提速的重要掣肘。与此同时,由于生物医药产业迭代更新较快,许多新业态、新产品已经超越了现有的监管模式,易出现真空地带,监管隐患不容忽视。如,用于白血病精准化治疗的 CAR-T 疗法在我国需求逐年增长,但其研发生产过程中涉及的进出口产品和原、辅料的生物安全风险法律暂时未有明确界定。再如,现行的血液制品管理制度导致除药品外的其他含血液成分的生物制品在国内生产未开放,生物医药企业的原、辅料大量依赖进口,且目前国内对非临床使用原料血缺乏明确的监管部门。据了解,仅药业巨头罗氏集团一家,未来五年在我国诊断生产基地的进口人源血液就达 6000 升。

(2) 行政审批流程复杂,与产业发展需求不相适应。我国对进出口特殊物品审批范围为 4 大类 34 小类 129 个分级细目,涉及 47 个 HS 编码,几乎涵盖所有含有生物活性成分的生物医药产品,普遍大于发达国家检疫许可范围。以 2018 年特殊物品进出口审批情况为例,87.81%的产品为抗体、酶、实验室用试剂等,普遍认为不具有传播疾病风险。而国外实施同类审批的产品主要集中在具有较高生物安全风险的产品。例如,美国疾病预防和控制中心(CDC)只对含有病原微生物的材料、节肢动物、非人类灵长动物和蝙蝠实施入境审批;对于仅用于科研、检测的生物制品无须审批,进口商承诺不含致人或动物感染病原体的相关材料即可。同时,我国特殊物品进出口审批需经过科技部、商务部、卫健委等 10 个部门,涉及 17 种行政许可证件。多道审批严重影响企业研发进程,无法满足产业发展需求。

(3) 安全监管体系尚未建立,企业主体责任有待加强。目前,各监

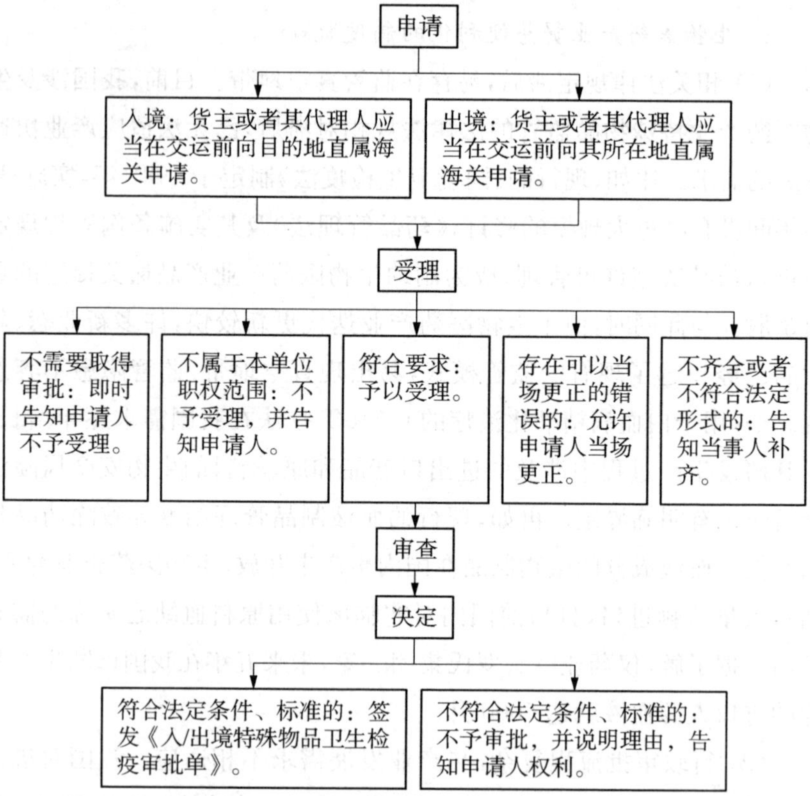

图 2.2.5　出入境特殊物品审批流程图

管部门各负其责，尚未针对特殊物品的生产、储存、运输、使用、废弃整个链条建立联合监管机制。如，2017 年原国家卫计委取消了人体血液、组织器官进出口审批，禁止用于临床医疗用途的人体血液、组织器官进出口，科研及其他用途的通过科技部出口人类遗传资源和海关出入境特殊物品审批并监管。但是，其他有关部委至今未出台具体规范。此外，法律规定生物医药生产经营使用单位是生物安全第一责任人，应遵守我国、输入/输出国及国际相关法律法规及标准要求，规范自身行为确保生物安全。但目前我国未有相关制度落实生物医药生产经营使用单位的主体责任，行业协会也缺乏统一的技术标准。企业在生产、研发、使用和销售特殊物品方面的安全监管水平差异较大，建立企业、行业协会与政府部门联动的安全监管体系势在必行。

2. 循环经济产业发展的制度瓶颈

（1）相关法律法规体系有待建立完善。一些发达经济体已对循环经济建立起较为完备的法律体系，如日本先后颁布和修订了 8 部综合性法律及专项再生法，规定了政府、企业等各参与方的责任和权利。我国目前仅出台有《国务院关于加快发展循环经济的若干意见》（国发〔2005〕22 号）、《国务院关于加快发展节能环保产业的意见》（国发〔2013〕30 号）等指导性文件，尚未针对循环经济专门立法。因缺乏统一上位法依据，不同政府部门对保税维修等循环经济产业的管理较易出现管理重叠或管理真空的现象。以保税维修业务产生的维修边角料出区问题为例，企业除参照海关监管要求外，还要符合《固体废物进口管理办法》《废弃电器电子产品回收处理管理条例》等规定，文件层层嵌套、体系繁复。

（2）再制造产品缺乏明确定义和针对性管理模式。目前我国进出境商品管理只区分“新品”和“旧品”，未建立“再制造品”概念，保税维修、再制造产品在实践中往往参照旧产品、旧设备的相关法律依据管理，不能完全适应产业发展需要。如，大型机电设备常因部分零件损坏导致整机故障，对其开展维修、再制造符合经济效益和环保效益。但依据现行 2008 年出台的《机电产品进口管理办法》，新旧混装及翻新产品也应参照旧机电产品进行管理，不仅进口证件手续繁琐，部分商品还因属于《禁止进口旧机电产品目录》而无法进境。

（3）现有财税政策对再制造企业的支持力度不足。传统制造业利用新零部件生产成品，采购零部件获得的增值税发票可用于制造企业的税务抵扣。再制造产业则是将客户返还的旧产品拆解为零部件，经维修、更换等程序生产为再制造产品。由于大部分返还旧产品的客户无法提供购入新品的增值税发票，再制造企业难以进行税务抵扣，较传统制造业承受税收负担更重。

（4）保税维修再制造产业结构有待引导优化。上海关区海关特殊监管区域保税维修业务试点虽然走在全国海关前列，但目前区内第三方维修业务仍以手机、电脑主板等消费类电子产品维修为主，技术门槛较低、附加值不高，如手机主板的维修增值部分仅为每台6.5美元，LED灯的维修毛利率仅为0.88%，微薄的利润使企业难以做大做强。与之相比，部分发达经济体，如美国在美墨边境、英国在伯明翰周边已建立再制造产业集聚区，形成回收、拆解、清洗、再制造的完整产业链，并提供专业公共服务平台，有助于分担单一企业压力，引导循环经济产业整体发展。

3. 跨境电子商务平台发展的制度瓶颈

(1) 跨境电商出口主要困境

一是中小型卖家占主导，比重超过85%，多数没有进出口外贸经营权，依托物流平台和挂名贸易企业开展业务，应对合规监管要求的准备与能力不足，对所得税政策和清缴风险充满顾虑，纳入“三单”数据联网管理的意愿和条件都有所不足。二是跨境电商出口的物流运作相对封闭单一，未与邮递、快件、专线等国际物流运输方式衔接匹配，削弱跨境电商出口物流灵活、覆盖面广、成本较低的最大优势。三是目前跨境电商的监管模式对高信用、高合规企业的便利度尚未充分体现，包括物流运作公共服务不足、退换货不便捷、公服平台“一站式”信息化服务功能亟待完善等。四是“碎片化”跨境电商商品涌向快件、邮递渠道，对国内外海关带来较大监管风险，包括海关资源紧张、检查手段不适应，涉及健康、知产、武器、毒品等风险居高不下；逃税风险普遍存在，导致各国对非贸渠道和低值货物入境加强管控。五是应对技术性贸易壁垒的瓶颈，包括环保法规和标准检验设备落后，没有与国际标准接轨的强制标准，企业环保意识淡薄，产品质量与世界先进水平存在差异、应对壁垒导致出口产品成本不断增加等。六是侵犯知识产权风险日益凸显，跨境电商出口侵权事件呈现出涉案企业数量多、涉案金额巨大、影响范围广等特点。七是开辟发展中国家的新兴市场存在他国物流网络建设水平参差不齐，运输费用和服务水平千差万别，贸易规则不成熟，营商环境较差，口岸通关服务水平不高等“客观壁垒”。八是基于电子数据联网监管的“三单”管理理念在向国际输出标准与规则时需更细化的顶层设计与配套措施，政府和第三方平台全面获取电商数据的“权责边界”和数据安全保护等方面亟待法理深入论证，并进一步建立完善的法律框架。

（2）跨境电商进口主要困境

1）普惠时代下信用缺口增大的负面影响。跨境电商是分属不同关境的主体通过电商平台达成交易、电子结算支付、跨境物流商品送达来完成交易的国际商务活动，因其符合贸易全球化的趋势，能够高效、快速、优质、价廉地提供商品而日渐成为国内居民追求高质量生活、享受全球普惠的手段。同时，网络或电子的虚拟性、无形性、即时性、匿名性等特点使得主体信用危机无限放大并难以追溯，且交易主体的小微化也会扩大普惠时代的信用危机，带来监管和税收的风险和难度。此外，跨境电商也将对国家产业结构调整和外贸发展产生影响，冲击传统模式下的税收政策和货物监管模式，带来贸易门槛的改变和政策的调整。

2）贸易碎片化呈现和对零售业的强大冲击。按照跨境电商进口管理规定，我国跨境电商进口具有对象覆盖面广、商品琐碎复杂、交易信息量大等特征，且因面对最终消费群体和零售性质呈现出碎片化特点，表现为：①卖家依托平台对消费者进行直接交易，直接与零售实体相竞争，表现出主体碎片化；②商品来源的全球化和消费群体的小微化使得商品交易在全球范围内点到点的网状分布，呈现出商品碎片化；③物流的全球化流动和平台数据的多样化采集使得信息链条碎片化，数据分析和贸易管理的难度加大；④直销带来税收征管困难和监管范围扩大，直接冲击实体零售网点。

3）规则改变带来国际合作的难度增加。跨境电商是开放、多维、立体的全球多边经贸合作模式，因其拓宽了进入国际市场的路径，促进了资源的国际优化配置从而实现企业与消费者的双赢，但同时也会带来传统贸易模式下的规则漏洞，且因在监管、税收、商检等方面未达成国际可操作的一致共识，带来了货物管理的难度。此外，跨境电商也改变了主体权责、产品标准、交易规则、物流规则等，导致需要重构电子化和网络化的国际贸易新标准，需要根据新话语权重新切割新权责，带来国际合作下的货物管理新的不确定性，造成贸易的灰色地带和经贸争端。

4）虚拟网络加剧海关监管的困难。网络带来了交易的虚拟化，使得跨境电商独具特性：①无形性和匿名性加大了监督和惩处的难度，导致利润驱动下的假冒伪劣产品长期存在和正规品牌的品质下降；②主体的小微性和产业链的全球化加剧了质控和售后的困难，切断了消费者对商品的感知，而虚拟世界的开放性会无限放大网络暴力、道德谴责、信任攻击等，影响交易的公平性和海关的监管难度；③全球化转移税收的管辖权、无形性和即时性改变征税主体、虚拟性和匿名性降低偷逃税的成本、无纸化和多变性加大了法律证据的掌握难度，进而增加了跨境电商进口的税收征管难度，冲击传统贸易模式下的税收征管制度。

4. 前沿科技产业发展的制度瓶颈

（1）集成电路核心知识产权缺失。中国集成电路产业发展迅猛，其市场需求与产业规模均保持高速增长。但由于起步较晚，中国集成电路产业整体水平偏低，且多集中于集成电路产业链的低端环节，高端产品基本被欧美、日韩等先进国家或地区的行业巨头垄断。除了垄断加剧，以专利共享、技术共性为目的的“寡头联盟”的形成也极大地提高了行业进入门槛。以芯片制造设备光刻机为例，日本的 Nikon、Canon 和荷兰的 ASML 三家公司基本占领了光刻机的中高端市场，其中 ASML 占据高端市场的八成。Intel、台积电、三星等制造企业都对设备企业 ASML 进行投资，形成“寡头联盟”。然而 ASML 的高端光刻机基本对中国禁售，国产光刻机则主要集中在中低端，高端市场处于空白。

由此可见，先进国家及地区通过专利积累进行行业垄断与技术封锁，掌握最高话语权，对成长中的中国集成电路企业带来极大的挑战。总体来看，中国集成电路产业在设计、制造及封装测试等各环节均与国际先进水平存在较大差距。设计业整体上有所进步，产品品类基本完善,但在微处理器/微控制器、存储器等高附加值产品上仍未取得实质性突破。在制造业方面,国内现有产能难以满足市场需求,工艺技术严重滞后。目前台积电、三星、Intel、格罗方德均开始向已成为全球一线集成电路制造商对市场主导权争夺的焦点。而国内中芯国际与华为微电子的主要精力仍集中于冲刺 28nm 与 14nm 工艺,与国际龙头企业相比落后 1—2 代。相比而言,中国在封装测试技术上较接近国际先进水平。从 2010 年到 2016 年中国集成电路封装测试业销售额增长了 1.5 倍。长电科技、华天科技、通富微电三家企业进入全球十强,其中长电科技在先进封装制程方面以 7.8%的市场份额位居全球第三,仅次于 Intel 和矽品精密。虽然部分封装技术已处于国际领先水平,但在高端封装技术上国内企业仍然落后。在当前高度垄断的市场格局下,关键核心技术难以突破意味着中国集成电路产业将面临技术标准、知识产权等多重壁垒。

(2) 人工智能政策设计不合理。中国在人工智能的政策设计中对基础设施建设、数据开放、多主体协作的重视度较高,能够为人工智能产业的健康发展提供坚实的基建保障和丰富资源。但也存在以下问题:一是人才培养未能提出切实的培育、引进优秀人才的政策措施;二是在资金支持方面未能提出多渠道、便捷的资金筹措途径和优惠方式;三是在政策设计中尚未重视人工智能的潜在风险,提出相关安全指导意见;四是需求型政策工具的使用较为单调和片面。

(3) 航天航空国际贸易环境不利。一是自主创新能力不足。自主知识产权是航空产业竞争力的来源。航空器制造业是先进制造产业之首,想要在核心技术领域有所突破,需要力学、材料学等多个前沿领域的技术储备做支持,研发周期长、耗资巨大,并非一朝一夕能够完成。中国在这方面起步较晚,缺少前期的技术、设备、人才积累,虽然我国航空在一些领域已经具备了国际先进水平,从整个民用航空行业上来看,原始创新能力仍旧存在很大的不足,核心技术的自主知识产权缺失。2016 年我国飞机制造的专利申请量为 38610 件,占整个高技术行业申请量的 2%,远低于发达国家,其中涉及到关键技术的核心专利更少。

中国的很多民用飞机项目采取国际合作的形式，与中国进行合作的企业更多地是看中了中国的市场，这种形势下中国无法拥有产品的核心技术知识产权，而没有实质性产权转移为内涵的制造工作的合作，只能产生边缘效益，难以从本质上提高航空制造业的竞争能力，甚至会冲击国产民用飞机的研制。二是市场垄断特征明显。航空制造业进入门槛高、投入大、高新技术集中，航空产品市场具有典型的寡头垄断特征，如大型干线民用飞机被波音和空客两家公司垄断；支线飞机领域，加拿大庞巴迪公司和巴西航空工业公司平分秋色，共占据了全球市场 90%以上的份额；航空发动机制造领域则被通用电器、普惠、霍尼韦尔等公司占据。除市场因素外，由于航空制造业的垄断性以及特殊战略地位，航空制造强国为了保护本国航空业，保持航空制造企业的优势地位，也会针对竞争对手采取提高关税、设置技术性壁垒等贸易保护措施：如中美贸易摩擦中，航空产品就被列为加税品类之一；美国 FAA 还提出，只有中国适航当局的审定水平达到与美国基本相当，中国运输类飞机才可以取得 FAA 型号合格证。这两点都为中国航空器打入国际市场增加了不小的难度。国际航空产品的贸易环境并不乐观，中国若想有所发展，在全球市场上争得一席之地，势必面临极大挑战。

（四）贸易管制立法还需进一步健全

1. 当前贸易管制法律体系简述

迄今为止，我国管制法的主要立法有：2004 年《中华人民共和国对外贸易法》，2001 年《中华人民共和国货物进出口管理条例》，2003 年《中华人民共和国进出口关税条例》，2008 年《货物出口许可证管理办法》，2001 年《出口商品配额管理办法》，2001 年《中华人民共和国技术进出口管理条例》（也涉及技术服务的管理，见该条例第 2 条），2002 年《中华人民共和国军品出口管理条例》（本条例所称军品出口，是指用于军事目的的装备、专用生产设备及其他物资、技术和有关服务的贸易性出口），2006 年《中华人民共和国核出口管制条例》，1998 年《核出口管制清单》，2006 年《中华人民共和国濒危野生动植物进出口管理条例》，

2007 年《危险废物出口核准管理办法》，2013 年《中华人民共和国文物保护法》（第六章“文物出境进境”）和国务院于 1979 年颁布的《文物特许出口管理试行办法》（该办法已于 2007 年废止）。

2. 出口管制的主要原则及不足

在我国出口管制法的立法中，《对外贸易法》具有十分重要的地位。《对外贸易法》对出口管制所作的主要规定有：

（1）出口自由原则。该法第 4 条规定，国家实行统一的对外贸易制度，鼓励发展对外贸易，维护公平、自由的对外贸易秩序。第 14 条进一步明确，国家准许货物与技术的自由进出口（法律、行政法规另有规定的除外）。《对外贸易法》也规定，在国际服务贸易方面，中国根据所缔结或者参加的国际条约、协定中所作的承诺，给予其他缔约方、参加方市场准入和国民待遇。

（2）市场开放原则，出口贸易的管理和限制是例外。按《对外贸易法》第 16 条，只有基于特殊的法定原因，国家才可以限制或者禁止有关货物、技术的进口或者出口。该条例明的 11 种可作为贸易限制的原因中，有 3 个是专门作为实施出口管制的法律依据。

（3）出口限制要透明，要公布目录。《对外贸易法》第 18 条规定，国务院对外贸易主管部门会同国务院其他有关部门，依照《对外贸易法》第 16 条和第 17 条的规定，制定、调整并公布限制或者禁止进出口的货物、技术目录。

（4）出口限制的举措是配额和许可证以及其他必要手段。根据《对外贸易法》第 17 条和第 19 条，国家对限制进口或者出口的货物，实行配额、许可证等方式管理；对限制进口或者出口的技术，实行许可证管理。国家对与裂变、聚变物质或者衍生此类物质的物质有关的货物、技术进出口以及与武器、弹药或者其他军用物资有关的进出口，可以采取任何必要的措施，维护国家安全。在战时或者为维护国际和平与安全，国家在货物、技术进出口方面可以采取任何必要的措施。

可以说，中国管制法的数量已不算少，覆盖面也比较宽，制度在不断进步。然而，根据世界各国对外贸易法的发展态势，根据多边贸易法的立法和实践动向，根据国际政治和经济关系的新变化，我们认为，我国管制法仍然有待加强和完善。

四、高标准推进临港新片区贸易自由化便利化的对策建议

经综合分析自贸区内现有制度创新成果的经验，结合临港新片区建设实际，充分考虑在新片区实现更高水平贸易自由化便利化面临的困境和挑战，并借鉴国外有关先进经验（美国、新加坡推进贸易自由的有关经验详见附件 2—3），提出对策建议如下：

（一）扎实推进重点环节立法进程

1. 构建新型保税监管法律制度助力循环经济发展

（1）遵循国际规则，统一对保税制度的认识。保税制度是在现行税收制度框架下，国家为促进贸易便利化，使国内企业更加公平地参与国际竞争而采取的符合国际通行规则的海关程序与做法，是世界海关组织认可并被各国海关普遍践行的监管制度，也是新片区内新型业态产业得以运行和发展的基础性制度。在整体制度设计方面，一是要调整完善《海关法》有关内容。如，完善第 100 条关于“保税货物”的定义，调整为“经海关批准未办理纳税、缴证手续进境，在境内储存、加工、装配、修理后复运出境的货物”。二是调整完善加工贸易有关规章。按照《贸易便利化协定》与《京都公约》的规定，加工贸易业务范围包括加工、制造和修理，为此，要同步调整我国对外贸易相关规章以及海关保税监管规章。

（2）强化法治保障，不断提高执法统一性。一是加强加工贸易法规体系的顶层设计，强化立改废释机制，结合近几年行政审批改革成果，尽快修订完善《海关加工贸易货物监管办法》《海关加工贸易监管业务操作规程》《海关加工贸易单耗管理办法》；同时加强对各类业务的立法配套和支撑，特别是对新兴业务，要及时出台相适应的监管办法和操作规程，比如，区外的保税维修监管办法，区域的货物按状态分类监管办

法;顺应产业转移规律,及时出台《出境加工监管办法》,确保统一执法。二是认真梳理加工贸易保税监管自由裁量权,进一步优化保税担保,重点规制保税货物税收担保事项,制定衔接措施,确保取消加工贸易银行保证金台账制度的政策平稳过渡,降低企业制度性交易成本。三是在海关特殊监管区域整合优化的基础上,尽快制定出台《中华人民共和国海关对综合保税区监管办法》,统一对海关特殊监管区域的监管。

2. 完善生物医药产业监管法律制度

(1) 试点建立用于研发的生物医药等特殊物品进口便利化监管法制。在全球生物医药研发服务外包(CRO)盛行的背景下,发达国家通常都对研发用特殊物品设立专门的进口监管法制。例如,瑞士对于无商业价值的生物货物或基于临床诊断的特殊物品适用于简易清关程序,其他情况下则正常清关;美国对人体血液等研发用特殊物品设立了专门的 HS 商品编码税则号,并实行 FDA 与海关的联网监管,对研发用进口特殊物品适用便利化的清关程序,对用于生产用的特殊物品进口则严格监管;新加坡在特殊物品进口环节除了 BATA 管制的生物制剂(如 HIV,TB 等)外,其他特殊物品不需申领许可证。如前所述,《全面深化中国(上海)自由贸易试验区改革开放方案》(国发〔2017〕23 号)中要求"优化生物医药全球协同研发的试验用特殊物品的准入许可,完善准入许可的内容和方式",可以考虑结合此项要求,在符合《中华人民共和国药品管理法》(2019 年修订)第 5 条"国家鼓励研究和创制新药,保护公民、法人和其他组织研究、开发新药的合法权益"这一宗旨的基础上,借鉴美国和瑞士的监管制度经验,在上海自贸区(尤其是医药研发企业高度集聚的张江片区和新扩展的临港新片区)探索试点建立研发用特殊物品进口的监管法制,探索试点在现有进口产品 HS 编码目录中新增"研发用特殊物品"的编码。

(2) 进一步完善企业分级管理法制,并在此基础上建立企业主体责任法制。应进一步完善企业分级管理制度,根据企业资质、历史合规性以及其他要素,对企业进行综合性的企业分级管理。建议在《中华人民共和国海关企业信用管理办法》(海关总署第 237 号令)的基础上,在上海自贸区进行企业分级管理试点，建立企业分级评估框架，根据上海自贸区内企业的不同评级给予企业不同的贸易便利化措施，明确生物医药生产、经营、使用单位均为生物安全第一责任人，进一步确立严格的事中事后核查监管体系以及科学合理的奖励和惩罚制度。同时，还可以考虑与浦东新区人民政府、上海自贸实验区管委会等机构加强合作，由其推荐诚信度高、制度完善的企业，在企业评级评估框架下赋予此种推荐相当的权重，以期助成"企业负主体责任，地方政府负总体责任，相关部门负监管责任"的治理格局。

(3) 建立科学的危化品产品分类监管法制和特殊物品的后续管理法制。对危险化学品产品的分类监管法制和特殊物品的后续管理法制，可以考虑在以下两个方面进行变革。一是基于产品分类监管的法制变革。根据危化品的含量和危险程度进行分类，参考国际通行做法，结合企业信用资质，对于微含量无风险危化品按照正常货物监管，这就需要对《危险化学品安全管理条例》(国务院令第 645 号)和《危险化学品目录(2015)》进行修改，增设有关的例外条款。二是基于企业的分类监管的法制变革。这需要有关法律法规鼓励乃至要求各监管部门采用信息化系统平台监管的模式，形成安全链条的全覆盖。建议可以先在上海自贸区内进行试点，要求相关企业将企业 ERP 系统中关于危化品申报、使用去向等信息记录即时传送给安监局、海关、商检、食药监等相关管理部门，并与特殊物品的后续管理方式相结合。

(4) 建立部门协同的特殊物品风险管理机制。我国法律上负责特殊物品进口监管的"卫生检疫机关"，在"关检合并"前指的是国家质量监督检验检疫总局(海关仅负责凭其签发的特殊物品审批单放行)；在"关检合并"后指的是海关。"关检合并"后，海关和原国检各自所属的机构在功能整合过程中，需要建立相互协同的风险管理机制。对于特殊物品风险管理而言，海关还需要协同其他相关部门(如国家卫健委、国家食药监总局、国家安全生产管理总局、农业部等)进一步鉴别生物医药领域的风险种类并及时加以应对，这就涉及部门联合发布生物医药领域的风险种类、识别、市场准入以及事中事后监管模式。建议由国家海关部门牵头，协调特殊物品相关主管部门通过联合发文等方式，要求各相关监管部门间从速建立相应的风险管理机制。

3. 促进跨境电商进出口健康有序发展

综合分析跨境电商进出口的特点、难点，需要按照开放、多维、整体、创新的思维来调整管理策略，促进其健康、稳定、有序发展。

(1) 促进跨境电商进口良性发展。一是管住货。按照海关特殊监管区域的要求严格管理进口商品的流转，按风险防控等级建立监控体系限制采购商的二次销售行为，减少对零售实体行业的冲击；建立基于原产地和商品用途的商检制度，公布进口商品原产地和我国质量标准的差异、质量安全管控制度、质量追溯办法等，并按照原产国家清单商品定期公布批量抽检的商品结果，管住进口商品质量；建立进口商品的流向跟踪机制，联合物流平台建立和完善商品物联网络，通过溯源机制和动态监管实现真正管住货物。二看住税。明确全球贸易的税收管辖权、追溯权、地域时限等法律问题，保障执法的有效性；以申报为起点、以纳税主体为抓手、以数据采集为重点，做好事前管理和数据采集，搭建进口数据分析的基础；紧扣商品税差，依托大数据解决税收征管技术、逃税与税收流失、数字与服务贸易的课税认定、网络贸易的税收责任等问题，着力构建跨境电商税收的事中管理，实现对税源的掌控和税收的应收尽收；利用风险机制和分类管理原则，明确跨境电商税收的监督、追责和惩处的权与责，以创新海关稽查规定来解决电商快速演化与法制相对稳定之间的矛盾，实现对税收的事后管理。三是抓主体。跨境电商是新兴技术下的全球贸易，涉及交易方、平台方、支付方、物流方、管理者等多类主体。最新的《电子商务法》对跨境电商主体的权利和义务进行了规定。坚持以《电子商务法》为准绳、按照顶层设计来制定对跨境电商主体管理的规章制度，明确各类主体对进口货物的权责，保障执法有法可依；按照风控理念和分类管理的原则，构建企业新的进出规则，统筹跨境电商经营者的信用评价和诚信管理，形成基于负面清单的管理和惩处机制；强化平台准入机制，明确行业自律和违法处置规则，扶植大平台发挥排头兵作用，用行业准则来规范交易双方的行为；遵循新技术和跨境电商的特点建立起集仓储物流、申报缴税、监管检验于一体的综合管理制度和体系，全面优化跨境电商进口营商环境。

（2）促进跨境电商出口突破新贸易保护主义。跨境电商出口突破新贸易保护主义，有赖于以跨境电商整体产业链为对象，加强整体产业链的协同治理，营造开放包容、安全顺畅的外贸生态环境。要从海关"单兵作战"转向产业链相关各方协同治理、无缝合作，从过于侧重口岸监管向整体产业链均衡管理转变。

一是协同营造包容开放的政策体系和产业环境。 从各领域、各环节打通痛点、堵点，以鼓励商品出口为导向，分层次、分类别给予优惠支持。对数据联网后可能产生的所得税清算追缴等确立更宽松明确的政策导向，探索更宽松的核定征收方式和核对应税所得率方式；在外汇收支、贷款融资、数据联网公共服务、商业保险等方面出台一揽子支持措施。**二是构建国际物流运输方式并存、灵活多样、自由选择的多元跨境电商出口格局。** 允许 9610、1210 等跨境电商出口方式与其他一般贸易、邮递、快件等出口方式并存；同步提升邮递等渠道信息化、规范化管理水平。支持寄递渠道、服务主体多元化，合理合规设置集中监管场所位置与流程，推动 9610、1210 监管模式和快件、邮政、国际专线、海外仓等多种物流网络顺畅衔接。**三是建立"平台共治+科技引领"的更高效安全的跨境电商监管模式。** 让合规规则通过技术方式嵌入到跨境电商出口整体供应链运作中，依托龙头企业、服务平台加强出口跨境电商供应链安全合规管理，分担监管风险和安全责任。探索应用"大数据"技术探索实施智能监管、智慧管理，整合碎片化风险，利用智能算法对电商企业精准画像，对出口商品实施靶向管理、动态管理。**四是加强新贸易保护主义下各种壁垒的应对。** 包括发挥行业协会作用、推进产业研发升级、争取国际认证并签订有关条约、组织科研队伍提高技术水平。从国家和企业两个层面加强出口侵权防范，完善国内立法、建立预警机制，提升企业合规意识，加快商品结构调整，加强国际侵权诉讼法律援助救济。

（二）加快健全区内综合行政执法体系

1. 建立与新片区全面开放相适应的海关监管体系

（1）坚持开放自由，推动一线贸易便利化。一是安全准入管理。明确禁止类货物、物品目录，加强监管管理工作。贯彻落实国家限制性进出口货物、物品海关监管制度，对涉及国家进出境限制性管理、口岸公共卫生安全、生物安全、食品安全、商品质量安全、知识产权等的安全准入形成管理方案。二是径予放行制度。形成不适用径予放行模式的货物负面清单，提出海关径予放行操作模式下，货物通关运行管理方案，落实检验、检疫证书管理制度要求，在径予放行模式下，研究提出径予放行货物的查验管理实施细则，进一步明确径予放行模式的相关法律安排。三是国际运输自由。发展国际中转集拼业务，形成洋山特殊综保区国际中转集拼货物监管实施方案，明确洋山特殊综保区国际中转集拼专用作业场所并组织管理实施，明确国际中转集拼舱单管理要求，进一步完善现行管理模式，加强对国际中转货物监管。四是卡口智能高效。优化调整智能化卡口通道布局，发挥卡口分流引导、智能监控、布控报警等综合管理功能，进一步完善现行监管模式，加强对直接进出境货物监管。

（2）坚持灵活施策，推动区内经营自主化。一是尊重企业经营自主权。支持区内企业开展中转、集拼、存储、加工、制造、交易、展示、研发、再制造、检测维修、分销和配送等业务，进一步细化完善海关业务操作模式。二是取消海关账册管理。针对区内企业不单独设立海关账册，提出海关对区内企业内控管理、财务管理、信息系统建设等方面要求，并实施相适应的海关监管模式。三是实行信息主动公示制度。督促洋山特殊综保区管理机构尽快建立信息主动公示制度以及洋山特殊综保区各管理部门“联合激励”措施清单，推动海关认证企业可享受区内各部门的信用便利。四是建立公共信息平台。支持地方政府在海关主导下，开发建设一体化信息管理服务平台，成立一体化信息管理服务平台领导小组，提交一体化信息管理服务平台海关业务及洋山特殊综保区海关监管服务信息系统业务需求，组织信息系统开发、测试。

（3）坚持安全高效管住，推动二线监管严密化。结合洋山特殊综保区围网规划，研究设立供货运车辆、其他车辆和人员进出区的专用通道。加强对进出洋山特殊综保区的国内运输工具和人员的实际监管，进一步完善现行监管模式。对进出境运输工具服务人员携带个人物品进出洋山特殊综保区的，进一步完善现行监管模式，实施有效监管。对经洋山特殊综保区直接进境或直接出境的货物，通过专用通道、卡口进出，进一步完善现行监管模式，加强货物监管，确保口岸直通货物通行便利。

（4）坚持灵活施策，推动重点产业创新发展。探索实施监管模式创新。充分利用新一代信息技术等现代科技手段，探索形成新片区重点企业电子监管模式。研究新片区重点企业保税集团监管模式，形成具体实施工作方案。研究提出由地方政府主导，建立卫生、药监、科技、环保、海关等多部门参与的联合监管机制，对优质诚信生物医药重点企业，简化特殊物品进口审批流程工作方案。优化大飞机试飞管理，支持国产大飞机项目，制定优化大飞机试飞管理办法，允许企业自主管理试飞期间航材加装、拆卸等作业，实行事后向海关报备管理模式。支持开展保税检测、保税维修业务，支持重点企业开展保税检测和高技术、高附加值、符合环保要求的保税维修业务，形成海关相应工作方案。加强重点企业准入退出管理。提出新片区重点企业行业标准，制定相关准入退出办法。

2. 建立与新片区全面开放相适应的知识产权边境执法体系，保障前沿科技产业发展

（1）控制知识产权边境执法的适用范围

一是应审慎扩大知识产权边境执法的保护范围。 ACTA 将知识产权边境保护的范围扩大到著作邻接权、地理标志权、工业品外观设计权和集成电路布图设计。由于知识产权保护客体的内在特质，过度扩大知识产权边境执法的保护范围必然会给贸易便利化带来巨大压力。然而，从逻辑上讲，只对商标和版权提供知识产权边境保护，拒绝对其

他知识产权提供边境保护是没有理由的，也不符合国际社会加大打击国际贸易中侵犯知识产权行为的趋势。因此，完全拒绝扩大知识产权的边境保护范围是不明智的。合理的做法是采取逐步扩大的方式。站在中国的立场，最先适合扩大的是地理标志权，因为按照中国现行的立法体系，地理标志主要是由工商部门以《商标法》为依据，由有关权利人将地理标志注册为证明商标或集体商标，按照商标权的保护对地理标志进行转化予以保护。在这种情况下，海关在边境环节与保护其他商标权是一样的，只要解决权利人、合法使用人以及有关转授权情况的注册、登记即可。再者从数量上来说，地理标志权相对并不具有庞大的规模，因此增加保护这类客体并不会对海关查验带来太多的负担。对于工业品外观设计权，原则上纳入保护范围也是可以接受的。因为相对而言，其对海关执法人员的判断能力要求不高，海关执法人员按照权利人在海关的备案或执法人员自己的生活常识和知识储备即可进行判断。至于著作权的邻接权和集成电路布图设计则应暂缓纳入保护范围。对前者而言，其涉及到的权利客体是一个规模巨大的群体，并且对是否构成侵权的认定往往相当困难，当事人的争议会很大。对于后者，我国现在集成电路产业刚刚起步，对集成电路知识产权的立法也还很不完善，国内权利人拥有的权利数量很少，权利基础也不稳定。海关对集成电路布图设计提供保护的立法基础并不完备。另一方面，认定集成电路布图设计侵权对海关的专业知识要求同样非常高。因此对于这两类知识产权，以中国海关目前和短期未来的人才和信息储备状况来看，条件尚不成熟。另外，中国现行立法将专利权亦纳入知识产权边境执法的保护范围，这一做法不仅超越了 TRIPs 协议的规则，即便是 ACTA 都没有做此规定。由于专利侵权认定的难度超过以上所有知识产权客体，绝非海关从商品外观可以判断，因此从贸易便利化的角度来看，由海关在边境对进出口货物的专利权提供保护确实是不适当的。

二是知识产权边境措施适用于出口货物值得反思。 TRIPs 协议规定边境措施只适用于货物的进口，而 ACTA 则将知识产权的边境措施扩大适用于货物的进出口。尽管中国的《对外贸易法》《知识产权海

关保护条例》及其实施办法等相关法律也规定边境措施适用于货物的出口。然而，对货物出口进行知识产权审查的合理性确实值得检讨。如前所述，由于知识产权的地域性，要求一国海关了解某知识产权在其他国家的获权情况对该国海关而言施加了不合理的负担。除非各国建立起了完备的知识产权登记、备案程序并搭建了信息互享平台，否则对任何一国的海关而言，审查出口货物的知识产权就是不合理的要求。正因如此，TRIPs 协议也没有强制要求成员方对出口货物进行知识产权的审查。当然，由于中国目前仍处在知识产权积累的初期，在国际贸易中往往是知识产权的侵权方，因此对出口货物的知识产权进行审查，也是中国承担国际知识产权条约下的义务以及维护中国企业形象的重要任务。并且，一旦侵权产品出口至其他国家境内再被查处，则中国企业的损失会更大。综合以上因素，并且在中国立法已提供货物出口的知识产权审查的情况下，中国海关仍应认真执行货物出口的知识产权审查，但应加快技术支撑条件的建设，最大限度减少对贸易便利化的影响。

三是短期内应避免将知识产权的边境措施扩大适用于过境贸易。当前的国际贸易大量涉及过境运输。而允许过境国对涉嫌侵权产品进行查验并采取中止放行等措施，不论是在通知权利人、送交样品至权利人检验、发货人和收货人的确定、担保的提交、证据的提交以及信息披露、移交司法等方面都会因为地理、语言、权利确属、法律文化等方面遇到更多的实际困难，也往往更容易导致国际贸易商干扰竞争对手的合法贸易。从中国的实际情况来看，中国陆地边界长约 2. 28 万公里，来自本国和邻国的过境贸易量不可忽视。例如，从 1991 年起，中国已经同邻国签订了 10 余个汽车过境运输协定。一旦规定边境措施扩大适用于过境贸易，这对海关的压力会非常大。因此，此项规定应以暂缓执行为宜。

(2) 提高知识产权边境执法的效率和水平

一是应恰当地确定知识产权边境执法的模式。 知识产权边境执法扩大保护范围的趋势不可避免，这必然会给贸易通关带来巨大的压力。因此，海关应通过立法扩大依当事人申请的保护程序。例如，取消海关对专利权的主动保护。此外，对于不太可能危及社会公共安全、秩序和健康等的版权及其邻接权，也以依申请的保护程序为宜。对于地理标志权和集成电路布图设计权，其侵权导致危及社会公共安全、秩序和健康的可能性虽然有，但比例也不会太大，因此可以建立依申请保护为主、依职权保护为辅的模式。对于目前侵权最严重的商标案件，则可以建立依职权和依申请并重的模式。

二是应恰当地选择知识产权边境执法的方法。出于贸易便利化的考虑以及由此确定的有效监控和抑制的目的，应在海关查验时扩大风险管理和风险分析方法的运用。所谓风险管理和风险分析方法是指海关摒弃逐项稽查或随机抽查的做法，针对进出口侵权活动的趋势和特点，通过数据搜集、整理并分析，实时确定不同进出口货物侵权的可能性大小，加大对高风险货物的查验力度，不断提高执法效率。其具体做法可以包括对申报单证进行风险评估、对货物外包装进行风险评估以及对货物进行物理检查时的风险评估。

三是应加强行政执法与刑事司法的有效衔接。出于贸易便利化的考虑，有必要将边境查获的涉嫌侵犯知识产权的案件分为简易案件和复杂案件，对事实清楚、证据清晰、权利人和侵权人对侵权事实没有异议的案件，由海关依照原有程序进行处理，对情况比较复杂，权利人与侵权人对侵权事实有较大争议的，海关无法进行准确核实的，海关应首先组织侵权人和权利人进行调解，调解不成的，海关应将涉案货物放行，保留货物样品、照片、报关单据等材料进行证据保全，并将案件移交司法部门处理，通过司法途径解决双方纠纷。

(3) 避免不适当地降低知识产权边境执法的门槛。如前所述，按照知识产权边境执法有效监控和抑制之目的，应扩大依当事人申请而启动执法程序的比例。为此，在程序设计上对权利人申请保护的条件限制做出一些调整，减轻权利人对由于申请而带来的费用和举证压力，更便利于执法程序的快速进行，这是应当的。在这方面，ACTA 增加担保形式、降低权利人提供信息的要求、扩大海关向权利人披露信息的职权等规定有合理的因素，值得借鉴。然而，如果一味侧重保护权利持有人的利益，大幅度地降低知识产权边境执法的条件和要求，其后果是权利持有人因为启动边境执法程序过于容易，且成本较低，责任不大，将频频利用甚至滥用该程序，这会给海关处理通关带来很多不必要的负担，也会对正常的国际贸易带来干扰甚至扭曲。为此，避免不适当地降低知识产权边境执法的门槛也是为贸易便利化之考虑而制定恰当监管标准的内在要求。

一是不宜过度降低权利人提供信息的要求。 如前所述，ACTA规定只要申请人提供了“可以合理期待为其所知范围内的、充足的信息”即可申请中止放行或扣押侵权嫌疑产品。该标准具有极大的主观性，意味着只需“怀疑”侵权即可，如此宽松的要求没有恰当地考虑知识产权保护与贸易通关效率之间的平衡。此外，从实际情况来看，如果申请人不能提供侵权事实存在的初步证据，这会增加海关执法的难度，导致不必要的负担。综合考虑便于申请人启动执法程序和确保正常的贸易通关不受不当的干扰，可以将《知识产权海关保护条例》规定的要求申请人“提供足以证明侵权事实明显存在的证据”适度调整为“提供证明侵权事实存在的初步证据”。

二是应增加进口人等利害关系人在边境执法过程中享有的维权和救济措施。 认可被申请方参与执法程序的权利，包括规定进口人在货物被中止放行后获得通知的权利，这有助于其及时参与到程序中并提供相反的证据材料，便于海关快速判断。遵循 TRIPs 协议为侵权决断期确定明确期限的做法。

（三）立足《区域全面经济伙伴关系协定》（RCEP）形成改革倒逼效应

据 2020 年 3 月 19 日商务部发布的消息，《区域全面经济伙伴关系协定》（RCEP）各方都在按照领导人的指示，致力于年底签署 RCEP 协定。目前各方按照既定的工作计划，正有序推进法律文本审核等相关工作，以准备好供各国签署的最终文本。中方将与各方一道，努力推动协定如期签署。

1. RCEP将进一步加快区域贸易自由化便利化进程

(1) RCEP的背景简述。RCEP由东盟10国发起，邀请中国、日本、韩国、澳大利亚、新西兰、印度6个对话伙伴国参加，旨在通过削减关税及非关税壁垒，建立一个16国统一市场的自由贸易协定。已达成的RCEP15（不包括印度）涵盖约30%的全球人口，约30%的全球GDP，约30%的全球贸易和投资，是当前亚洲地区最大的自由贸易协定。在这之前，最大的自贸协定是全面与进步跨太平洋伙伴关系协定（CPTPP）。它涵盖11个国家，人口约占全球的7%，GDP占全球的13%。正在谈判中的中欧双边投资协定，涵盖28个国家，人口约占全球的25%，GDP占全球的38.6%。RCEP在WTO难以发挥积极作用的情况下，是多边贸易体系的一个积极成果。

RCEP协定是一个全面的、现代的、高质量的和互惠的自由贸易协定。它包括自贸协定基本的特征，涵盖货物贸易、服务贸易、投资准入以及相应的规则（WTO关于投资的规定较少）。同时，该协定包括电子商务、知识产权、政府采购、中小企业等新内容，弥补了WTO中的不足。此外，RCEP的规定比较先进。例如，在投资领域，各国均实行了负面清单制度（这对于部分发展中国家来说是较高的标准）；实行了较严格的竞争政策，以规范区域市场秩序；在商品贸易开放度上，RCEP中有90%的商品是开放的，WTO仅有约85%。

(2) RCEP的主要优势。第一，通过促进亚太地区贸易投资的自由化便利化，使该区域经济合作进一步深化。亚太地区尽管有不少以东盟10国为基础的“10+1”自贸协定，但是条款纷繁复杂。各国间贸易和投资规定相差甚大，制度的制定和实施成本很高。RCEP是对现有各个“10+1”协定的集体升级，是该区域内统一的规则体系，有助于降低进出口企业的经营成本，减少经营的不确定性风险。同时，RCEP能够极大推动本区域内的商品、技术、服务、资本及人员的跨境流动，形成“贸易创造”效应。除传统的贸易和投资活动外，金融、物流、旅游、通信等服务贸易将会成为未来新经济的增长点。第二，RCEP对单边主义和贸易保护主义给出了有力的回应。2017 年以来，美国特朗普政府实行了一系列贸易保护主义措施，废止了一些已达成和即将达成的协定。在其影响下，不少国家也陆续采取了跟随措施，给全球贸易、投资及其他经济活动带来明显的负面冲击。RCEP 的达成，反映全球对更加自由便利的贸易投资环境的热烈呼唤，将为 2020 年中欧双边投资协定及欧美自贸协定的达成奠定良好的基础。

2. RCEP 将倒逼我国自贸区各项改革快速向前推进

中国是 RCEP 的积极参与者和推动者。RCEP 为中国带来了发展的新机遇，但无疑也带来了挑战和风险。目前，我国自贸区在开放领域上还存在不少短板，包括服务贸易竞争力不足、金融市场等开放程度较低，在环境保护、劳工标准、竞争中立和知识产权保护等议题上与发达国家存在较大差距等。

RCEP 的实施和不断深化，将倒逼自贸区内加快制度创新，更好地实现制度开放。如果我们不失时机地深化各方面体制改革，必将迎来更大的改革红利和开放红利。假以时日，中国在国际经贸规则上将摆脱参与者和跟随者的身份，成为规则的引导者。

3. 新片区应对 RCEP 挑战的制度革新建议

（1）拓展开放式创新的新路径。推动与科技发达国家、上合组织成员国家、“一带一路”沿线国家的科技交流合作，打造国际科技合作新空间。鼓励和吸引海外研发机构、技术转移机构、跨国公司在新片区建立研发中心、技术转移平台和国际科技合作基地。加快国际创新平台建设，推动创新资源跨国转移转化。鼓励企业、高校院所建立海外研发中心、联合实验室、国际科技合作基地，面向全球配置创新资源，提高研发、设计等环节的国际化水平。

（2）探索自由贸易新体制。全面落实外商投资准入前国民待遇加负面清单管理制度，围绕航运、金融、医疗、教育、文化等重点领域，深化高新技术产业和现代服务业对外开放，推动服务贸易加快发展。完善国际贸易“单一窗口”等信息化平台，在内外贸、投融资、财政税务、金融创新、出入境等方面探索更加灵活的政策体系、监管模式和管理体制，打造开放层次更高、营商环境更优、辐射作用更强的开放新高地。加强风险防控体系建设，建立金融监管协调机制，加强对重大风险的识别和系统性金融风险的防范。强化进出境安全准入管理，高效精准打击走私活动。建立检验检疫风险分类监管综合评定机制。在国际中转集拼、海事海商纠纷调解、资本项目结汇支付、涉海融资租赁等领域，探索开展一批创新举措。

（四）不断强化区内贸易自由司法保障

1. 强化知识产权审判职能

（1）加大与新片区重点产业相关的知识产权保护力度。针对新片区集成电路、人工智能、生物医药等重点发展产业，加强相关产业可能涉及的专利权、著作权、商标权及商业秘密案件审理，切实提升知识产权司法保护力度，树立具有国际影响力的裁判标杆，促进 5G、区块链、云计算、物联网、车联网等新一代信息技术的运用，更好推进世界一流企业的集聚；研究破解数据知识产权司法保护难题，加大对数据的司法保护力度，对新片区建立数据安全管理机制、开展数据跨境流动试点提供司法保障。

（2）保障符合新片区发展方向的公平竞争市场秩序。秉持公正高效、平等保护、公开透明的原则，依法平等保护中外当事人合法权益，促进新片区各类市场主体公平竞争，整体提升新片区区域创造力和竞争力；准确判断识别互联网、跨国贸易等环境中的新型竞争行为，注重反不正当竞争与过度限制竞争之间的有效平衡，促进各类市场主体释放创新活力；妥善审理垄断案件，支持完善外商投资反垄断审查的重点领域监管。

（3）充分发挥自贸区专项审理机制作用。发挥涉自贸区知识产权案件专项合议庭在司法风险监测、管控中的作用，建立适应新片区风险压力测试要求的案件专项管理机制；加强对新片区在知识产权领域风险精准监测和动态预警管理的司法支持；建立对涉新片区重大敏感案件的管理机制，对政策性强、社会关注度高、裁判结果可能影响面大的案件，纳入专项管理。

(4) 进一步激发知识产权司法保护机制效能。依法及时采取财产保全、证据保全、行为保全等临时保护措施，充分发挥"法官+执行人员+技术专家"的诉讼保全模式，提高知识产权司法救济的及时性和便利性；进一步完善技术调查官制度，科学运用"四位一体"的技术事实查明制度体系，完善技术类案件多元事实查明机制建设；充分尊重知识产权的市场价值，积极运用惩罚性赔偿，加大对恶意侵权行为、重复侵权行为的打击力度。

(5) 进一步完善知识产权纠纷多元解决机制。坚持把非诉讼纠纷解决机制挺在前面，充分尊重中外当事人对纠纷解决途径的选择权，更好利用已经建立的知识产权诉调对接机制，拓展与新片区相关商事调解机构的合作机制，提高知识产权纠纷多元解决成功率，为更好实现知识产权市场价值创造更多途径，着力推动新片区知识产权纠纷调解制度的不断创新，推动上海知识产权司法保护环境不断优化。

2. 强化跨行政区划审判职能

(1) 加强涉新片区走私刑事案件审理。支持实施高标准的贸易自由化，支持探索适应新片区各类企业业务特点的海关监管制度；依法审理涉新片区走私刑事案件，为强化边界安全、探索建立新片区进境货物"两段准入"监管模式提供司法保障。

(2) 加强涉新片区环境资源、食品药品等特殊领域案件审理。聚焦生态环境、检验检疫、食品药品安全等新片区建设特殊领域，依法妥善审理新片区跨境食品药品网购合同纠纷案件、破坏环境资源保护案件、危害食品药品安全案件，防范化解新片区发展中的相关风险，为新片区加快建设和持续健康发展提供司法保障。

(3) 加强涉新片区行政案件审理。充分发挥行政审判职能，支持外商投资安全审查制度，强化重点领域监管；聚焦新片区投资、贸易、金融、网络、生态环境、文化安全、人员进出、公共秩序等重点领域，对实施"证照分离"改革，完善外商投资安全审查、反垄断审查、行业管理、用户认证、行为审计等管理措施依法提供司法支持，保障新片区实施严格监管、精准监管和有效监管，保护公民、法人和其他组织的合法权益，形成市场主体自律、业界自治、社会监督、政府监管的综合监管体系。

（4）加大案件执行力度。巩固“基本解决执行难”工作成果，完善执行工作长效机制，在进一步规范执行工作的同时，针对知识产权、环境资源、食品药品等纠纷执行案件，尤其是涉新片区相关执行案件的特性，创新执行思路和方式方法，加大执行案件的财产查控和执行力度，提升执行效率，确保债权人胜诉权益及时兑现。

第三章　新片区实现高水平资金流动便利法治保障研究

一、引言

金融发展程度和金融体制直接决定一国的全球竞争力。2012 年，党的第十八次全国代表大会胜利召开，开启了我国新时代改革的进程。在金融改革方面，会议提出“要深化金融体制改革，完善金融监管，推动金融创新，维护金融稳定”，同时提出“发展多层次资本市场，稳步推进利率和汇率市场化改革，逐步实现人民币资本项目可兑换”。次年十八届三中全会通过了《中共中央关于全面深化改革若干重大问题的决定》，继续强调了金融改革的目标和重要性。

上海自贸试验区是我国第一个自贸试验区，在贸易、投资、政府职能转变等诸多方面实施了一系列改革开放措施，金融改革也是其中重要的一环。成立以来，人民银行和各金融监管部门大力支持上海自贸试验区建设，创设了自由贸易账户系统，大力推进以市场化、国际化为重点的金融改革开放，一批创新性金融制度向全国和其他自贸试验区复制推广，充分发挥了上海作为全国金融改革试验田和“先行者”的作用。2018 年 11 月，习近平总书记在第一届中国国际进口博览会上宣布增设上海自贸试验区新片区，这是上海自贸试验区建设新的历史起点，也必将推动上海自贸试验区金融改革迈向新的阶段。

二、上海自贸区贸易投资便利化的改革方向与成效

(一) 上海自贸区贸易投资便利化的改革方向

作为国家战略需要,上海自贸区肩负着我国在新时期加快政府职能转变、积极探索管理模式创新、促进贸易和投资便利化,为全面深化改革和扩大开放探索新途径、积累新经验的重要使命。全面实现贸易投资便利化,是深化金融领域的开放创新的关键一步。

1. 投资贸易便利成为上海自贸区发展的总体目标之一

2013 年 9 月国务院发布《中国(上海)自由贸易试验区总体方案》,方案中明确指出,建设成为具有国际水准的投资贸易便利、货币兑换自由的自由贸易试验区,是上海自贸区发展的总体目标之一。力争实现该目标,从而为我国扩大开放和深化改革探索提供新思路和新途径以便更好地为全国服务。因此,以实现建设上海国际金融中心的战略任务为目标,推进贸易发展方式转变以及深化金融领域的开放创新是上海自贸区金融改革的主要任务与措施。

(1) 推动贸易转型升级。深化国际贸易结算中心试点,拓展专用账户的服务贸易跨境收付和融资功能。支持试验区内企业发展离岸业务。鼓励企业统筹开展国际国内贸易,实现内外贸易一体化发展。

(2) 加快金融制度创新。在风险可控前提下,可在试验区内对人民币资本项目可兑换、金融市场利率市场化、人民币跨境使用等方面创造条件进行先行先试。在试验区内实现金融机构资产方价格实行市场化定价。探索面向国际的外汇管理改革试点,建立与自由贸易试验区相适应的外汇管理体制,全面实现贸易投资便利化。鼓励企业充分利用境内外两种资源、两个市场,实现跨境融资自由化。深化外债管理方式改革,促进跨境融资便利化。深化跨国公司总部外汇资金集中运营管理试点,促进跨国公司设立区域性或全球性资金管理中心。建立试验区金融改革创新与上海国际金融中心建设的联动机制。

(3) 增强金融服务功能。推动金融服务业对符合条件的民营资本

和外资金融机构全面开放，支持在试验区内设立外资银行和中外合资银行。允许金融市场在试验区内建立面向国际的交易平台。逐步允许境外企业参与商品期货交易。鼓励金融市场产品创新。支持股权托管交易机构在试验区内建立综合金融服务平台。支持开展人民币跨境再保险业务，培育发展再保险市场。

2. 上海自贸区新一轮金融改革方案

2015 年 10 月 30 日，中国人民银行公布《进一步推进中国(上海)自由贸易试验区金融开放创新试点加快上海国际金融中心建设方案》(以下简称“金融改革四十条”)，这是党中央、国务院在新形势下为全面深化改革和扩大开放探索新途径、积累新经验的重要举措，是对前一阶段上海自贸试验区金融改革的继续和深化，是新阶段进一步推进上海自贸试验区和上海国际金融中心建设的纲领性文件，意义重大。这一自贸试验区新一轮的金融改革方案包括了人民币资本项目可兑换、人民币跨境使用、金融服务业对内对外开放、建设面向国际的金融市场、加强金融监管五个方面共 40 条的改革内容。金融改革 40 条的出台意味着自贸试验区进入了改革的攻坚阶段，同时也意味着自贸区的金融开放创新已经到了最关键的部分。

(二) 上海自贸区贸易投资便利化的改革成效

自 2013 年 9 月 18 日上海自贸试验区挂牌成立以来，国务院先后于 2013 年 9 月、2015 年 4 月和 2017 年 3 月发布了三个关于上海自贸试验区建设的方案，每个方案都对金融改革开放提出了明确要求。上海自贸试验区作为我国第一个自贸试验区，以制度创新为核心，在金融改革创新层面进行了一系列的先行探索工作。随着上海自贸区金融改革的不断向前推进，区内已经在贸易投资便利化的目标上取得显著成效。以创设自由贸易账户系统为主，推进以市场化、国际化为重点的金融改革开放。

1. 创设了自由贸易账户体系

上海自贸试验区创设了有利于防范金融风险、便利跨境金融活动的本外币一体化的自由贸易账户（FT 账户）系统，为金融改革提供了安全的“监管沙盒”。在这个安全空间内，金融科技企业可以测试其创新的金融产品、服务、商业模式和营销方式，而不用在相关活动碰到问题时立即受到监管规则的约束，监管者在保护消费者和投资者权益、严防风险外溢的前提下，通过主动合理地放宽监管规定，减少金融科技创新的规则障碍，鼓励更多的创新方案积极主动地由想法变成现实，在此过程中，能够实现金融科技创新与有效管控风险的双赢局面。

但是在一个非封闭高度开放的区域进行金融改革，最大的难题是如何防范风险以及风险外溢。为此，人民银行在上海自贸试验区成立之初便创设了自由贸易账户系统，提供了“一线审慎监管、二线有限渗透”的“电子围网式”的事中事后管理环境，能够有效隔离与监测管理金融风险。2015 年 10 月，国务院出台的金融改革 40 条，重点强调了要进一步地创新自由贸易账户这一金融服务功能，通过政策措施引导金融机构利用自由贸易账户创新其金融业务，对自由贸易账户的功能深入推进。在跨境资金监管体系中，自由贸易账户在较大程度被视同为“境外账户”。通过构建“自由贸易账户体系”，实质上在试验区内形成了一个与境内其他市场有限隔离、与国际金融市场高度接轨的金融环境，以服务于更加广泛的涉外经济活动需求。正因为如此，“自由贸易账户体系”成了上海自贸区扩大金融市场开放的一项意义重大的基础性制度安排，催生出了自由贸易金融发展战略的形成。

自由贸易账户的防风险与便利化功能受到中央的高度肯定，并要求“在有条件的地方适时推广”。经人民银行总行批准，在前期向上海市科创企业和有条件、有需求的企业推广的基础上，自由贸易账户系统将向海南复制推广。2018 年 11 月，人民银行总行已批复同意建设海南自由贸易账户（HNFT）体系，2019 年 1 月 1 日 HNFT 体系已在海南省内部分金融机构正式上线运行，这是 FT 账户在上海自贸区先行先试以来首次推广至中国其他自贸区，账户正式上线运行对于促进市场主体贸易投融资汇兑便利化、提升海南自由贸易试验区（港）营商环境具有重要意义。

2. 取得了市场化改革的新突破

市场化改革使得市场配置资源的决定性作用得到充分发挥。创建市场利率自律组织,率先在全国实现外币存款利率的市场化。试点发行自贸试验区跨境同业存单,完善了利率定价机制,拓宽了自贸试验区内银行的融资渠道。率先开展了以资本约束机制为基础、本外币一体化的宏观审慎的境外融资试点,实现了区内企业和金融机构不经行政审批,可自主开展本外币跨境融资,拓宽了融资渠道。大幅实施金融简政放权,取消区内银行、保险机构部分准入事项和高管的行政审批,大幅削减或简化外汇管理审批,率先开展外债比例自律管理、外汇资本金和外债意愿结汇试点,放宽对外债权债务管理,允许符合条件的租赁类公司收取外币租金等。这些措施的实施更加便利了经济主体充分利用国际国内两个市场、两种资源,大幅降低了汇兑成本和融资成本。

3. 提升了上海金融中心的国际化程度

自上海自由贸易试验区成立起,试验区的金融开放政策就将逐步推进资本项目的开放摆在了非常核心的位置。2015 年 2 月,上海自贸区发布了《中国(上海)自由贸易试验区分账核算业务境外融资与跨境资金流动宏观审慎管理实施细则(试行)》,进一步提高了企业可以进行融资规模的门槛,银行和其他金融机构从事境外融资的限制也逐步被放开。该实施细则的颁布标志着自贸区实现资本项目可兑换改革的开始。自由贸易账户的功能进行了两次大的拓展,探索性地为在试验区内的居民和金融机构提供设立本外币自由贸易账户服务。在这些账户上人民币能够进行自由兑换。在此之前,居民或金融机构向境外汇出资金或有资金从境外汇入,均属于外汇管理相关制度约束下的跨境范畴。本外币自由贸易账户的开设,在很大程度上简化了向境外汇出资金,或有资金从境外汇入的程序,进一步提升了外汇市场管理水平,扩大了对外贸易中使用人民币结算的范围。这也为人民币成为国际上普遍认可的计价、结算及储备货币起到了积极的推动作用。

根据中国人民银行《2019 年第四季度中国货币政策执行报告》表明(图 2. 3. 1),2019 年我国跨境人民币业务保持增长,收支基本平衡。

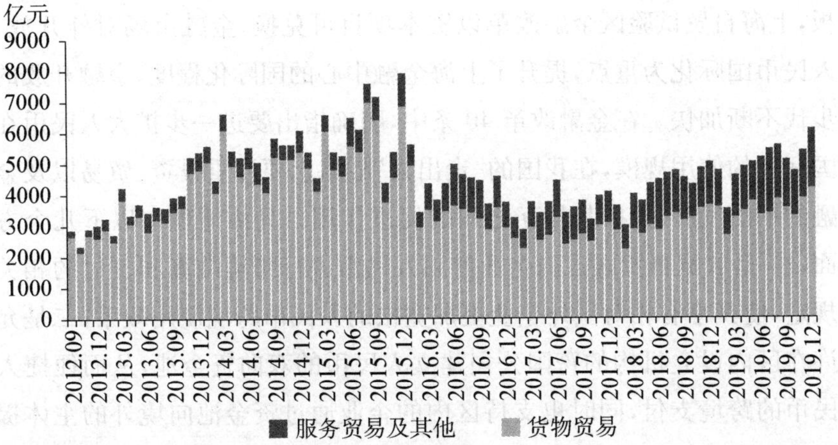

图 2.3.1　经常项目人民币收付金额按月情况

资料来源：中国人民银行。

跨境人民币收付金额合计 19.7 万亿元，同比增长 23%，其中实收 10 万亿元，实付 9.7 万亿元。经常项目下跨境人民币收付金额合计 6 万亿元，同比增长 18%，其中，货物贸易项下收付金额 4.2 万亿元，服务贸易及其他经常项下收付金额 1.8 万亿元。资本项目下人民币收付金额合计 13.6 万亿元，同比增长 26%。2018 年和 2019 年，上海自贸区人民币跨境结算及自由贸易账户数量显著增长。临港新片区方面，2019 年新设企业 4025 家，签约重点项目 168 个、总投资 821.9 亿元。

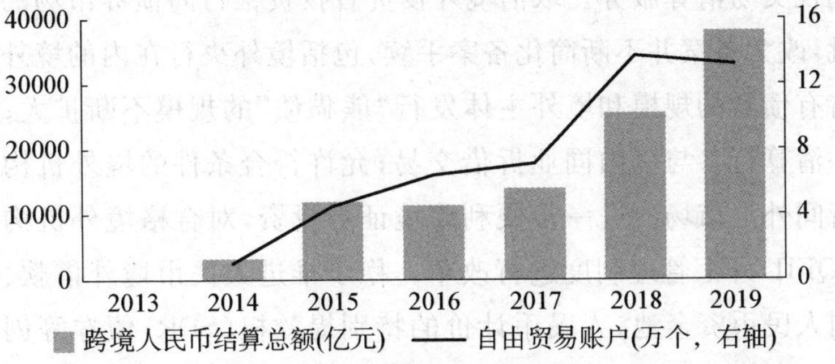

图 2.3.2　上海自贸区人民币跨境结算及自由贸易账户起量

资料来源：2014—2018 年上海市统计年鉴、2019 年上海市国民经济统计公报

国际化程度不高，是上海国际金融中心建设一大短板。针对此短板，上海自贸试验区金融改革以资本项目可兑换、金融市场对外开放、人民币国际化为重点，提升了上海金融中心的国际化程度，金融开放的步伐不断加快。在金融改革40条中，明确指出要进一步扩大人民币在国际上的使用规模，在我国的“走出去”战略上要注重投资、贸易以及金融的平衡发展，发挥其相互之间的促进作用。具体体现在以下几个方面：一是放宽自贸区区内企业使用人民币进行跨境结算和支付的相关规定，使其享有相对区外企业更加宽松的人民币跨境使用政策；二是允许在区内设立机构的跨国公司建立人民币的双向资金池，从而便捷人民币的跨境支付，同时也支持区内的企业通过资金池向境外的主体提供资金池业务服务；三是创造更多以人民币为主的投资产品，吸引境外的本币资金回流，从而拓宽其投资回流渠道；四是加快人民币离岸金融市场的建立，丰富区内企业的境外融资渠道，放宽对境外本币债券的发行，缓解国内的融资矛盾。

在此基础上，跨境人民币支付结算网络持续完善。建立了面向国际的金融资产交易平台，推出黄金“国际板”和以人民币计价“上海金”业务，增强了我国在国际黄金市场上的定价话语权。推动证券“沪港通”、沪港“债券通”成功运行。成立上海国际能源交易中心，推出人民币计价的原油期货。合资成立中欧国际交易所，成立上海保险交易所、票据交易所、全国性信托登记机构，率先推出场外市场外汇期权交易清算服务。取消境外投资者投资银行间债券市场的行政审批，改为备案并不断简化备案手续，包括境外央行在内的境外投资者持有债券的规模和境外主体发行“熊猫债”的规模不断扩大；引入境外清算行参与境内同业拆借交易；允许符合条件的境外机构参与银行间外汇市场。进一步便利跨境证券投资，对合格境外机构投资者(QFII)外汇管理制度进行改革。稳步推进人民币境外借款、跨境双向人民币资金池、人民币计价的特别提款权(SDR)债券等创新业务。人民币跨境支付系统(CIPS)一期和二期上线运行，跨境人民币支付结算网络持续完善。这些改革使得境外投资者的参与从无到有并不断增加，扩大了我国金融市场的影响力，有利于形成国际认可的市场定价权，有利于促进人民币国际化。

4. 大幅增强了自贸区金融改革的辐射带动效应

把自贸试验区建设与服务国家战略有机结合起来，加强与上海国际金融中心、科创中心等五个中心建设、服务“一带一路”建设等国家战略联动是上海自贸试验区金融改革的重要特点。在服务科创企业方面，将自由贸易账户的开立主体扩大到上海市所有的科创企业及符合相应条件的个人，推进投贷联动试点，科技型企业贷款快速增长。在支持“一带一路”建设方面，改进“一带一路”沿线国家外币兑换、跨境投融资等金融服务，已有 34 种沿线国家外币挂牌交易，以资金池便利“一带一路”走出去企业跨境结算及投融资服务，支持 7 家政府和企业发行“熊猫债”117 亿元。迪拜黄金与商品交易所挂牌以“上海金”基准价作为结算价的人民币黄金期货合约，扩大了“上海金”的国际影响力。通过自贸试验区一些关键领域的金融改革，上海已经成为全球金融市场最齐备的城市之一，成为国内外广泛认可的金融中心，国际影响力开始显现，国际排名不断跃升。自贸试验区的金融改革促进了投资贸易的便利化，加快了上海国际金融中心建设，在服务“一带一路”、上海科技创新中心建设等国家战略上发挥了重要作用。在上海自贸区先行先试的三十多项金融制度已复制推广至全国或其他自贸试验区，充分发挥了全国改革开放排头兵的作用。

三、新片区实现资金流动便利的新形势与新突破

2019 年 8 月 20 日，上海自贸试验区临港新片区在滴水湖畔正式揭牌。与以往的上海自贸区相比，临港新片区绝不仅仅是简单的面积扩大，而是有明确的、更高的定位，有更丰富的战略任务，代表着根本制度的创新，是深化改革开放的新一次重要的再升级。在上海自贸区的传承发展上，力争构建更高层次、更好水平的开放型经济新体制。2019 年 8 月 6 日，国务院发布《中国(上海)自由贸易试验区临港新片区总体

方案》(以下简称《新片区总体方案》),上海市政府随后发布《中国(上海)自由贸易试验区临港新片区管理办法》及《关于促进中国(上海)自由贸易试验区临港新片区高质量发展实施特殊支持政策的若干意见》。《新片区总体方案》指出,在正确指导思想指引下,实现新片区与境外投资经营便利、货物自由进出、资金流动便利、运输高度开放、人员自由执业、信息快捷联通,打造更具国际市场影响力和竞争力的特殊经济功能区,主动服务和融入国家重大战略,更好服务对外开放总体战略布局。

临港新片区作为我国自贸试验区的"升级版",更加聚焦从投资贸易便利化到自由化的探索。建立资金便利收付的跨境金融管理制度,是新片区建立以投资贸易自由化为核心的制度体系的重要组成部分。在面临当今复杂多变的新形势下,建成具有较强国际市场影响力和竞争力的特殊经济功能区,金融改革开放需要有新的突破。

(一) 新片区实现资金流动便利的新形势

1. 新片区金融开放风险加剧

继续扩大金融开放,实施便利资金流动的开放措施,一方面,有利于中国更好地融入世界金融体系,从而获得更多的发展资源和发展机会,同时,也为其他国家资本来分享中国改革开放红利提供更大的合作平台。另一方面,也将进一步扩大中国的金融风险,有可能对中国经济带来巨大冲击,甚至引起严重的经济危机和金融危机。面对复杂的国际经济环境,习近平主席一直强调应在确保国家金融安全的情况下,有序推进金融业的全面开放。

(1) 新片区企业和金融机构面临扩散风险。在落实资金便利收付的跨境金融管理制度,开展跨境金融活动以及提供跨境金融服务的过程中,新片区的金融建设和金融改革将会使得新片区内金融环境更加开放与自由,但是金融建设的过程中所吸引的企业和金融机构进入之后难免面临风险,这些风险还会通过企业的组织结构而扩散到新片区之外。虽然资本项目可兑换的改革和利率市场化的推进从某种程度上为新片区建立了一个更加开放和成熟的市场,但是汇率市场化的过程中也伴随着大量资金进入到新片区之中，影响到人民币汇率的形成机制。特别是对缺乏经验的国内企业会造成一定程度的威胁。同时金融行业是一个具有高度渗透性的行业，所以金融业产生的影响很容易会扩展到自贸区范围之外，这就意味着整个国内的金融市场都要做好应对这种新风险形势的准备。对于企业来说，在面对市场变化的时候能够快速做出反应是企业应对及金融市场产生的影响的重要能力。这种能力不仅是上海自由贸易试验区在离岸金融建设过程中要求企业所具备的核心能力，还是将来人民币进一步国际化过程中企业所必须要具备的能力。所以在新片区的离岸金融建设的过程中，同样也是企业和金融机构培养自身风险和冲击应对能力的重要试验田。

（2）跨境资金流动和汇率波动加大影响金融稳定。随着资本账户逐步开放，资金跨境流动频繁，汇率波动幅度将逐步扩大。伴随人民币国际化进程，一方面人民币承担国际货币职能要求币值稳定，另一方面经常项目或资本项目长期逆差才能满足境外人民币流动性需要，我国可能面临人民币国际化与汇率稳定、经济增长之间抉择的难题。此外，随着人民币国际化发展，越来越多的国家将持有人民币作为储备货币，一旦出现支付困难或国际收支严重失衡时，这些国家可能抛售人民币获得支付能力，导致人民币大幅贬值。在极端情况下，海外人民币债权也可能成为境外对我国施压的筹码。而且，汇率波动幅度较大通常也不利于企业正常生产经营。

（3）建设离岸金融中心的风险与借鉴。上海离岸金融中心的建设，是拓展新的国际资金进出通道的需要，是建立可控离岸人民币中心、推动人民币国际化的需要，也是加快建设上海全球金融中心的需要。发展离岸金融业务是我国全面深化自贸试验区建设、持续推进人民币国际化和上海国际金融中心建设的重要抓手。但当前，国际形势发生深刻变化，中国的外部发展环境面临前所未有的挑战和压力，我国处于新一轮金融大开放的关键时期，加快推进上海离岸金融中心建设的必要性和紧迫性日益凸显。发展上海离岸金融市场，通过离岸金融中心建设，集聚内外各种要素资源，借鉴国际离岸金融中心发展的先进经验，探索离岸金融业务发展的新模式、新路径，是实现中国金融高水平开放，最终把上海建成全球性国际金融中心的现实需要和必由之路。

第一，离岸金融市场的风险。离岸金融市场是国家金融市场自由化、国际化的结果，离岸金融已经成为现代金融行业中重要的构成部分，在国际金融发展中占据着举足轻重的位置。然而离岸金融市场也存在着一定的负面影响，其加强了金融风险，提升了金融控制管理的难度。**一是信用风险**。信用风险主要是指交易对方违约、犯罪或无法履行合约义务给离岸金融业务债权人所造成的经济损失风险。一般的信用风险主要源自离岸银行的贷款工作，而现代意义中的信用风险则包括交易对手信用水平、履行合约能力的变化而导致资产价格下降从而造成的风险。交易对方的经营水平、道德水准、经营环境等都会影响信用风险。离岸银行十分容易形成信贷资金风险。目前我国离岸银行开展离岸业务的时间有限，主要业务内容以存款、贷款为主。而离岸银行存贷业务的特征呈现为“两头在外”，要进行全面的调查成本难度较大。难以深入地把握交易对象的信用情况以及产业自信情况，对于贷款客户的实际情况、负债情况存在一定的困难，所以往往会导致在借贷过程中形成信息不对称的情况，进而导致信用风险。**二是利率与汇率风险**。假如离岸资金与国内资金在利率方面存在较大差异，在无法有效控制渗透的情况下会导致资金出现大规模套利转移；假如离岸利率相对于国内利率要高，则会导致国内资金外流；假如国内利率相对于离岸利率更高，则会导致离岸资金流入国内。不论上述哪一种情况出现都会给当前我国尚未完全成熟的利率管理体制带来负面影响。假如离岸账户与在岸账户的管理上没有独立隔离，则会导致有限的外汇资源通过离岸账户出逃，对国家的外汇管理造成巨大的影响。**三是法律风险**。离岸客户和业务涉及多国法律、司法管辖，既要适用我国国内有关离岸业务规定，也受到注册地所在国法律和国际法规约束，可能引致适用法律、司法管辖权冲突的法律风险。许多离岸业务因交易结构复杂、所涉交易主体众多，可能涉及多国法律体系，而各国法律具体规定存在较大差异，银行对境外各国法律难以全面了解，离岸业务涉及的法律问题与当地法律规定产生冲突以及由此带来的境外法律诉讼及诉讼执行都存在较大风险。此外，离岸业务还可能受到反垄断、国家安全等国际法律限制。现阶段，我国离岸金融市场正处于发展的初级阶段，规范辅助其健康发展的相关规定与法律条文还有所欠缺，在实践层面显著增加了离岸金融市场风险的形成。

第二，国际离岸金融中心发展的经验借鉴。 纵览世界各地主要离岸金融中心的设立和发展，既存在共性的条件和原因，又分别具有各自的独特因素。从伦敦欧洲美元市场的发展可以看出，自然形成是其最大的特点，虽然政府在发展过程中发挥了一定的效力，但最终起到决定性作用的，仍然是市场的力量。与之相比较，在美国国际银行设施、新加坡离岸金融中心等现代离岸金融市场的发展壮大过程中政府起到了主导性的支持作用，这也是现代离岸金融市场成功发展的首要前提。借鉴新加坡港的经验，采取逐步渗透的离岸金融市场模式，即在将境内金融账户和离岸金融账户分开管理的前提下，以国内实际引资需求为依据，允许一定比例的离岸账户资金流入国内实体经济，但要严格限制资金的流向和流量，对流入的资金加大监管力度，先试先行。发展离岸金融账户，助力离岸金融市场的建设。离岸金融开放了资本流动，能够为企业境外活动结算提供相当大的便利，也带来更多的资金供应和国际结算途径，方便国内企业走出国门，使企业进行融资、担保、调拨资金时更加方便快捷。借助离岸金融，企业的投融资渠道得以扩展。总体而言，离岸金融中心要想顺利建设并取得迅速的发展需要以下几点共同发挥作用。一是保持该国际或地区社会环境的安全和稳定发展，保证经济良性增长，逐步培养和巩固境内外投资人在当地开展离岸金融业务的信心。二是政府为发展离岸金融业务提供政策支持，通过采取适度宽松的监管措施，颁布较为优惠的税收减免政策，引导全球金融资源向本地的聚集，形成离岸金融市场发展的自我优化机制。三是建立健全相对完善的金融管理规范架构，推行“公平、公正、公开”的管理理念，为广大投资人创造一个良性、高效的金融业务发展环境。四是建立和发展完善的基础设施“硬件”条件，从交通、通讯、信息系统等方面给予市场的参与者最大的便利。同时，注重离岸金融业务相关人才的培养和引进，为离岸金融市场发展奠定“软件”基础。

2. 以资金自由流动为重点，推动关键领域金融改革

(1) 引领经济全球化和优化营商环境。现阶段，金融改革开放主要对标国际标准，主动融入经济全球化。但在当前贸易保护主义盛行的国际背景新形势下，我们要把握最高标准、最好水平的深刻内涵，将新片区逐步打造成为国际开放程度最高的地区，形成对外开放并逐步引领全球化的新高地。同时，最大限度地放开政府管制，减少政府对市场的干预，加快提升城市能级和核心竞争力，争取做全球制度交易成本洼地，打造全球最便利的营商环境。

(2) 由便利化到更加自由化。过去的自贸试验区建设侧重于通过政府职能转变和简政放权，促进投资、贸易、金融活动更加便利化。在特殊经济功能区，有必要让各类经济活动更加自由化，实现要素最大限度自由流动，即实现贸易自由、投资自由、运输自由、资金收付自由、互联网接入自由、人员移动自由等多要素联动自由，最大限度破除各类要素的流动障碍。

(3) 利用好更大的政策自主权。在一定时期内不追求可复制可推广，以便赋予新片区更大自主权。建设新片区是改革再出发，需激发人民的首创精神，领风气之先、捕市场之机、冒别人不敢冒的风险，要有更灵活的机制、更快速的反应、更果断的决策，形成具有中国特色的“上海方案”。因此，要赋予新片区更大的政策自主权，开展一些暂时不可复制推广的改革试点。

(4) 建设一体化发展示范区有机联动。与长江三角洲区域一体化发展战略特别是建设一体化发展示范区有机联动。可以在因地制宜的前提下，考虑率先实施党的十八大以来中央已经明确的但因各种原因尚未完全落地的各项改革举措，通过率先突破、系统集成，使新片区和长三角一体化发展示范区成为我国改革开放动力最强劲、红利最充分的区域之一。

(二) 新片区实现资金流动便利的新突破

站在上海自贸区增设新片区的新起点上，坚持以制度创新为重点，增强金融创新活力，探索更加灵活的金融政策体系、监管模式和管理体制，新片区的金融改革还应以资金自由流动为重点推动关键领域金融改革，取得金融改革新突破。

1. 在资本项目可兑换上取得新突破

此为重点亦为难点。人民币资本项目开放的最终目标是，实现居民与非居民在境内外可以自由地购买以人民币或东道地货币定值的实物资产和金融资产。按照国际货币基金组织的分类，资本项目包括七大类 40 个子项，目前我国基本可兑换或部分可兑换项目有 36 项，不可兑换项目有 4 项(占比 10%)。所以，我国仍需进一步加快资本账户可兑换和开放，提高人民币的自由使用程度。比如基本放开资本管制，率先实现人民币资本项目可兑换。对新片区按照“境内关外”的定位，实现自贸试验区与境外之间的资金划转自由，货币兑换自由。聚焦资本项目开放，以更实举措推动贸易投资自由化取得新突破。不仅在资金使用方面，支持金融机构和新片区内企业从境外募集的资金及其提供跨境服务取得的收入，自主用于区内境外的经营投资活动；还应在资金汇兑方面，对新片区符合条件的诚信优质企业，经新片区管理机构认定，允许试点开展外汇收支便利化。

2. 在金融对外开放上取得新突破

这也是上海国际金融中心建设，特别是扩大上海国际金融中心辐射力和影响力的关键。实现 2020 年国际金融中心建设目标，应该坚持“百里者半九十”的思想。当前是重要的时间窗口，而且这个时间窗口并不会静止等待。因此，要加速引入知名跨国公司或“一带一路”沿线国家(地区)的企业在沪上市融资；在上海“建设人民币全球服务体系”，吸引更多境外央行将人民币作为储备货币。对标国际通行规则，以更高站位推动金融制度创新取得新突破。不仅在业务规则方面，支持金融机构参照国际通行规则为新片区内企业和非居民提供相关跨境金融服务，包括跨境发债、跨境投资并购、离岸转手买卖等；还应在税收安排方面，探索试点自由贸易账户的税收政策安排。

另一方面，也要借鉴其他国际金融中心的先进经验并加强金融合作。纽约、伦敦、香港、新加坡等主要国际金融中心在形成和发展中都在软环境建设上采取了大量行之有效的措施。而上海在国际金融中心建设过程中在金融监管、金融市场、商务环境、司法环境等方面仍存在诸多短板。特别需要借鉴各国离岸金融中心和世界金融中心经验。许多国家和地区在金融开放（特别是资本账户开放）过程中都建设过离岸金融中心等，例如美国的国际银行设施（IBF）、日本东京离岸市场（JOM）、新加坡 ACU 市场，它们在建设过程中的经验和教训对上海自贸区金融开放创新有着重要的借鉴意义。此外，英国伦敦、中国香港和美国纽约作为世界上最著名的金融中心，其形成过程和制度构架也值得研究和借鉴。

3. 在支持长三角高质量一体化上取得新突破

中共中央、国务院印发的《长江三角洲区域一体化发展规划纲要》明确指出实行资金自由。在风险可控的前提下，按照法律法规规定，借鉴国际通行的金融监管规则，进一步简化优质企业跨境人民币业务办理流程，推动跨境金融服务便利化。探索区内资本自由流入流出和自由兑换。支持区内企业参照国际通行规则依法合规开展跨境金融活动，在依法合规、风险可控、商业可持续的前提下支持金融机构为区内企业提供跨境金融服务，这可以发挥新片区对内的带动引领作用。比如，在跨区域金融业综合统计、绿色金融发展、信用体系建设、防范金融风险等各方面起带头引领作用。

4. 在金融配套制度建设上取得新突破

这是重要因素，也是保障。可考虑建立符合上海国际金融中心特点、有国际竞争力的金融税收制度，在涉外金融税收改革上率先试点。实行宽松的国际金融人才进出上海的制度。推进金融法律法规、金融市场运行规则、会计审计、评级制度向国际接轨。大力支持会计和审计、法律、信用评级、资产评估、投资咨询等专业服务机构以及新兴金融领域的专业服务机构发展。

对标国际最高标准和最高水平，当前上海自贸试验区金融业开放程度、国际化水平仍有很大的提升空间，金融市场配置资源效率有待提高，金融服务水平、监管能力、营商环境没有体现出明显优势，金融市场创新机制不够灵活，市场开发水平较低，金融产品种类不够丰富，先行先试的优势未明显体现，一些金融政策措施还不够完善、不够透明，金融法治环境与国际接轨程度有待进一步提升。

四、推动资金流动便利的路径选择与对策建议

（一）为推动资金流动便利提供司法服务和保障

着眼美好蓝图，坚持法治先行。在新片区建立以投资贸易自由化为核心的制度体系的过程中，尤其在资金便利流动层面，需要坚持司法服务保障新片区建设的基本原则。但是当前上海市国际金融中心建设法制环境尚不完善。伦敦、纽约等金融中心能够保持持续的竞争力，主要因素之一就在于其不断健全和完善法律体系。尤其在资金流动层面需要更加细节化的法律政策规定。

表 2.3.1　新片区资金流动便利相关立法

领域	名称	时间	发布者
总体法律政策文件	《中国(上海)自由贸易试验区临港新片区总体方案》	2019. 08. 06	国务院
	《中国(上海)自由贸易试验区临港新片区管理办法》	2019. 08. 20	上海市政府
	《关于促进中国(上海)自由贸易试验区临港新片区高质量发展实施特殊支持政策的若干意见》	2019. 08. 30	中共上海市委、上海市人民政府
	《长江三角洲区域一体化发展规划纲要》	2019. 12. 01	中国共产党中央委员会、国务院

续 表

领域	名称	时间	发布者
资金流动便利相关领域	《关于促进金融科技发展 支持上海建设金融科技中心的指导意见》	2019.10.30	中国人民银行上海总部
	《关于促进中国(上海)自由贸易试验区临港新片区高质量发展实施特殊支持政策的若干意见》	2020.08.30	中共上海市委、上海市人民政府
	《中国(上海)自由贸易试验区临港新片区支持金融业创新发展的若干措施》	2020.09.20	临港新片区管委会
	《关于进一步加快推进上海国际金融中心建设和金融支持长三角一体化发展的意见》	2020.02.14	人民银行、银保监会、证监会、外汇局、上海市人民政府
	《临港新片区优质企业跨境人民币结算便利化方案(试行)》	2020.03.05	临港新片区管委会、上海市银行外汇及跨境人民币业务自律机制
	《中国(上海)自由贸易试验区临港新片区全面深化国际一流营商环境建设实施方案》	2020.03.09	临港新片区管理委员会
司法保障领域	《境外仲裁机构在中国(上海)自由贸易试验区临港新片区设立业务机构管理办法》	2019.10.21	上海市司法局
	《最高人民法院关于人民法院为中国(上海)自由贸易试验区临港新片区建设提供司法服务和保障的意见》	2019.12.13	最高人民法院
	《上海法院服务保障中国(上海)自由贸易试验区临港新片区建设的实施意见》	2019.12.30	上海市高级人民法院

2. 加强司法服务与保障

《最高人民法院关于人民法院为中国(上海)自由贸易试验区临港新片区建设提供司法服务和保障的意见》(以下简称《新片区意见》)所彰显的创新推改革、营商促开放、协同控风险的三大核心特征,充分表明了我国司法机关服务国家经济社会发展大局的坚定意识,表明了司法机关对于助力临港新片区建设发展的责任与担当。《新片区意见》为新片区以投资贸易自由化为核心的制度体系成功构建和有效运转提供司法保障,将新片区在各个领域的发展有序纳入法治化轨道,增强新片区市场活力和经济内生动力。

(1) 推动完善新片区多元化纠纷解决体系。**一是加强新片区国际商事审判组织建设和机制创新**。要依法对与新片区相关的国际商事交易行使管辖权,鼓励当事人通过协议选择新片区审判组织管辖。新片区也要在借鉴国际商事法庭制度经验的基础上,围绕尊重当事人意思自治吸引港澳台人士担任陪审员,建立更为广泛的专委员制度。但在此基础上,需要坚持把非诉讼纠纷解决机制挺在前面,充分尊重中外当事人对纠纷解决途径的选择权,更好利用已经建立的知识产权诉调对接机制,拓展与新片区相关商事调解机构的合作机制。**二是推动“互联网+调解”的新型纠纷解决机制**。网上调解是伴随着互联网发展应运而生的一种新型调解方式,是矛盾纠纷化解方式多元化发展的重要体现之一,它相较于传统调解方式有着快速便捷、准确可靠、不受时间空间约束的显著优势,既方便了双方当事人,也提高了调解组织的工作效率。尤其是双方当事人身处异地以及在当下全球防控疫情常态化的形势下,网上调解可以凭借其独特的优势逐渐成为目前主要的调解方式。

(2) 妥善化解跨境金融纠纷。一是从金融司法出发,目前我国司法机构能动性不足,法院在应对新型金融案件时由于缺乏相应的法律法规约束,由此出现了不少同案不同审的现象。创设金融行业专门审判机构对于金融案件专门化审理、债务纠纷等执行力的加强具有绝对优势。在分业监管模式下,我国目前现行的金融服务纠纷处理机制主要是以中央银行和行业监管部门为主导的方式进行，处理流程包括金融机构内部处理、向金融监管部门投诉、仲裁或诉讼等。目前中国在金融服务纠纷处理中还存在调解组织设立较为散乱、裁断机制不完备、监管覆盖面不够宽(类金融纠纷容易被排斥在外)等诸多问题。这些问题在新片区未来与国际接轨中可能会被放大，甚至阻碍跨境金融服务纠纷处理的国际合作。一方面，司法机制的完善对于金融纠纷裁判、金融市场稳定以及消费者权益保护具有积极作用；另一方面，金融司法机制的健全有助于提高我国在国际金融体系中的治理水平，提升我国金融司法的国际话语权和影响力，为2020年上海市国际金融中心建成的目标提供司法保障。二是妥善化解跨境金融纠纷，才能更好地为新片区营造健康有序的金融市场环境。健全完善金融审判体制机制，支持上海法院，特别是上海金融法院积极回应新片区金融领域改革开放的司法需求，妥善化解各类跨境金融纠纷，保障新片区推动跨境金融服务便利化，保障各项金融创新举措的顺利实施。

(3) 充分发挥司法防范和应对风险压力的作用。金融监管在抑制金融风险、维护金融稳定和鼓励金融创新、避免金融压抑之间陷入两难境地。上海金融法院站在我国金融司法变革的时代风口，面临着国内外双重金融压力，理应承担起金融司法维护国家金融战略的重任。

(4) 拓展国际司法交流机制。一是依托中国法院知识产权司法保护国际交流(上海)基地等平台，加强与世界知名自由贸易港、自由贸易区和营商环境建设领先的地区司法机构的沟通、交流和国际司法合作，有效分享自由贸易区法治建设和营商环境建设的成功经验，推进国际司法难题有效解决，努力提升我国在全球司法体系中的话语权和影响力。制定国际化人才培养计划，输送更多优秀法官参与国际交流，到境外学术、审判、贸易等机构学习，开拓国际视野，为新片区建设和上海建设国际一流营商环境提供司法人才保障。二是深化国际交流合作，促进国际一流营商环境建设。依托中国法院知识产权司法保护国际交流(上海)基地等平台，加强与世界知名自由贸易港、自由贸易区和营商环境建设领先的地区司法机构的沟通、交流和国际司法合作，有效分享自由贸易区法治建设和营商环境建设的成功经验，推进国际司法难题有效解决，努力提升我国在全球司法体系中的话语权和影响力。

3. 加强案件执行力度

（1）公正合理地保护到各方涉案当事人的权益。在金融执法方面，我国自2017年成立国务院金融稳定发展委员会，2018年合并成立银保监会，金融监管体系日趋完善。然而，金融创新的大众化对金融市场监管提出了更高的要求，当立法论和执法论已“与时俱进”，关注金融执法在维护市场稳定方面的作用便尤为重要。上海金融法院创设的目的之一是为上海国际金融中心的建设提供良好的法治环境。换言之，上海金融法院创设的目的就决定了其未来的定位必然要从区域性法院向世界性法院转变。而成为世界性法院的重要评判标准是其纠纷解决机制能公正合理地保护到各方涉案当事人的权益，以此吸引国外投资者与企业将争端交予处理以及法院的司法判决和裁定能否被全世界其他国家和地区接受和执行。

（2）完善新片区市场主体救治和退出机制。加大财产查控和执行力度，确保债权人胜诉权益及时兑现。加强司法拍卖工作，着力降低债权实现成本，切实提高拍卖成交率，促进企业重整和市场修复。妥善处置企业跨境破产相关案件，构建有利于开放型经济新体制的司法环境。加大案件执行力度。巩固“基本解决执行难”工作成果，完善执行工作长效机制，在进一步规范执行工作的同时，针对知识产权、环境资源、食品药品等纠纷执行案件，尤其是涉新片区相关执行案件的特性，创新执行思路和方式方法，加大执行案件的财产查控和执行力度，提升执行效率，确保债权人胜诉权益及时兑现。

（二）建立资金流动全面风险管理制度

在2019年金融供给侧会议上，习近平主席强调坚决打好防范化解包括金融风险在内的重大风险攻坚战，维护金融安全。应努力构建一个“以市场为导向，充分发挥政府作用，严格监管”的新时代中国特色社会主义金融体制。《新片区总体方案》也明确指出建立全面风险管理制度。在开放的同时重视防范金融风险，继续保持并进一步加大金融监管的强度。一是加强风险管理，尽快补齐金融监管短板，使市场能够准确定价并提供足够的对冲工具，使各种各样的投资者能够有效地对冲风险，有效地管理风险。二是中外金融机构开展业务都必须持牌经营、接受监管；金融业开放要在持股比例、设立形式、股东资质、业务范围、牌照和数量等方面对中外资金融机构给予同等待遇和同样的监管标准。三是相对应的监管制度要不断完善，健全与金融相适应的法律法规；不断完善支付、托管、清算和金融统计等金融基础设施。四是不断提升监管效率，规范国内金融机构行为，穿透影子银行业务、金融交叉业务，对海外短期、投机类机构加强监管并建立预警指标等。

1. 建立健全企业跨境收支行为风险监测监管体系

（1）完善"宏观—中观—微观"的风险监测架构。改变以往"平均用力"的管理思路，通过从宏观到中观再到微观的多层级推进，逐步锁定高风险主体。从宏观角度来看，根据高关联主体的跨境资金流动方向确定监管重心，实行逆周期调节和监管，即外汇资金流入压力大时控流入、流出压力大时控流出。从中观角度来看，确定与风险事件存在高度关联的行业类型、交易渠道、负债结构类型、主体规模和存续期等，确定各类特征的重点监测区间，实施中观层面上的分类监管。从微观角度来看，根据关联规则分析各渠道项下的主要异常交易行为，提取异常特征。

（2）遵循"抓大放小"的监管思路。由于跨境收支风险呈现集中化的特征，可通过关联分析进行精准分类，将监测、监管重点放在外汇收支与外部因素变化存在高度关联的企业上，这类企业交易规模、同比增幅等指标排名靠前、对外汇收支形势影响较大、发生异常和违规交易的概率较高，实行"抓大放小"有助于提高监管有效性。

（3）实行分类监管模式。监管资源向风险发生概率高的高关联企业配置，对于容易发生顺周期、大额资金流动的企业，要掌握企业流动资金存量情况，加强"窗口指导"，在外部形势发生较大变化时及时引导企业克服从众心理、避免羊群效应；对于发生异常套利操作风险较高的企业，要加强非现场监测，实时掌握资金流动情况，对部分敏感交易项目设定阈值，限制超过阈值的异常交易行为，必要时进行现场核查，发布重点关注名单，提示银行加强贸易真实性审核；对于容易发生违规的企业，要纳入重点监测范围并持续跟踪监管，发生违规的，及时移送外汇检查部门处理。

2. 综合运用外汇调控工具调节企业跨境收支行为

(1) 一是加强对银行综合头寸的管理，防控企业跨境收支风险。银行是管理企业主体跨境收支和结售汇行为的关键环节。从监管实践来看，银行外汇业务产品主要通过协助企业调整跨境收付、结售汇时间来影响企业的跨境收支行为，因此，实现对银行的有效监管，即可在很大程度上管理好跨境资金流动风险。例如，大型商业银行往往会根据利率、汇率、国内资金需求等因素，调节其在境内外的“资金池”，从而对国际收支平衡产生不可忽视的影响。在人民币升值形势下，一些银行将境外外汇资金调回、支持企业延期购汇，加大了净结汇压力。而在人民币贬值的情形下，将境内外汇资产调出或延时调回境外资产，造成外汇供给短缺。在充分了解、掌握银行境内外资产结构的情况下，可以对法人银行跨境资金或流动资产调配行为实施管理和调节，防止单个机构行为对整个国际收支平衡造成过度的冲击。

(2) 强化审慎调节工具的使用。审慎调节是针对各类顺周期因素积累的风险，采取逆周期调控。由于跨境资金流动容易引发对外负债规模过快增长、外汇信贷资产波动速度过快、资产价格波动幅度较大等风险，因此，可以根据风险种类和高风险资金流动渠道，采用“托宾税”、交易手续费等审慎调节工具加以应对。当跨境资金流动发生较大波动时，可以考虑引入规模或比例管理，实行临时性控制措施。

3. 加强对风险易暴露的企业跨境资金流动渠道管理

(1) 做好企业广义外债的总量管理。企业在外部环境发生变化的情况下，贸易信贷、外债、贸易融资项下容易出现异常变化，套利行为往往与企业外债或隐性外债有关。加强对广义外债的总量控制是限制异常和套利资金流动的重要环节。可以考虑将外债、未汇出利润、企业间长期贸易信贷(如90天以上的预收货款、延期付汇等)、各类组合型贸易融资(如90天以下信用证、海外代付、协议付款等)、对外融资性与非融资性担保以及其他或有债务等纳入审慎管理范围,根据整体跨境收支风险设置审慎调节系数,减少企业跨境收支行为带来的风险。

(2) 强化贸易收支项下比例管理。货物贸易项下短期贸易信贷、转口贸易、进料加工等渠道出现风险事件的概率较高,因此,可以设置短期贸易信贷比例监测、预警指标,加强短期限贸易信贷的管理,将贸易信贷纳入企业短期外债或银行短期债务管理;转口贸易和进料加工设置收付款差额比例,对收付款时间差加以监控,加强监测与大宗商品交易有关的转口贸易、进料加工外汇收支;对于企业容易进行跨境资金摆布的渠道,实行相对严格的比例管理,通过调节相关比例系数,有效防控企业跨境收支行为带来的风险。

(3) 提高监管政策的前瞻性、有效性。加强对企业跨境收支行为变化的预判,出台有针对性的措施,减少可能发生的跨境收支大额顺周期变动、异常变动及违规交易风险。

(三) 加强金融科技创新

国家高度重视创新,中央政府决策部署,顺应数字经济时代融合变革的大趋势,不断深化改革,实施创新驱动发展战略。推进实施资金便利收付的跨境金融管理制度,加大开放型经济的风险压力测试,势必需要加强金融科技创新,充分发挥我国应用创新优势,激发广大金融主体的创新活力。

1. 深化金融科技成果应用,提升金融服务效能

(1) 提升金融服务效率并扩大创新性金融产品供给。支持金融机构和大型科技企业在区内依法设立金融科技公司,积极稳妥探索人工智能、大数据、云计算、区块链等新技术在金融领域应用,重视金融科技人才培养。鼓励金融机构利用金融科技推动产业变革,推进金融服务向移动化、智能化、场景化、电子化方向发展,增强客户服务的便利性和满意度。探索轻型化金融服务模式,发挥客户集聚效应,降低金融服务

成本，提升金融服务效率。鼓励金融机构充分运用新技术做强线上服务，丰富完善金融产品和业务模式，为客户提供全方位、多层次的线上金融服务。结合客户个性化需求和差异化偏好，构建以产品为中心的金融科技设计研发体系，提升创新研发质量与效率，打造差异化、场景化、智能化的金融服务产品。

（2）提升企业融资精准化服务水平。利用自由贸易账户体系优化金融服务。支持金融机构为符合条件的金融科技企业开立自由贸易账户，针对金融科技企业的特点和需求，创新特色金融产品，为金融科技企业提供全生命周期的各项跨境金融服务。在风险可控的前提下，按照法律法规规定，借鉴国际通行规则，进一步便利金融科技企业开展跨境贸易和投资，充分利用国际国内两个市场、两种资源。引导金融机构使用金融科技手段加快完善中小微企业、民营企业、科创企业等重点领域的信贷流程和信用评级模型，通过数据融合、替代数据等方式提升数据洞察能力，降低运营成本，提高对重点领域企业的贷款发放效率和服务便利度。鼓励银行、供应链核心企业有效运用区块链等新技术，建立供应链金融服务平台，为上下游中小微企业提供高效便捷的融资服务，解决中小企业融资难、融资贵的问题。

（3）优化支付清算服务的应用场景。全球经济社会秩序正在发生深刻复杂变化，叠加新冠肺炎疫情带来的重大不确定性，给我国支付体系发展带来一定冲击，建设现代支付体系任重道远。但是，第三方支付发展迅速，论潜力，论增长，论数据，移动支付牌照极具增长潜力。在保障支付体系安全发展、增强发展韧性方面还存在短板，在推进支付行业开放发展和治理能力现代化建设方面还有差距，在巩固我国移动支付全球领先地位方面还面临挑战。

新形势下，人民银行支付结算工作要践行“支付为民”理念，大力加强支付体系管理，充分发挥支付体系在推动经济高质量发展中的基础支撑作用。要坚持问题导向，完善治理机制，坚持严监管常态化；要着力化危为机，鼓励创新，维护公平竞争，促进支付产业健康可持续发展；要强化精准打击，全力打击跨境赌博和电信网络诈骗等违法犯罪活动，

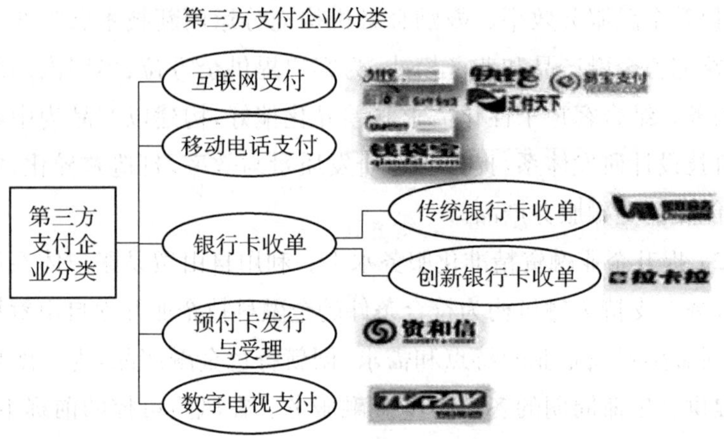

图 2.3.3　第三方支付企业

资料来源：方正证券

严守资金安全底线，抓好支付领域风险防控；要增强服务水平，积极助力企业复工复产，拓展移动支付应用场景，优化支付基础设施功能，推进对外开放，服务国家战略大局。

同时，运用金融科技优化人民币国际化的金融基础设施，探索突破外籍用户应用第三方支付工具的障碍，在风险可控的前提下继续鼓励开展非接触式支付、生物识别技术支付、智能穿戴设备支付等支付方式创新。

2. 加大新兴技术研发，夯实金融科技基础

（1）大力发展金融科技是新时代加快推进上海国际金融中心建设的重要方向和动力。支持金融科技基础设施建设。充分调动社会资源，支持金融机构、企业、中介机构等创新主体围绕金融科技关键环节，充分利用最新技术发展成果，建设软硬件配套齐全的金融科技基础设施。支持金融机构和大型科技企业在区内依法设立金融科技公司，积极稳妥探索人工智能、大数据、云计算、区块链等新技术在金融领域应用，重视金融科技人才培养。

（2）加强前沿基础研究、关键共性技术攻关，抢占关键领域技术制高点。支持金融科技企业开展基础技术、底层关键技术及前沿技术研

究，增强科技创新基础能力。推动关键领域技术理论取得突破，推进技术融合研发。推动有共性问题的企业进行技术联合攻关，在人工智能、云计算等领域尽快形成知识产权和专利，打造金融科技前沿创新高地。

3. 持续优化金融服务，支持金融科技产业做优做强

（1）加大银行信贷支持。运用再贷款、再贴现，引导金融机构加大对民营、小微金融科技企业的信贷支持，适当降低信贷门槛，对金融科技产业园区、金融科技核心环节研发平台以及配套服务企业提供更为有效的信贷支持。

（2）加大对金融科技产业的资本投入。鼓励各类相关主体投资设立金融科技相关的产业基金、风投基金等，促进多层次资本市场健康发展，加大对金融科技的资本投入。支持银行为金融科技类主体开展金融科技贸易和金融科技合作，提供便利化的跨境金融服务。

（3）加大金融产品和服务创新力度。深化应收账款融资服务平台推广应用，促进上海金融科技中小微企业融资。鼓励商业银行对科技创新企业签发的商业汇票提供保贴服务，加大小额商业汇票的推广。鼓励金融机构积极运用商业汇票发展供应链金融，发展定向可转票据等创新产品，推动融资工具含权化和结构化试点，为不同类型、规模、发展阶段的金融科技企业提供差异化融资产品和融资便利。稳步推进投贷联动试点，发展股权质押、知识产权质押、商标权质押、专利质押等金融业务。

（4）加强信用体系建设助力金融科技融资。信用体系这种社会机制，旨在建立一个适合信用交易发展的市场环境，保证一国的市场经济向信用经济方向转变，即从以原始支付手段为主流的市场交易方式向以信用交易为主流的市场交易方式的健康转变。这种机制会建立一种新的市场规则，使社会资本得以形成，直接地保证一国的市场经济走向成熟，扩大一国的市场规模。推动完善征信市场体系，支持已经备案的企业征信机构和信用评级机构规范健康发展。加强信用信息的共享，支持政府部门、行业协会、互联网平台、大型企业将掌握的企业行政管理信息、资质资格信息、交易信息、上下游供应链等信息向企业征信机

构开放，为金融科技企业融资提供有力支持。

4. 推进监管科技能力建设，护航金融安全稳定发展

（1）支持金融机构积极探索运用大数据、机器学习等技术优化风控模型，加强风险态势感知，实现可疑交易自动化拦截与风险应急处置，增强金融业务风险预防和处理能力。

（2）支持金融机构业务模式和管理机制转型。借助机器学习、数据挖掘、智能合约等技术，简化供需双方交易流程、降低融资边际成本，推动金融机构在盈利模式、业务形态等方面持续优化，不断增强核心竞争力。以促进金融开放为基调，加强数据资源融合应用，打破服务门槛和壁垒，拓宽生态边界。

（3）逐步扩大金融科技试点在银行、证券、保险等领域的覆盖面。加强协作沟通，鼓励金融机构参与金融科技试点项目的建设，借助现代科技手段提升金融服务效能和管理水平，逐步将金融科技试点范围扩展到各种类型的金融机构，充分发挥上海金融科技中心的“领头羊”作用。

（4）提升金融监管效率，推动金融监管向形式化、数字化、程序化方向发展。在监管统一性方面，运用自然语言处理等技术转译监管规则，精准提取量化指标，建立规则中所涉主体间的关联关系模型，封装为具有可扩展性的监管 API，实现机器可读、可执行、可对接。在监管时效性方面，通过系统嵌入等方式，实现监管机构与金融机构间的实时数据交互，减少人工干预，及时识别、预警和阻断高风险交易。在监管穿透性方面，利用深度学习、机器学习等技术，对金融机构的业务流、信息流和资金流进行全方位分析，把各个业务链条关联起来，透过数据表象分析业务本质和潜在风险，触发最优风险处置和缓释措施，提升系统性、交叉性金融风险的防范化解能力。

第四章　新片区实现高水平运输自由法治保障研究

一、引言

洋山港作为临港新片区的港口，承担繁重的航运业务。洋山港吞吐能力不断增强，国际枢纽地位进一步凸显。自开港以来，港口贸易蓬勃发展，驱动港口运作规模日益扩大，进出船只不断增加，吞吐能力不断增强。2017 年 12 月 29 日，上海港完成 2017 年第 4000 万个标准箱装卸作业，集装箱吞吐量连续八年问鼎世界第一，成为全球唯一年吞吐量达到 4000 万标准箱的港口，标志着上海国际航运中心建设进入新的历史时期。2018 年 12 月洋山港区共完成集装箱吞吐量 151.5 万标准箱，同比增长 10.4%，完成国际中转箱量 19.9 万标准箱，同比增长 37.0%；靠泊集装箱船舶 1422 艘次，其中干线集装箱船舶 339 艘次。到 2019 年，上海洋山港集装箱吞吐量 1980.8 万标箱，同比增长 7.59%，在上海港占比达 45.7%，攀升至新高。从洋山口岸出入境（港）的船舶和人员也双双创新高。据洋山边检站统计，2019 年全年出入境（港）船舶 9100 多艘次，同比增加 3.65%，办理出入境（港）人员 21.9 万人次，同比增加 5.34%。2019 年 1—7 月，在上海自贸试验区临港新片区监管国际中转集装箱 172.68 万标箱，同比增加 40.23%，占洋山港进出口集装箱总量的 14.6%。与中国香港、新加坡、釜山港相比，洋山港的箱量、国际中转比例以及货量增速非常快，特别是在箱量上已经逐步接近世界第三大国际中转港釜山港的运作规模，凸显出其国际航运枢纽港的地位。

表 2.4.1　上海洋山港集装箱吞吐量比较分析

2018 年上海洋山港		2019 年上海洋山港	
集装箱吞吐量	1818 万	集装箱吞吐量	1980.8 万
水水中转箱量	85.9 万	无	无
国际中转箱量	238.8 万	国际中转箱量	296.02 万
靠泊集装箱船舶艘次	1422	出入境船舶艘次	9100

洋山港拥有一流的硬件基础设施，能够与世界大港相媲美。作为天然深水良港，洋山港硬件设施一流，港口海岸线及航线资源丰富。当前，洋山港已经建成码头 3 个，形成深水泊位 16 个，设计年通过能力 1500 万标准箱，航道水深 16 米，靠泊能力为 7 万到 10 万吨级船舶。港口海岸线资源丰裕，深水岸线长 5600 米，已经开通欧洲、地中海、中南美、北美、非洲、黑海等远洋航线 10 余条，每月集装箱班轮超过 400 班。与东亚国际航运中心相比，洋山港在航道水深、深水岸线资源等条件上可与之媲美。从这个层面看，洋山港已经具备了与世界大港抗衡的硬件实力。

至于航运企业分布情况，近年来洋山保税港区航运企业累计 595 家，占各类型企业总量 1731 家的 1/3 以上。从行业分布看，涉及航运产业链的港口运输业、航运服务业、航运基础产业三大类。其中，港口运输企业 347 家，占 58.3%；航运服务企业 246 家，占 41.3%；航运基础产业企业两家，占 0.4%。从注册类型看，内资企业 567 家，占 95.3%；外资企业 28 家，占 4.7%。从高端国际航运产业分布看，航运经纪企业 109 家，占 18.3%；融资租赁企业 46 家，占 7.7%；国际船舶运输企业 11 家，占 1.8%；国际船舶管理企业 10 家，占 1.7%。

得天独厚的地理区位优势，再加上不断增大的港口建设资金投入和国际先进管理经验的引入，使上海航运业快速发展起来，货物吞吐量逐年增加，上海航运业在港口吞吐量水平、港口规模等“硬实力”方面，已达到国际航运中心的要求。

二、实现高水平运输自由新成就

1. 做好疫情防控工作，维护新片区稳定发展

2020年初爆发的新冠疫情对生产、生活带来很大的影响，对航运的短期影响也非常明显，德鲁里对中国港口运营商的调研显示，从1月20日至2月10日的三周内，吞吐量下降了20%—40%。新片区立足防疫实际针对新型冠状病毒疫情联防联控展开工作。当前疫情防控形势仍然严峻，境外输入病例源源不断，无症状感染者也层出不穷，临港新片区外来人口多，这些将进一步加大疫情传播风险和防控难度，导致航运活动的中断，应当及时采取相应措施，维持和恢复航运作业。

面对新冠肺炎疫情防控和经济社会发展“两个战场”，新片区洋山边检站按照2020年4月14日上海颁布的境外来沪船舶在港期间岸基登轮作业人员健康管理要求，加强与口岸各单位的密切配合，协同落实防护措施，强化现场人员管理，将疫情防控措施前置于航运作业各环节。新片区洋山海事局利用“互联网+海事监管”方式，开展远程非接触式检查和评估，跟踪辖区船舶作业动态信息、全面了解船员健康状况，督促作业单位和船舶落实疫情防控措施，对于船员、港口工作人员等航运从事人员都采取14天隔离、测量体温、向边检机关报备绿色健康码的防控举措。

同时新片区推进无纸化申报，指导代理人员通过“国家移民管理局边检行政许可网上窗口”为工作人员办理航运相关证件，把“网上办”这一便利手段变成常态措施。例如，临港新片区交付2020年第二座沪产海洋石油钻井平台时就是指导代理人员通过“国家移民管理局边检行政许可网上窗口”为68名工作人员办理登轮证件，避免了人员聚集、接触；通过“靠前办”将边检查验窗口前移至室外空旷处为航运工作人员办理人证对照手续，降低疫情传播风险；通过“一次办”一次性办结出港

边检等航运手续，合并工作环节，尽可能减少人员接触。随着国内疫情控制取得了阶段性成果，人员流动和生产生活秩序已逐渐恢复至常态，临港新片区在疫情防控常态化条件下完善航运业的执行条件、恢复标准，整个流程更加安全、规范、顺畅，为新片区后续航运产业的可持续发展奠定了基础。

2. *以"创新"为源，驱动航运制度新突破*

临港新片区为适应国际贸易投资规则与体系重塑的新形势，采取举措以制度创新打破现行僵化的机制。如图 2. 4. 1 所示，新片区航运制度创新主要表现在三个方面：一是航运服务领域扩大开放，主要通过允许设立外商独资国际船舶管理企业、放宽国际船舶运输企业外资股比限制、允许开展中资外轮沿海捎带业务、不对单机单船公司设立最低注册资本限制且允许融资租赁企业兼营商业保理业务等四个方面来实现，继而这四个方面再推动各自所对应的国际航运产业实现增长；二是国际航运发展制度探索是通过实行国际船舶登记制度来实现的，而这又会直接推动国际船舶运输业的发展；三是航运税收制度创新，即扩

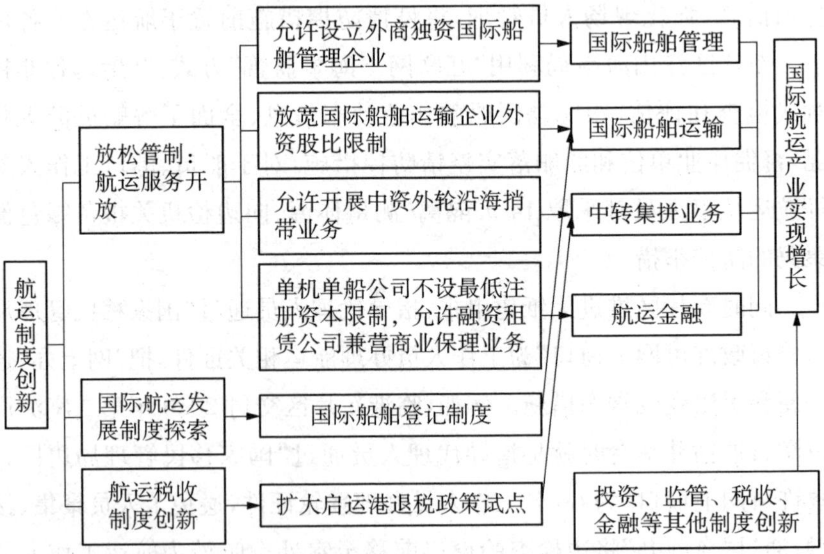

图 2. 4. 1 上海自贸区国际航运服务制度创新

大启运港退税政策试点，这有利于促进中转集拼业务发展。而其他的比如投资、监管、税收、金融等制度创新，放松了对企业的管制，便利了投融资需求，最终可促进国际航运产业的增长。这些制度创新与当前正在推动的国际贸易与投资规则，如服务贸易协定（TISA）、跨太平洋伙伴关系协议（TPP）、跨大西洋贸易与投资伙伴关系协定（TTIP）、中美双边投资协定（BIT）等所倡导的内容相吻合，在上海自贸区先行试验有助于提升我国在规则制定方面的话语权。

3. 集聚国际船舶管理功能落地，开启“先进区后报关”模式

交通运输部出台《关于中国（上海）自由贸易试验区试行扩大国际船舶运输和国际船舶管理业务外商投资比例实施办法的公告》后，上海市交通委员会发布《外商独资国际船舶管理经营资格登记办事指南》明确了注册流程。自 2014 年以来洋山港新引进海工船舶管理有限公司、中海液化气船舶管理（上海）有限公司、马士基船舶管理咨询（上海）有限公司等 10 家国际船舶管理企业，累计引进 19 家。新片区一方面推进融资租赁业规模化，发展国内首个标准化、面向境内外的融资租赁产权交易专业平台——自贸试验区融资租赁产权交易平台，另一方面启动国际中转集拼创新业务。新片区海关制定了在自贸区推进开展国际中转集拼业务的监管方案，简化了国际中转集拼货物的进出境备案申报项目，实施账册管理并设置特殊标识，分类申报。国际中转集拼货物可直接进入自贸试验区内的保税集拼监管仓库，存放于相对独立的区域，该货物可与其他进入区内转为保税仓储货物的本地货源拼箱后装运离境。

同时新片区确定了 6 家区内企业试点“先进区、后报关”监管模式，过卡进区流程耗时仅 30 秒。进区后，试点企业再在自运输工具进境 14 日内向海关办理进境备案清单申报手续即可。这一举措看似只是简单的程序置换，但能给企业带来实实在在的好处，令货物入区时间平均从 2—3 天缩至半天，物流成本平均降低 10%。区内企业货物流转自行运输继创新“先进区、后报关”措施之后，临港新片区继续探索区内企业货物流转自行运输制度。此前，在区内的 4 个特殊监管区域之间运输货物，需要有经营资质的海关监管车辆完成。这项创新制度出台

后，在本区范围内，海关会根据企业的诚信情况，给予相应的监管服务措施，允许诚信好的企业根据需要，可以使用经海关备案的自有车辆或委托取得相关运输资质的境内运输企业车辆，在区内自主调拨货物，避免了使用海关监管车辆的额外费用和施加查封时间。较传统的逐票申报方式而言，货物周转速度大大加快，从而扩大企业申报自主权，大幅度减少了企业申报次数，加快企业物流速度，有效降低通关成本，为新片区内企业开展“多批次、小批量”进出口业务提供便利。上海临港新片区海关通关效率进一步提高，区内进口和出口平均通关时间分别较区外减少 41.3%和 36.8%，企业物流成本降低了 10%，有利于新片区的运输高度发展。

4. 发布《三年行动计划》，打造片区运输新体系

上海自贸区临港新片区已发布《中国(上海)自由贸易试验区临港新片区交通提升三年行动计划(2020—2022 年)》(下称“《三年行动计划》”)，提出到 2022 年加快推进 1 条轨道、2 个枢纽、2 条铁路、2 条高快速路的对外交通“1+2+2+2”运输体系建设。

《三年行动计划》提出，要创新发展智慧交通，夯实交通设施“智慧化”能力基础。到 2022 年，推动核心区路口信号灯联网控制和交通引导系统建设，提升智慧道路水平，试点发展“无人清扫”道路。推进核心区停车引导系统建设，发展智慧停车。同时提升公共交通“智慧化”服务水平，到 2022 年，公交站点智能化覆盖率增加 30%以上，力争无人驾驶公交应用在新片区先行先试。

在此基础上新片区构建运输管理“智慧化”高效平台，全面结合港口集疏运系统和物流园区建设，支持智慧物流 App 开发和智慧物流体系建设。在管理上形成统一的综合交通信息智慧平台，实现信息采集、信息发布、电子警察等各类交通信息一体化，提供一站式智慧出行服务等。力争至 2022 年，建设形成无人驾驶集装箱运输通道，促进保税物流与国际贸易融合发展。

5. 完善城市综合交通网，打造片区运输新蓝图

新片区增设了两港快线，两港快线由临港新片区至浦东枢纽，分别

连接上海东站和浦东国际机场 T3 航站楼，浦东综合交通枢纽专项规划正在公示。市交通委和市规划资源局联合公示了上海浦东综合交通枢纽专项规划方案（草案）：浦东综合交通枢纽由浦东国际机场和铁路上海东站组合形成。统筹航空、铁路、轨道交通、道路交通、常规公交、出租车等各类综合交通要素，对标最高标准、最好水平，建设成为“高标准、一体化、全融合”的世界级一流综合交通枢纽。其中，浦东国际机场规划新增 T3 航站楼；铁路上海东站主要接入沪通铁路和沪乍杭铁路。

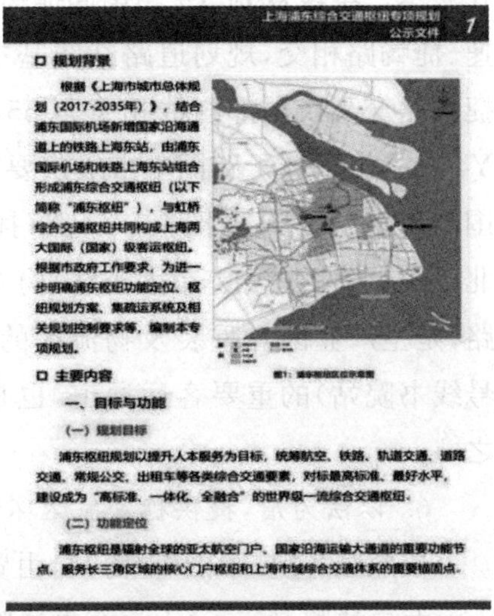
上海浦东综合交通枢纽专项规划
公示文件　1

□ 规划背景

根据《上海市城市总体规划（2017-2035年）》，结合浦东国际机场新增国家沿海通道上的铁路上海东站，由浦东国际机场和铁路上海东站组合形成浦东综合交通枢纽（以下简称“浦东枢纽”），与虹桥综合交通枢纽共同构成上海两大国际（国家）级客运枢纽。根据市政府工作要求，为进一步明确浦东枢纽功能定位、枢纽规划方案、集疏运系统及相关规划控制要求等，编制本专项规划。

□ 主要内容

一、目标与功能

（一）规划目标

浦东枢纽规划以提升人本服务为目标，统筹航空、铁路、轨道交通、道路交通、常规公交、出租车等各类综合交通要素，对标最高标准、最好水平，建设成为“高标准、一体化、全融合”的世界级一流综合交通枢纽。

（二）功能定位

浦东枢纽是辐射全球的亚太航空门户、国家沿海运输大通道的重要功能节点、服务长三角区域的核心门户枢纽和上海市域综合交通体系的重要锚固点。

图 2.4.2　交通枢纽规划公示图①

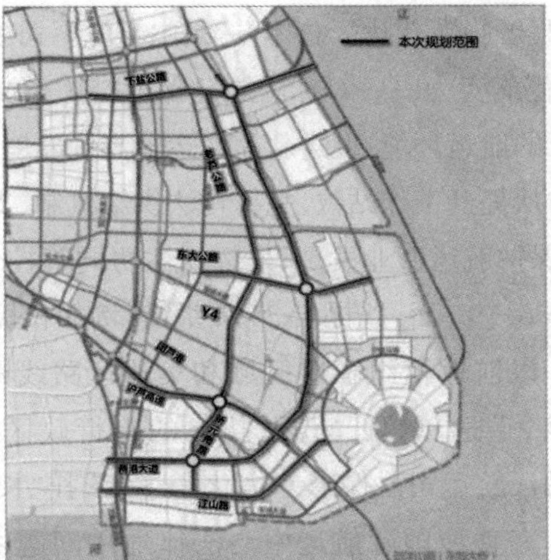

图 2.4.3　临港新片区 Y4 路区位示意图②

① https://www.dishuilake.cn/m/index.php?mod=news&id=35596.
② https://baijiahao.baidu.com/s?id=1660495830201967992&wfr=spider&for=pc.

新片区规划临港新片区Y4路(捷畅路-团芦港)选线专项规划正在公示。本段规划Y4路南起捷畅路,北至团芦港,沿线与S2沪芦高速、捷畅路相交,规划道路红线基本宽度为50m,其中S2沪芦高速、捷畅路交叉口局部红线拓宽至55m,两侧设置道路隔离带各20米。Y4路是市域骨干路网中市级次要干路的重要组成部分,在新片区范围内规划为城市主干路。Y4路(捷畅路-团芦港)与南端新元南路及北段Y4路(团芦港-东大公路)构成新片区主城区中部的南北向主干路,是主产业区与重装及物流区的主要联系通道、连接区域枢纽(16号线书院站)的重要客运通道,也是产业区出入S2沪芦高速的通道之一。

6. *以法为盾,提供稳定航运环境*

依照国务院《中国(上海)自由贸易试验区临港新片区总体方案》,上海海事法院制定了《上海海事法院服务保障中国(上海)自由贸易试验区临港新片区建设的实施意见》(以下简称《实施意见》)。此次制定的《实施意见》重点聚焦新片区更高水平对外开放,将国务院《中国(上海)自由贸易试验区临港新片区总体方案》中与海事司法有关的内容进行全面梳理,转化落实为一一对标的服务保障措施条文,提出25项举措以保障新片区的航运环境,促进新片区运输高度发展。

《实施意见》从提升工作站位、完善司法供给机制、支持投资贸易自由化体系建设、保护航运产业发展、发挥司法协同管控作用、优化航运法治营商环境等6个方面,共提出25项举措,例如积极探索航运司法协作联动机制。以航运枢纽辐射区域和集疏运路线网络为基础,加强航运案件管辖、送达、取证、审理、执行的跨行政区划司法协作联动;针对沿海、沿江航运司法保障一体化需求,依托"长三角地区人民法院工作论坛",完善涉国际航运中心法律适用问题协调机制,促进区域内航运司法保障标准统一以及强调建立健全航运风险预警防控机制。推动建立法院与海事、民航、出入境等政府监管部门之间的信息共享反馈机制,健全对航运失信人的信息公示和信用惩戒;密切关注国际国内航运市场波动和案件趋势变化,通过编发审判白皮书、发送司法建议、汇编典型案例等方式，及时向有关行业协会、监管部门和社会提示风险、提供指引、提出建议，为新片区运输高度发展提供司法保障。

三、新片区发展高水平运输行业面临的困境和短板

（一）航运行业立法规范的不足

1. 航运行业自我管理不足，服务理念仍需转变

上海推进航运中心建设，参与的主体应是多元化的，应是各类社会组织和各部门都在其中发挥不同的角色和作用。上海海事法院受理和审结的案件数量在全国十家海事法院中基本保持在前三之列，并且每年大概有5%的增量，但是上海专门从事海事诉讼的律师和事务所等法律服务人员与机构匮乏，海事咨询、公证公估、海损理算、海上保险、海事检验等其他海事法律服务专门人才数量亦不足，现有航运服务服务数量和质量远远无法满足航运市场规模扩大的需要，也在很大程度上掣肘上海国际航运中心的建设和发展。

另外，在航运业自我管理方面，目前由于缺少系统的组织和实施，存在部分航运企业经营不规范，违规操作以及公然欺诈行为。而在行业协会方面，上海临港航行业协会发育还不够成熟，内部管理制度还不完善，行业自律的作用未能凸显，其运作过程存在着严重的行政化问题，过于依赖政府，而且对自身的职能定位不明确，没有很好地面向企业、面向市场，为会员企业提供切实有效的服务，也没有很好地发挥行业信息共享与自我约束平台的作用。建设国际航运中心，需要进一步优化上海航运法律服务和诚信环境，突出和强化行业自我管理的功能与作用，为提升上海航运法治水平奠定良好的社会基础。

2. 航运纠纷调解缺少法律依据，多元化纠纷解决机制缺位

首先，我国的多元化纠纷解决法律制度存有缺陷。一方面，当前立法存在滞后性，缺失专门的商事调解法，这使得航运纠纷解决机制中的

重要一环——海事调解制度长期处于无法可依的尴尬局面。虽然我国有《海事调解管理办法》，但是仅限于“因水上交通事故引发的民事纠纷”，调整范围有限；另一方面，现行仲裁制度对当事人意思自治的干预程度较深，对仲裁协议形式要件的限定过于僵化，诉讼化倾向明显，影响了仲裁优势功能的发挥。特别是我国《仲裁法》第18条将仅约定仲裁地而未明确约定仲裁机构的条款认定为无效仲裁条款以及不承认临时仲裁等做法，严重脱离了国际海事仲裁实践，不符合国际航运惯例。其次，临港新片区航运纠纷解决的服务质量和国际化程度亟待提高。航运纠纷所涉法律关系与船、港、货密切相连，这就要求争议处理者不仅具备法律知识，更要拥有丰富的航运实践经验。目前纠纷解决服务人员处理涉外案件的专业能力及综合素质尚待增强，争议处理机构的国际认可度仍处于较低位水平，直接影响了海事纠纷解决的质量与效率，成为掣肘临港新片区发展的障碍。

（二）航运营商环境的不足

1. 税制复杂，国际航运业务适应难

现行航运税制和政策不适合离岸性业务洋山港现行航运税制复杂，对航运企业与航运从业人员而言，不仅税负高且无法准确衡量，难以适应国际航运业务的开展。而新加坡实行简单税制，“宽税基、低税率”，还采取了一系列减免和优惠激励政策来发展国际航运。从企业承担的税种和税率看，新加坡航运企业仅仅缴纳企业所得税，综合税率为16.5%，而洋山航运企业除缴纳企业所得税外，还要缴纳营业税、关税及进口增值税、城市维护建设税及教育费附加，税率较高。从航运金融税收优惠看，新加坡对船舶租赁公司、船务基金或船务信托在10年优惠期内购买船舶所赚取的租赁收入，只要符合条件就永久豁免缴税，而洋山港无此优惠政策。从个人所得税看，为稳定本国船员队伍，免征船员个人所得税已经逐渐成为国际惯例，而在我国仅远洋运输船员可享受4800元/月的所得税减除费用标准，远洋运输船员以外的船员没有享受任何税收优惠。上述国际航运政策的缺失导致洋山航运企业将资金结算、工资发放等功能转移到了境外。

2. 航运业税费负担大，航运企业望而却步

我国一直有着严格的关税规定，在一些领域由于税费负担较重，税种类别相对较为复杂，因此，影响相关主体在市活动当中的利益，例如只有少量一部分的外国船舶企业到我国航运市场开展相关的航运业务，这会严重制约我国航运市场的发展和提升。在我国现有的法律制当中，对于一些减免税收的优惠规定也是少之又少，这主要是因为上海虽然经济发展步伐较快，但仍存在管理水平不足的现状。临港新片区的建设将会对发展滞后或缺乏竞争力领域的产业产生重大造成冲击，致使上海经济市场更加敏感、波动性大，因此关税政策较为保守。我国关税减免政策由法定减免、特定减免和临时减免三部分组成，主要规定在《海关法》《关税条例》和《进出口税则》中，但法定减免的范围十分有限，对于外国船舶企业的优惠很少。与国外一些国家的法律和市场制度相比，国外优惠更多，国外船舶市场给予船舶企业更加优惠的税收政策，同时国外船舶市场发展形势优于国内，因此，更多的船舶企业纷纷到外国市场开展业务，以利于本身航运业务的开展，但造成我国航运市场的大量业务流失。

3. 航运金融业总体水平有限，尚未体系化、专业化

航运金融机构偏少，国际化程度不高，伴随着国际航运风险的增加，我国航运产业对航运保险的需求日益旺盛。这主要是因为随着临港新片区的建设，航运业从全球航运市场与国内航运市场收益的同时，也要应对随之而来例如航运价格剧烈波动等巨大风险。目前上海的航运保险业发展水平还比较低，并且缺乏航运运价衍生品等避险工具，无疑将增大航运企业经营风险。但我国航运保险机构还处于起步阶段，存在数量少、规模小、国际知名度低、经营管理水平落后、风险定价能力不足等缺陷。中国金融机构目前的专业水平较低，与船舶经纪人、船级社等专业机构的合作较少，因而在进行公司融资时只能依据一般企业的贷款规则，不能针对航运、造船业的特点设计有效的金融贷款工具。我国本土的银行在国际航运市场中的作用明显较弱，在全球十大航运

银行贷款中看不到一家中资银行。我国银行自身专业性不强，与船舶相关专业机构的合作不密切，难以防范船舶融资项目中的技术、市场和财务风险。

4. 船舶登记繁，融资租赁难，船企“落沪”更难

船舶登记制度是航运制度发展当中一个重要的制度规定，拥有良好的船舶登记制度，可以保护本国船舶主体和国外船舶主体的切身利益。然而，在我国现有的法律当中，对于船舶登记的相关手续十分复杂，根据《中华人民共和国船舶登记办法》第 31 条等规定可知，我国进行船舶登记需要经过提交申请、初审、复审、审批、发证、存档等 6 个步骤，流程十分复杂繁琐，行政审批权并没有做到完全的下放，使得一些国外船舶主体在进入我国船舶市场时，办理手续存在诸多困难，也间接的造成了成本的上升，在另一方面造成了资源的流失。

此外，船舶融资租赁的法律环境也直接影响到上海国际航运中心和国际金融中心的建设，船舶的融资租赁登记制度的完善直接关系到船舶融资租赁的诸多法律风险。我国船舶融资租赁登记现行制度在登记门槛、登记种类和登记系统三个方面存在法律问题。在船舶融资租赁法律关系中，尽管出租人对船舶享有所有权，现实中却是承租人对船舶进行直接占有和使用，如果船舶所有权无法通过登记得到有效公示，就会给第三人造成承租人“所有”船舶的假象。一旦承租人擅自转让船舶，第三人即便通过融资租赁交易查询也无从得知船舶的真实权利状态。除此之外，在实践中，有一部分船舶所有权人为了规避《船舶登记条例》的限制，甚至直接将船舶所有权直接登记在承租人名下，引发名义物权和事实物权分离，若这类纠纷诉至法院，即便事实清楚证据充分，法院判决确定的船舶所有权也会陷入无法予以登记公示的尴尬境地。

（三）航运基础设施及服务能级的不足

近年来我国海运服务贸易快速增长，但增长中也蕴藏问题。鲍晓华等研究发现，尽管我国服务贸易额占对外贸易额的比重逐渐上升，但

货物贸易占比在绝对值上仍然遥遥领先，服务贸易与货物贸易的发展极不平衡。因此，上海临港新片区发展国际航运服务，有助于提升我国服务贸易国际竞争力，缩小服务贸易与货物贸易的差距，逐渐赶超服务贸易强国。

1. 存量航运服务能级不高，与国际航运综合试验区地位匹配不够

当前，上海自贸区存量航运服务国际化与高端化能级不高。与亚洲大港相比，洋山保税港区集装箱国际中转比例、货量及挂靠航线数量相差悬殊。企业大部分集中于附加值较低的道路运输、物流仓储及货代等传统领域，提供国际船舶管理、海事法律、船舶制造等高附加值的企业数量较少。此外，洋山港国际航运人才缺乏，国际航运产业相互配套程度低，缺乏具有国际影响力的顶尖级国际航运组织和机构，相对于黄浦、虹口、陆家嘴等中心区域，引进国际著名航运公司及其总部、分支机构的吸引力不大，竞争力不强，产业龙头带动效应有待开发，比如在世界前 20 位的船公司中，有 13 家落户上海黄浦外滩地区，两家落户浦东地区，仅中远集运一家落户洋山保税港区，而且是国务院免税政策出台之后才迁移至此。

2. 综合配套服务偏弱，掣肘吸引高端航运业务

新片区与上海中心城区距离相对较远，尚未承载居住、工作、文娱、购物、休闲等复合功能，无论是商务办公，还是公交、商业以及餐饮配套服务等都有待完善。因而，与繁华的城区相比，新片区在吸引船舶融资、航运保险、海事法律、航运交易、航运咨询、航运科研等高端国际航运业态方面存在一定困难。在投资环境上，其运作成本、信息化水平、金融配套比不上中国香港、新加坡、釜山港等亚洲大港。此外，一些创新功能的办事流程不够标准化，航运融资办理流程不透明，影响创新功能做大做强。在推进国际中转集拼功能时，新片区洋山港仅有远洋航线的配置无法满足功能发展的需求，迫切需要根据阶段发展特点调整为近远洋航线结合配置的格局。

表 2.4.2　洋山港与中国香港、新加坡、釜山港投资服务差距

衡量指标	洋山港	中国香港	新加坡	釜山港
港品政策	自由贸易区	自由港政策	自由港政策	自由贸易区
综合运输费用	高	高	不高	不高
港口费用	高	高	不高	不高
信息化程度	不发达	发达	发达	发达
通关效率(平均出口通关时间/天)	3	6	3	8
金融及物流配套服务水平	不发达	发达	发达	发达

3. 航运基础设施不完善，信息技术平台较落后

近几年来，随着人们对航运基础设施重要性的认识，我国航运基础设施得到较大改善，但目前仍处于低级水平，远不如发达国家。较低的航运基础设施水平不利于航运效率的全面提高，阻碍了我国航运业进一步快速健康发展。航运业的健康快速发展需要完善的法律法规体系和政策。目前我国航运业立法还比较落后，立法数量远不足以调整数量庞大、繁琐的航运行为。

(四) 上海港当下面临的困境

1. "黑天鹅"事件，新冠肺炎疫情打乱港口发展规划

新冠病毒问题深刻影响集装箱的运输和港口的运作，2020 年 2 月仅从亚洲到北美和欧洲地区的航线就取消了约 150 次航班。中国集装箱量减少 30%，意味着全球集装箱下降量 9%，至少可以预计 2 个月的全球港口吞吐量下降。

表 2.4.3　新冠肺炎疫情对集装箱航运业的影响情景

情景	情景描述	可能的经济影响	对集装箱航运的影响
A(乐观)	新冠肺炎疫情在中国境内得到遏制,正常经济活动在2020年3月初恢复。中国以外的病例没有加剧。	2020年上半年全球GDP增速低于预期,中国和东盟情况更为显著。受抑制的需求和财政刺激措施带来下半年的强势复苏。	短期损害,在第二季度迅速恢复;一旦中国恢复全面生产,运费将上涨;全球年增长率为正,低于此前预期的3%。
B(中性)	中国在第二季度前遏制住新冠肺炎,但在其他国家加快蔓延。	GDP增长进一步下降至可能的萎缩,取决于消费领域受影响的规模哦,复苏推迟至2021年。由于部分受抑制需求消失,复苏规模可能缩小。	2020年,全球需求处于正负增长的边缘;更多的空箱航行以适应更疲软的需求,更多的船舶闲置和拆卸,现货运价进一步下滑,承运人收益可能为负。
C(负面)	由于中国隔离措施松懈,中国新冠肺炎疫情确诊病例数再次上升,其他国家病例数激增,疫情未能在上半年内遏制住。	贸易流动在生产和最终用户需求两端受阻,导致全球GDP在2020年出现衰退。	2020年全球集装箱需求大幅萎缩,2021年前景不明;费率长期下降,承运人损失严重/破产风险增大,大量集装箱船闲置,大规模船舶拆卸。

2. 港口岸线泊位与机械资源紧张,支线专用泊位严重不足

2018年,上海港百米岸线和单桥吊的年吞吐量分别达到28.4万TEU和23.8万TEU。同时,上海港支线专用岸线资源存在较严重的不足。上海港目前仅有外高桥港区的振东、沪东、明东3个码头拥有专用的支线泊位,其余码头,特别是在洋山港区,均采取干线与支线共用岸线、共用桥吊作业的方式。随着洋山四期自动化码头产能的逐渐释放,上海港未来的整体航线布局或将进一步向洋山港区调整,以更好地发挥深水深用的优势。支线船舶专用泊位的不足势必会成为上海港尤其是洋山港区对于支线业务承载的重要瓶颈。

3. 长江中转全程稳定性堪忧，时效性难以保障

长江枯水期以及上游三峡大坝船闸通过能力及维修保养的限制，使得长江航运的时效性和稳定性受到较为严重的影响。目前由上游四川通过长江水道经上海口岸出海耗时通常都在 15 天及以上，如果遇到船闸维修等时节，出货时间将进一步延长。尤其是在恶劣天气等突发情况下，大量船舶集中到港，中转物流路径的整体时效性更加难以保障。

4. 集疏运模式过度依赖水路，替代分流压力显现

上海母港主要依靠公路进港和水水中转两种方式进行货物集疏运。从货源腹地集疏运方式选择来看，上海港长江沿线货源腹地，除安徽、江苏、浙江等长三角地区外，中游和上游几乎完全依托长江水路运输。随着“一带一路”倡议的提出，欧亚铁路运输发展迅猛。在水路集疏运实效性得不到保证时，上游与中游客户势必会选择通过铁路直接运向中东、欧洲的目的地，或者海铁联运至华南等地港口出运。

5. 与周边港口竞争升级，枢纽港地位亟需巩固

上海港虽然连续 8 年蝉联世界集装箱吞吐量第一的位置，但与新加坡港的领先优势角逐一直存在。近年来，新加坡港随着新产能的释放，加之船公司间的兼并重组联盟化运作，助其在东南亚地区周边港口竞争中重获优势，2018 年上半年吞吐量强势回升至 11.6%。同时，新加坡也积极与广西钦州市开展战略合作，开展物流项目投资建设。不难看出，其瞄准中国铁路南向通道的发展，谋划“长江上游—钦州港—新加坡港”的物流路径布局。

长江“港—航—货”之间至今仍缺乏着实有效的合力机制。虽然近十年来，长江港口、航运、物流三方之间先后组建了各种形式的联盟，但在港口热点切实有效地推动长江内支线船舶船型标准化、港航货一体的信息化建设、支线经营人之间持久的供舱合作这三个最主要的核心问题上，始终未有有效的机制落地。支线船舶的多次靠泊、干线支线箱货对应的复杂离散性而造成码头大量中转箱的翻箱，给上海港码头的生产组织效率带来了极大的挑战。

四、新片区推进高水平运输行业建设的对策建议

国际航运中心整体上经历了从西欧板块的荷兰、英国向北美板块的美国再向东亚地区中国香港、新加坡的转移。受全球经济增速放缓影响，近年来波罗的海干散货指数(Baltic Dry Index，BDI)持续下跌，国际航运业一直处于低迷状态。与此同时，亚洲地区经济贸易快速发展，国际航运资源进一步向亚洲地区集聚，重心正在向东亚特别是中国转移。上海临港新片区洋山保税港作为我国打造航运经济升级版的承载空间以及上海国际航运发展综合试验区的核心载体，应积极把握承接国际航运业重心东移、国际航运企业和机构陆续进驻上海新片区的大好时机，提前做好航运金融、国际船舶管理、国际航运经纪等国际航运服务业落地新片区的规划布局，迎接国际航运业在上海临港新片区的新一轮发展。

(一) 加强航运基础设施建设，完善航运服务体系

1. 助力基础贸易发展，培育航运贸易新形态

完善的航运基础贸易和服务业不仅有利于上海航运业的发展，还可以扩大就业，提高上海整体经济水平。如前所述，上海的航运贸易基础和服务业与中国香港、新加坡仍有一定差距。为推动上海航运基础贸易和服务业发展，需要定制适合的航运经济政策，建立统一、开放、有序的航运市场体系。同时要积极培育上海航运贸易新型态，推动离岸贸易，促进航运贸易发展，实现内外贸易一体化发展。还要建立政府与企业沟通渠道以及研究平台，改善上海航运服务业功能：一是设立定期的沟通机制，行业协会要真实反映航运企业的需求和发展中存在的问题，并及时向航运企业传达政府的方针政策，在行业和政府间架起一座坚实的桥梁；二是建立“产、学、研”共同组成的研究平台，对企业进入市场后的经营行为、价格行为、竞争行为等等，进行动态监管和规范，进而营造良好的市场环境。

2. 打造高端产业基地，引领航运经济新发展

为加速高端国际航运产业在洋山保税港区集聚发展，发挥高端要素资源对洋山港航运经济的引领作用，拟集中优势力量建设三大项目。一是国际船舶管理产业基地，吸引威仕船舶管理集团（V. Ships）、哥伦比亚船舶管理公司、巴伯船舶管理公司、英国东方集团、Executive 船舶管理公司等世界排名前 50 位的国际船舶管理公司集中办公，引进先进技术和管理经验，激发国内船舶管理企业活力；鼓励自贸联发等开发公司新建或改造航运商务楼宇，打造规模化的国际船舶管理产业基地。二是国际船舶运输产业基地，克服现有创新瓶颈，学习我国香港经验，主动对接世界船东落户需求，吸引马士基航运、地中海航运、长荣海运、美国总统轮船、日本邮船、汉堡南美、川崎汽船等全球前 100 强国际船舶运输企业在洋山设立总部和分公司，打造洋山国际船舶运输产业承载地。三是船舶融资租赁产业基地，设立多元化的船舶融资租赁企业类型，引导除银行系统融资租赁公司之外的其他社会资本介入融资租赁产业，向拥有充足货源的中小船东拓展融资渠道，创新能够满足客户需求的灵活的租赁形式，建立健全融资租赁登记制度，探索海关监管新模式，实现船舶融资租赁产业在洋山的集聚化专业化发展，提高船舶融资租赁企业竞争力。

3. 制定长远规划，提升港区国际竞争力

为提升洋山保税港区国际航运服务的国际竞争力，优化航运服务体系：一是船用保税油供应服务，为进一步放开我国船用保税油供应服务市场，继续争取商务部等部委支持，完善海关监管模式，帮助上海和洋山保税港区符合条件的供应企业申报取得供应资质，尽快在洋山启动船用保税油供应服务试点；二是全球船员管理服务，为持续供应国际航运业对高级船员和普通船员的需求缺口，鼓励航运企业和国际船舶管理企业到洋山新设拥有船员服务机构资质和海员外派机构资质的国际船员管理企业，鼓励现有船员服务机构和海员外派中介机构升级为专业国际船员管理企业，依托船员管理信息系统实现船员注册、培训、跟踪、薪酬等方面的精细化管理，逐渐在洋山发展壮大我国全球船

员管理服务业，向国内外船东输送优秀的中国人才。

4. 优化航运软硬件服务环境，提升国际业界吸引力

为适应洋山保税港区航运产业高端化、国际化拓展需要，加快优化洋山保税港区综合服务环境，提升洋山国际航运产业发展综合竞争力，要在硬件配套、软环境服务上下大力气。一要完善硬件配套服务环境。在产业功能硬件配套上，迫切需要协调上港集团，研究调整航线配置的可行性，逐步配置近洋航线，解决国际中转集拼功能开展客观条件的限制瓶颈。在办公与生活硬件配套上，依托同盛集团、自贸联发两家开发主体，根据区内发展需要，加大商务楼宇与商业配套设施开发力度，提升商务办公环境舒适度和美观度；加强产业招商与配套业态招商，吸引高端航运业态与国际航运功能入驻商务楼宇，同时吸引餐饮、文娱、购物、休闲等多种商业企业进驻，满足区内人员基本生活需求；加强与南汇新城镇的合作，不断完善公共交通及其他市政配套，满足当地居民及来往人员出行与公共市政需求。二要完善软性服务环境。优化通关运作效率，提升口岸信息化服务水平，为区内企业提供金融基本服务与创新服务，降低港口运作成本与物流运输成本；优化投资服务环境，加强航运注册准入人员培训，提升工作技能和素质，梳理国际航运企业注册登记流程，实现办事流程透明化和标准化，提高企业办事效率；加强信息公开、咨询与交流，对外宣传自贸区航运制度创新与利好政策，优化洋山信息服务环境。

5. 建立立体联动工作机制，携手共抓国际航运建设

为有效整合各方资源，共同推进洋山国际航运产业功能建设，应着力构建三个层次的联动工作机制：一是在洋山内部层面，成立洋山保税港区航运工作推进小组，逐步形成以工作小组为核心，以上海自贸区管理委员会洋山办事处为统筹协调机构，由驻区职能部门、开发公司、上港集团和南汇新城镇共同推进的洋山块上的内部工作机制，致力于掌握区内重点企业、功能及项目进展情况、存在问题和企业需求，共同解决企业面临的具体问题和制约瓶颈；二是在上下联动层面，积极加强与交通运输部等国家部委、上海市交通委员会等市级部门以及口岸管

理部门、浦东航运服务办公室等新区部门的对接，建立稳定、高效的条线工作机制，致力于向航运条线部门反映洋山航运发展情况，争取它们对洋山开展国际航运制度创新与服务开放突破的支持；三是在区域联动层面，建立与陆家嘴高端航运服务集聚区、虹口北外滩航运服务总部集聚区合作联动的工作机制，发挥彼此优势，开展高端航运产业招商、功能性平台开发、创新政策落实等方面合作，实现彼此间利益共享。发挥陆家嘴办公区位与金融优势，重点开展国际航运组织、航运金融、航运保险、航运经纪、航运科研教育培训等高端业态联合招商。

6. 加强港口基础设施建设，完善集疏运综合体系

世界银行发布的物流绩效指数和过分依赖公路运输的现状都显示出上海航运中心的基础航运设施建设仍存在一定的改进空间。建议在以下几方面加以完善：一是提升仓储基础设施质量；二是改造内河航道，加快内河水运发展；三是探索与浦东机场“海空联运”的集疏运体系。建设包括铁路、公路、沿海、内河以及航空等，形成海陆联运、江海联运、海铁联运的现代化集疏运体系格局，完善的集疏运网路系统将吸引货源不断汇聚到上海，并在上海销售、加工、存储和加工；同时提高上海港的仓储能力和装卸效率，较低运作成本。同时要加大港口业的硬件建设步伐，大力推进深水码头和集疏运通道建设，适应船舶大型化发展趋势，促使集疏运系统适应吞吐量快速增长和城市发展的需要。

7. 根据《三年行动计划》，完善新片区交通线路

《三年行动计划》总体目标是到 2022 年，计划实现新片区对外出行条件的提升和内部路网体系的进一步完善。到 2035 年，计划从全球、长三角、市域和新片区内部四个空间维度构建综合交通体系，基本形成从临港新城出发至浦东枢纽、龙阳路枢纽、虹桥枢纽和临近省份分别用时在 15、30、60、100 分钟的交通出行能力。

《三年行动计划》提出，要推进对外快速交通网络建设，近 3 年结合地区经济发展形势和要求，加强与铁路等部门联系，进一步研究明确轨道交通网络和对外干道交通规划，深化轨道制式比选，加快启动建设。到 2022 年，加快推进对外交通“1+2+2+2”运输体系建设，即两港快线 1

条轨道,浦东枢纽、临港枢纽2个枢纽,沪通铁路二期、浦东铁路复线及电气化改造2条铁路,S3、两港快速路2条高快速路。在新片区范围内,实现1小时通达重要对外交通枢纽,对运输高度发展起到重要推动作用。

(二) 完善航运营商环境,与国际惯例接轨

1. 着眼全球,推动航运税收制度国际化

参照新加坡、我国香港航运所得税制度,建议由国家税务总局和财政部进行顶层设计,以简政放权、便利企业为改革目标,主要推行简单税制与低税率改革,探索在洋山进行渐进式税收制度改革。首先,争取国家税务总局和财政部支持,建议继续沿用《国务院关于推进上海加快发展现代服务业和先进制造业建设国际金融中心和国际航运中心的意见》(国发〔2009〕19号)政策,因为根据该政策,洋山保税港区企业享受营业税免征政策,企业对此反响良好。其次,实行税收减免或使用优惠税率,降低企业运营成本。除营业税、增值税减免外,对洋山保税港注册的从事国际航运以及仓储、物流、船舶制造、船舶修理、船舶经纪、船舶租赁、船务基金、船务商业信托等航运服务的企业免除其企业所得税或适用优惠税率。然后,争取国家税务总局和财政部支持,在洋山试点逐步降低船员个人所得税税负。为加强船员队伍建设,建议近期先提高船员个人所得税减除费用标准,再逐步过渡到远期参照国际航运惯例进行减免。此外,建议对洋山注册的航运企业所属船员的培训费实行税前扣除政策。船员培训费税前扣除可分为两个方面:一是航运企业对船员的培养费、船员的继续教育费等培训费用,可作为航运企业运输成本在企业所得税税前扣除;二是船员自己缴纳的培训费用,可在船员缴纳个人所得税税前扣除。

2. 深化航运金融改革创新,促进航运金融市场发展

由我国香港、新加坡两个国际航运中心的成功经验可知,国际航运中心与国际金融中心相辅相成、相互影响,且国际航运金融在促进国际航运中心的互动上具有重要意义。其中融资业务为航运业的发展提供了资金保障,因此上海政府应当根据临港新片区的实际情况提出适当

的金融相关政策，积极拓展上海航运金融业务。在航运金融管理方面，可采取综合经营的方式管理临港新片区内的金融机构，建立收付开放、面向国际的交易平台；在外汇政策上，可以学习国际航运中心的外汇管理经验，探讨建立与上海临港新片区相适应的外汇管理机制，实现金融投资的全面便利化；在航运船舶产业方面，通过向境内外投资者募集的方式保证资金支持，并组织专业团队进行统一管理，将船舶租赁的收益以分红的方式回报投资者，提高资金投资回报效率。

（三）聚力航运创新，不断打造新视点

1. 探索航运开放全新领域，多方位突破前行

临港新片区新一轮的航运服务开放领域可尝试在四个方面进行突破：一是在港口服务市场开放方面，尽快向国内企业开放保税油经营市场准入，协调商务部等部委尽快出台经营管理办法，明确准入申报路径，尽早在洋山扩大市场开放，尝试逐步向外资、中外合资企业开放船舶供应业务，研究推进外资理货公司进入我国市场，提升港口理货服务国际化水平和理货服务质量；二是在国际海上运输市场逐步开放方面，梳理国际船舶运输外资股比放宽存在问题与企业需求，吸引全球前100位外国船公司到洋山发展，扩大外国轮船公司在华结算运输费规模，助推航运与金融中心融合发展；三是在船舶检验市场开放方面，研究放宽外商船舶检验机构业务范围限制的可行性，探索在注册资本要求、业务范围限制等方面适当降低外商船舶检验机构准入门槛；四是在船员外派资质开放方面，研究向外资船东或外资中介机构逐步开放船员外派与培训业务。鉴于外资船东对此呼声较高，建议争取交通运输部支持，允许外资享有与内资同等的国民待遇，可在境内设立船员管理企业、中介或代理机构招募中国船员，但我国有关部门必须加大对船员劳动力市场的监管力度；允许境外注册的航运企业或船员管理企业直接与中国籍船员签订劳动合同，不必通过境内企业就能在我国招募船员，但为保障我国船员利益，要求境外企业必须向主管部门缴纳合同履行保证金。

2. 逐步探索航运功能计划，扩展港区新功能

为创新航运功能，增强洋山保税港区航运创新示范带动作用，拟重点推进四大创新功能：一是国际中转集拼功能，在海关国际中转集拼业务操作方案基础上，深入研讨第三方物流运作企业（同景物流）操作业务，结合货代企业实际需求，推动洋山国际中转集拼试点企业先行在陆域运作，之后再推动试点企业与岛屿港口公司到岛域仓库内运作；二是国际船舶维修功能，理顺国际检测维修业务运作流程和监管机制，加快洋山保税港区加工维修业务用房等设施建设，推动国际检测维修业务在洋山的运作；三是中资外轮捎带功能，即促使中资航运公司全资或控股拥有的非中国籍国际航行船舶承运海关转关运输，争取国家财政部等部委支持实施国际中转的启运港退税，提高企业开展业务的积极性，协调上海海关出台监管流程优化方案，并争取海关总署的支持，提升中资外轮捎带业务开展的便利性，促使业务规模逐步扩大；四是集装箱远期订舱平台功能，依托上海运力集装箱服务有限公司，建设为国际贸易商与国际航运承运人提供集装箱远期舱位交易的电商平台，引导建立守信用的订舱习惯，通过壮大交易规模产生远期集装箱运价指数，进而推动上海建成国际集装箱运输定价中心。

3. 持续加强体制机制创新，适应国际航运新形势

国际航运业发展的低迷加速了其全球战略的东移，洋山保税港区拓展国际航运服务在迎来发展机遇的同时，也面临亚洲国际航运中心建设竞争日益加剧的挑战。为适应国际航运发展新形势，将洋山建设成为国际航运创新制度与服务开放创新示范区，应适时调整自身，着力持续加强四个方面的体制机制创新。一是创新国际航运法律机制，通过洋山航运企业法律纠纷、仲裁和调解实际案例，引导我国海商法与国际接轨，引进国外航运仲裁制度和方法，缩小与英国海事法律和标准的差距，逐步提高在制定和出台国际航运规则、法律体系、仲裁制度、行业标准等方面的话语权。二是创新投资促进服务机制，实施“走出去”战略，开展海外招商，提供战略招商贴身服务；组织人员赴伦敦、新加坡等地学习招商经验，并依靠实践积累国际招商技能；对重点企业或机构

（如外资海事律所注册、年检）提供税务专管贴身服务，将之成功“揽入”洋山怀抱。三是创新企业服务监管机制。专门成立企业服务小组，实施专业化服务，配备具有海外经历、懂专业、通实务的复合型人才，专人专管船厂、金融、经纪、律所、保赔保险等业务中的某一部分，实施“一对一”专业化服务，同时解决企业高级人才签证、子女就学等问题，关注部分需要重点监控的企业，加强后续监管。四是建立工作方法创新机制，探索洋山港与我国香港、新加坡合作发展的路径，优势互补，互促发展，借鉴我国香港制度创新经验以及新加坡政府国际航运政策和运作模式，消化吸收后形成具有自身特色的工作方法。

4. 全面加大科技投入，提高航运信息化水平

虽然近年来上海航交所已正式投入使用并已建立航运期货指数，但目前上海航运业信息化程度仍处于较低水平，尤其在信息量、电子信息化、知名度方面与香港、新加坡等发达地区还有一定差距。发达的航运信息水平不仅会提高航运服务水平和航运市场总体效率，还将保障航运业规范协调发展。推进信息化建设能有效提高航运业的运营效率，也将降低成本、增加港口竞争力，并能吸引更多货源来上海港，对上海航运业发展具有重要意义。因此，上海应参照香港、新加坡的成功案例，加大科技资金投入，推进航运信息化，提高航运信息水平。具体而言，要在临港新片区的影响下，抓住时机，积极参加有关世界海运规则制定方面的国际会议，加强技术储备，提高新技术的采用率，进而不断提高上海航运信息水平。首先注重整合现有资源，建立一个系统化、标准化、多接口的服务系统和国际信息交换平台，实现信息资源共享，逐步形成与国际航运中心配套的国际航运信息中心；其次还应加强对世界海运发展规律、法律法规以及航运技术标准的跟踪研究，不断调整相关技术标准，参考国际经验采取正确措施，保障上海航运业快速发展。

第五章　新片区实现高水平人员往来便利法治保障研究

一、引言

人员往来自由是自贸区建设的核心特征之一，本课题所述新片区人员主要是指自贸区的各类人才，主体是自贸区重点发展的各类产业人才、各类领军人才、杰出人才、海内外高层次人才、高端技能人才等。人员往来主要是指各类人才的跨国流动，通常形式有移民、留学、长期居留和短期居留，亦包含国际学术交流、全行业国际交流等，其次包含跨区域流动和域内流动。自贸区人员往来既包含海内外人才引进，亦包含人才走向国际，参与国际竞争和交流。自由的最基本含义是不受限制和阻碍，本课题所研究的自贸区人员往来自由，旨在为促进海内外人才跨国或者跨区域流动，优化临港新片区人才政策，破除影响人才跨国流动或者跨区域流动的限制，或者降低政策类阻碍对人才跨国流动、跨区域流动产生的影响。人员往来自由是促进人才要素有效配置的重要手段。

二、把握国际新形势下人员往来现状

2019 年 12 月 23 日，中美第一阶段经贸协议文本达成一致，中美贸易战暂告一段落，但美国保守主义日渐占据主流，全球化趋势面临逆转。习近平总书记在《顺应时代潮流实现共同发展》的重要讲话指出，当今世界正面临百年未有之大变局。建设开放型经济，对标国际自由贸易港，树立上海体制机制创新标杆，积累更多可复制可推广的经验，临港新片区应当有所作为。

（一）本市和临港新片区人才引进工作已取得巨大成绩

2019年，临港新片区挂牌成立，临港新片区规划范围为上海大治河以南、金汇港以东以及小洋山岛、浦东国际机场南侧区域，面积为873平方公里。目前，新片区实有人口在65万左右，中心城区32万人，其中有8万人是在校大学生。2019年，新片区新设企业4025家，签约重点项目168个，总投资821.9亿元。根据临港新片区的规划，2025年新片区GDP达到3500亿元，2035年GDP达到1万亿元的目标。按照新片区2035年的GDP目标，至少需要200万的人口导入。近年来，本市海外人才引进工作有了长足进步，目前，在沪工作和创业的外国人数量达21.5万人，占全国的23.7%，居全国首位。本市核发的16万余份《外国人工作许可证》中，外国高端人才（A类）约3万份，占比超过18%，已为600余位外国人才办理了《外国高端人才确认函》，数量居全国第一；共有58位外国专家荣获中国政府“友谊奖”。2019年，上海已经连续七年在“魅力中国——外籍人才眼中最具吸引力的中国城市”评选中排名第一。全球范围内人才流动是开放型世界经济的一个基本特征。人才跨国流动能够显著减少贸易壁垒，降低市场交易成本，提高市场信息获取便利性，增加外商直接投资，促进贸易规模增长和质量提升。

表2.5.1　典型自由贸易港常住人口中外籍人口比例

	中国香港	新加坡	迪拜
常住人口/万人	733.7	399.4	297.6
外籍人口/万人	56.8	52.2	273.1
外籍人口/常住人口/%	7.7	13.1	91.8

来源：根据中国香港（2016）、新加坡（2018）、迪拜（2017）人口统计公报。

香港外籍人口占比较高，源于香港实行自由的出入境政策，约有190个国家或地区护照持有人只要符合一般入境规定可免签证赴港旅游（包括过境）并停留7至180天。新加坡工作签证种类较多，无论是从事高端研发和高层管理工作的“金领”人士、从事一般专业性管理或技术工作的“白领”人士、从事专业技术工作的专业技师，还是从事劳务工作的“蓝领”工人，都可以根据自身学历、技能水平获取不同的签证。

2019年年末，2020年伊始，新冠肺炎在全球形成流行之势，在党中央领导下，全国上下合力抗疫，使我国率先走出了疫情危机，全国各地有序推进复工复产。临港新片区适时推出《中国（上海）自由贸易试验区临港新片区全面深化国际一流营商环境建设实施方案》（以下简称“营商环境3.0”版本），目标用3年的时间，在临港新片区全面推行特色营商环境指标，将临港新片区打造成为全市最好、在全国最具示范效应、在国际具有较大影响力的营商环境高地。临港新片区在打好疫情防治攻坚战，保持园区环境安全度的基础上，提高对园区内现有产业企业的服务和管理，从医疗、住房保障、子女教育、配偶工作等方面全方位关注已引进人员的生活生产环境和发展环境，保证人才引进来、留得住，力保园区内现有重点产业不流失。在此基础上，临港新片区应继续秉持扩大开放，加快创新引进人才体制机制，以提高临港新片区对海内外人才的吸引力，加速临港新片区的发展壮大。

（二）本市各级人才政策和临港新片区人才政策持续优化升级

1. 本市现有各级人才政策和自贸区人才政策有利于新片区引进海外人才。本市为引进海外人才，相继出台了“人才30条”、《上海出入境聚英计划（2017—2021）》，浦东新区亦出台了“海外人才通行和工作便利九条措施”“浦东人才发展35条”。2015年，公安部亦出台支持上海自贸区海外人才引进“出入境12项政策措施”。2016年，公安部又出台“新十条支持政策”，放宽人才签证的签发范围，允许符合条件的外籍人才从就业居留向永久居留资格转换时，其随行外籍配偶和未成年子女可同时申办永居。对具有博士学历的外籍华人，不需要政府或工作单位推荐，可直接申请永居。在“双自”和“双创”区内单位工作满4年的,也可申请永居,对其学历、职务或工资方面不再有要求。上海高校在读留学生和境外高校在读外国学生,分别可按规定加注“创业”和办理实习签证。全球外籍优秀毕业生创新创业可获额外工作许可、长期居留、永久居留便利。外籍高级人才可凭外国人永居身份证创办科技型企业,与中国籍公民创办企业享受同等待遇。外籍高层次人才技术入股市场协议机制,支持有重大创新技术人才跨境创业。2018年,公安部与上海市政府联合推出三项出入境新政:一是为顶尖科研团队中的外籍核心成员申请永久居留提供便利,顶尖人才可以推荐6名科研团队成员申办外国人永久居留身份证;二是允许在“双自”和“双创”外籍人才兼职创新创业;三是为全球外籍优秀毕业生来沪发展提供长期居留和永久居留便利。国内重点高校的国际学生或者境外知名高校的外籍学生可直接凭毕业文凭办理2年期居留许可;工作满3年的还可申请永久居留。

2. *临港新片区现有人才引进政策,极大促进了新片区海内外人才引进。*2019年8月30日,《中共上海市委、上海市人民政府关于促进中国(上海)自由贸易试验区临港新片区高质量发展实施特殊支持政策的若干意见》(沪委发〔2019〕20号)(以下简称“支持新片区发展的若干意见”)赋予新片区更大改革自主权,支持新片区先行先试改革举措。今后本市出台的政策,对企业和人才的支持力度优于若干意见相关规定的,新片区按照“政策从优”原则,普遍适用。支持新片区发展的若干意见指出,一方面“打造更具吸引力人才发展环境”实行更加积极、更加开放、更加有效的人才政策;另一方面,“加大对人才的住房保障力度”,坚持职住平衡,针对多层次住房需求,建立以市场供应为主、多主体供应、多渠道保障、租购并举的区域性住房体系。

自贸区临港新片区为广聚天下英才,应当创新外国人永居申办机制,在实践中进一步完善海外人才工作和停居留政策,形成可复制可推广的经验。临港新片区应当对本市各级海内外人才引进政策进行梳理,按照“政策从优”原则,适用一批适合新片区发展的人才政策。

临港新片区“营商环境3.0”版本,决定由临港新片区管委会集中行使的第一批行政审批和行政处罚等事项目录，共计 517 项，其中市级事项 291 项，区级事项 226 项，包括了人才引进审批、高新技术企业审核等事项。根据临港新片区的 3 年发展规划及“支持新片区发展的若干意见”，在人才引进审批方面，除确需市级行政机关统一协调管理的事项外，应加大向新片区管理机构放权力度，原则上授权或委托新片区管理机构依法行使。

表 2.5.2　临港新片区管委会集中行使的人才引进相关行政审批事项

序号	事项名称	权利类型	原管理部门	备注
1	国内人才引进审批	行政审批	市人力资源和社会保障局	无
2	留学人员及其家属来沪工作办理户口审批	行政审批	市人力资源和社会保障局	无

来源：《上海市人民政府关于由中国（上海）自由贸易试验区临港新片区管理委员会集中行使一批行政审批和行政处罚等事项的决定》（沪府规〔2020〕2 号）。

“营商环境 3. 0”版本实施方案提出，提供更便利、更开放的外国人才引进政策，建设集聚海内外人才开展国际创新协同的重要基地。进一步提升出入境和停居留便利，试行口岸电子签证，企业邀请来华的外国人通过网上申办口岸签证，持上海口岸签证机关签发的口岸电子签证自上海口岸入境；完成建设外籍高层次人才永居申办新机制，对符合认定标准的外籍高层次人才，管委会推荐直接申请在华永久居留，并缩短审批时限；在临港新片区内的单位连续工作满 4 年、每年实际居住不少于 6 个月的外国人可申请在华永久居留；外籍人才可办理最长 5 年的居留许可，满 3 年后符合一定要求可申请在华永久居留。落实境外人才个人所得税税负差额补贴免税政策，降低境外人才实际税负水平。降低进一步放宽现代服务业高端人才从业限制。切实解决引进人才办理居住证期间子女入学问题，合理解决外籍高层次人才子女的国际教育个性化需求。吸引海内外优秀人才创新创业，释放人才新政效应。

设立留学人员创业园，吸引在海外留学取得硕士及以上学位的留学人员或取得全球高水平大学本科以上学历的优秀外籍高校毕业生带项目、资金、团队入驻。围绕重点产业，将创业孵化和成熟项目引进相结合，提供人才出入境、住房、落户、商事登记、税务登记、创业辅导等方面的“绿色通道”服务。

表 2.5.3　临港新片区海外人才现有居留、出入境政策梳理

政策类型	外国人	外籍华人	入外籍留学人员(含港澳台)
永居	在临港新片区内的单位连续工作满 4 年、每年实际居住不少于 6 个月	在“双自”“双创”区内工作的外籍华人，连续工作满 4 年，纳税记录良好，每年在中国境内实际居住累计不少于 6 个月	已连续在上海工作满 4 年、每年在中国境内实际居住累计不少于 6 个月，有稳定生活保障和住所，工资性年收入和年缴纳个人所得税达到规定标准；外籍高层次留学人员申请 5 年有效期的工作类居留许可(加注“人才”)，工作满 3 年
居留许可	最长 5 年	最长 5 年	最长 10 年海外人才居住证 B 证
工作许可	最长 5 年	最长 5 年	免办
出入境	试行口岸电子签证	试行口岸电子签证	试行口岸电子签证

《中国(上海)自由贸易试验区临港新片区支持人才发展若干措施》支持新片区重点机构紧缺急需人才直接引进落户，新片区管委会结合重点产业布局和发展实际，推荐区域内用人单位纳入本市人才引进重点机构清单。纳入重点机构范围的用人单位引进的紧缺急需、具有本科及以上学历学位和两年以上相应工作经历的核心业务骨干，可予以直接落户；支持紧缺急需技能人才直接引进落户，在国家职业资格和技能等级认定范围内，聚焦新片区重点产业布局，会同市人社局制定技能人才引进目录。对该目录以外的紧缺技能岗位核心业务骨干，由新片区管委会结合重点产业布局，推荐行业代表性企业的特有目录纳入引

进范围；支持高等级技能人才直接引进落户。用人单位引进的获得中华技能大奖、全国技术能手称号、国务院特殊津贴、世界技能大赛奖项等的人员以及获得省部级高技能人才最高表彰资助的人员，不受技能人才引进目录限制，直接引进落户；支持特殊人才推荐落户。用人单位引进紧缺急需的特殊人才，可向新片区管委会提出申请，经新片区管委会向市相关部门推荐并集体审议通过后予以直接落户。

表 2.5.4　新片区国内人才落户政策梳理

国内人才	在新片区工作、居住的各类人才	公益事业单位录用应届毕业生	重点机构紧缺急需人才	高等级技能人才	特殊人才
政策优惠	居住证专项加分、缩短“居转户”年限	落户加分	直接引进落户	直接引进落户	推荐落户

三、临港新片区人才引进面临的困境、挑战与机遇

本市现有各级人才政策和临港新片区人才政策的持续优化，对于临港新片区人才引进具有强大助力，但目前新片区初设，产业项目陆续签约落户，急需引进大量各类人才。目前，临港新片区人才引进工作正面临重点产业创新人才匮乏和创新人才培育不足，基础研究领域人才缺乏，基础研究领域平台建设缓慢，高端技能人才缺口巨大等困境。

（一）临港新片区重点产业创新人才缺乏

岁末年初的新冠疫情发展一日千里，对全球经济产生了巨大影响，全球化面临重大考验，各发达经济体内部出现各种不同的声音。总体来看，疫情以后高端科技的封锁和限制会更加普遍，引进外资、扩大开放工作面临挑战，也面临重大机遇。目前，我国正处于产业更新换代，高科技爬坡的关键阶段，需要大量投资和高科技人才。

1. *重点产业创新人才仍然匮乏。*2019 年 3 月，《中华人民共和国

外商投资法》通过，为我国进一步吸引外资，促进资本流动提供了法律支持。但新片区尚处于新设阶段，重点产业创新力度不够，难以匹配产业升级，重点产业领域创新均需要大量海内外人才，新片区应当在海外人才引进方面有所突破，进一步加强引进重点产业领域的外国领军人才和高端人才。

2. 本土重点产业创新人才培育不足。新片区重点产业创新人才引进和培育不足已成为制约重点产业迈向更高增值业务升级发展的瓶颈。以生物医药产业和高端医学诊疗设备制造业为例，生物医药产业属朝阳产业，市场潜力巨大，但企业缺乏足够临床测试人才和设备制造业创新人才，生物医药产业、高端医学诊疗设备制造业等战略性新兴产业创新人才不足，已经制约了生物医药产业、高端医学诊疗设备制造业等重点产业向高附加值产业发展升级速度。

（二）新片区基础研究领域领军人才不足

新片区重点产业领域面临基础研究向上突破动力不足的问题，基础研究领域需要大批领头人才，为实现基础研究领域及早突破，新片区应当树立全球视野和人才战略眼光，充分开发利用国际人才资源。

1. 新片区应加大基础研究领域领军人才引进。新片区应当进一步放宽海外人才从业限制，放宽创新创业类外国人才工作许可条件，为基础研究领域人才开拓出入境便利通道，实行更加便利的居留政策。外籍高级人才可凭外国人永居身份证创办科技型企业，与中国籍公民创办企业享受同等待遇。新片区应允许具有境外职业资格的金融、建筑、规划、设计等领域符合条件的专业人才经备案后，在新片区提供服务，其在境外的从业经历可视同国内从业经历。新片区应当进一步补充《境外职（执）业资格清单》，放宽海外人才从业限制。《中国（上海）自由贸易试验区临港新片区境外人士参加专业技术类职业资格考试试行管理办法》（沪人社规〔2019〕40号）规定除涉及国家主权、安全外，允许在新片区合法工作的境外人员按规定在新片区参加我国相关专业技术类职业资格考试，本市定期发布新片区向境外人士开放考试的专业技术类职业资格项目清单，建议采取负面清单的方式，将涉及国家主权、安全的相关技术类职业从开放考试的项目中剔除。

2. 加强对基础研究领域海外人才团队的引入。新片区应当提供与全球自贸港、其他主要自贸区相比更加有竞争力的专项补贴和项目研究经费以吸引基础研究领域海外人才团队。2020 年深圳市海外高层次海外留学人才(孔雀计划)认定办法将国际知名奖项获奖人才均纳入 A 类人才引进计划，予以海外高层次人才认定，并对国家级领军人才和 A 类人才奖励补贴 300 万元。

(三) 具有国际化经历的服贸人才缺口巨大

临港新片区需要加速发展新型国际贸易、国际医疗服务、跨境金融服务，目前，新型国际贸易、国际医疗服务、跨境金融服务领域具有国际化经历的人才缺口巨大。以金融为例，纽约、东京等城市金融类人才占城市总人口的 10%，而本市金融人才仅占总人口的 1%，其中具有国际化经历的金融人才仅占 1.4%。因此新片区仍需进一步放宽现代金融服务、新型国际贸易、国际医疗服务等服务业高端人才从业限制。

1. 加强国际医疗服务跨境合作研究。允许海外人才在新片区参加我国医师执业资格考试，推动跨境医师资格认证互通互认，健全法律法规和行业协会对生物医学研究机构的监管，加强对遗传基因数据的安全保障。上海华山医院国际医疗中心对上海市卫生健康委信息中心提供的近三年在上海市住院诊疗的外籍及港澳台地区患者信息进行了整理分析，平均年增长率达 6.67%。上海作为中国国际医疗服务先行区，具有先进、独特的国际化全科及综合内科优势，新片区应当依托本市的国际医疗服务优势，创新涉外医疗服务模式，依托互联网择优引进境外高端医疗资源、扩展医疗服务的国际化视野，积极引入海外高端医疗人才，充实国际医疗服务人才梯队，开展国际顶尖学术和技术交流，促进医疗服务行业人才跨国交流。

2019 年爆发的新冠病毒疫情现已在全世界形成大流行之势，发达国家和地区现均已加快了精准医药、基因组学等生物科技的发展，以应对不同的流行病和传染病。新片区应当抓住产业发展的大势，促进新片区重点发展的生命科技产业进一步升级，强化生命科技产业创新，培育产业创新人才，促进产业技术转化应用，形成生物科技集群，集聚医疗技术应用和临床测试人才，协助区内企业走出去与外国企业合作，推动企业开展新一代生物医药业务，培养一批拥有高水平研发能力和专业服务能力的生物科技人才。

2. *加强海外金融人才引进和本土金融人才队伍建设。*一是应当加强海外金融人才引进和本土金融人才队伍建设；定期组织金融人才研讨班，遴选金融人才赴境内外知名金融企业和国际金融组织开展学习培训、挂职锻炼。二是需要支持高等院校建设高水平金融创新学科和重点实验室、博士后流动站。加速培育金融智库，对新获得特许金融分析师（CFA）、金融风险管理师（FRM）、北美精算师等国际通行金融资格证书的金融人才，给予具有竞争力的专项补贴。深圳在金融人才引进方面的政策是将 CFA、FRM 人才认定为后备级人才，可享受住房补贴、子女教育、配偶就业、申请公租房或者领取住房补贴等政策，在金融发展专项资金中每年单列 5000 万元，用于加强金融人才队伍建设，并给予新获得 CFA、FRM 的人员财政补贴。三是扎实落实新片区海外金融人才引进政策。2020 年 2 月 14 日，经国务院同意，人民银行、银保监会、证监会、外汇局、上海市政府联合发布了《关于进一步加快上海国际金融中心建设和金融支持长三角一体化发展的意见》（银发〔2020〕46 号），包含 30 条具体措施。2019 年 9 月 20 日，自贸区临港片区管委会发布《中国（上海）自由贸易试验区临港新片区支持金融业创新发展的若干措施》对金融人才明确了具体扶持政策，包括对符合条件的高管人员给予安家费或住房补贴。对高管人员和特殊高端人才，给予人才奖励。对境外高端金融人才的个人所得税税负差额进行补贴。四是注重新片区本土金融人才队伍建设，培育更多具有国际化视野的本土金融人才。畅通金融人才国际交流渠道，探索发展金融行业人才峰会，支持金融机构在新片区建立和发展金融人才培育平台。

3. *发展新型国际贸易，培育跨境数字贸易人才。*新冠疫情的爆发给全球产业链造成的打击巨大，必将重构一批新型行业、产业，新型国际贸易、跨境数字贸易迎来新的挑战，亦面临新的发展机遇。新片区为发展新型国际贸易，应当支持建立跨境电商海外仓，发挥港口资源优势，吸引跨境电商总部型机构聚集，推动跨境电商启动人才培养计划，弥补跨境电商人才缺口。据商务部电子商务和信息化司发布的《中国电子商务报告(2018)》显示，近年来跨境电商产业发展呈现增长趋势，2018 年全国跨境电商交易总额达 1347 亿元，同比上升 50%，其中出口电商交易额增长 67%；但同时，中国跨境电商人才缺口据统计已接近 450 万，并以每年 30%的增速扩大。新片区应当鼓励企业与高校合作，加快引进和培养一批新型国际贸易、跨境数字贸易的高端应用型人才，做强技术链，面向全球整合各类创新人才资源，补齐人才链，培育跨境数字贸易产业壮大发展。

(四) 优化人才落户政策，打造创新活力迸发的海内外人才高地

近年来，我国户籍制度改革速度在加快，但京、沪户籍政策仍然较为严格，究其原因，除控制超大城市人口规模等显性因素外，京、沪户籍的高附加值亦是影响户籍政策的重要隐形因素。新片区应当进一步优化人才落户政策，突破户籍政策瓶颈。

1. 加强自贸区人口顶层设计。根据临港新片区的规划，2035 年 GDP 达到 1 万亿元的目标，需要 200 万的人口导入。根据产业增长曲线，产业创建初期，人口会出现高速增长，产业链稳定发展时期，人口发展也会相应稳定，至产业链形成规模，产业微调阶段，人口发展相对缓慢。自贸区应当明确自贸区人才梯队建设的重点地位，分阶段分区域分产业制定人才引进规划，并跟随产业发展形势进行动态调整。按照临港新片区重点产业布局，新片区应当调研各重点产业行业所需人才情况，统筹安排人才引进工作，定期发布紧缺人才需求计划。目前，自贸区中外籍人口占比与典型自由贸易港相比仍然差距巨大。这源于长期以来严格的居留政策和出入境管理政策，亦是源于产业发展的必然规律。本市人才引进工作虽然已经取得巨大成绩，但新片区重点产业

高端人才引进仍然不足，储备人才培育落后于产业发展升级。

临港新片区重点发展的新兴产业为集成电路、人工智能、智能制造、生物医药、航空航天、高端装备、新能源和智能网联汽车。香港支柱产业主要为房地产业、金融服务业、贸易与物流、专业服务业，新加坡则是国际贸易中转中心，东南亚重要金融中心、运输中心，世界第三大炼油业、电子产品制造和生物医药研发基地。[①] 与香港、新加坡相比，临港新片区的产业发展既要符合本市产业发展需要，又要服从国家产业发展战略大局，故人才队伍建设必须符合自身产业需求，既要注重海外高端人才的引进，亦要注重本土人才的培育，盘活本土人才的存量，更好地获取海外人才的增量。

2. *扎实落实三类人才直接引进落户政策。*新片区应当扎实落实紧缺急需技能人才、高等级技能人才和特殊人才直接引进落户政策，制定具体实施细则，并结合新片区重点产业发展计划和现状，联系新片区人口发展规划，发布重大项目紧缺人才年度目录，对重大项目紧缺人才实行配额管理，在国家职业资格和技能等级认定范围内，会同市人社局制定技能人才引进目录。对该目录以外的紧缺技能岗位核心业务骨干，由新片区管委会根据重点产业代表性企业发展需要，结合新片区重点产业年度发展情况，推荐行业代表性企业纳入引进范围。对用人单位引进紧缺急需的特殊人才，可由用人单位考察后，向新片区管委会提出申请，经新片区管委会向市相关部门推荐并集体审议通过后予以直接落户。

3. *实行更加便利的落户政策。*对国内重点高校毕业生和境外知名高校留学回沪人员，实行更加便利的落户政策。《中国(上海)自由贸易试验区临港新片区支持人才发展若干措施》规定，符合本市引进人才申办常住户口或留学回国人员申办常住户口条件的人才，用人单位可向新片区管委会指定机构申报，由新片区管委会审批后直接落户。重

① 邵勇、赖鸿展、张清玉．新加坡发展工业园区的新动力对中国传统工业港区转型升级的启示．《时代建筑》. 2019. 4

点高校毕业生和境外知名高校留学回沪人员有很大成长空间和上升潜力，应当是新片区人力资源储备的优先之选，建议放宽新片区引进人才和留学回沪人员落户条件，提升新片区人才引进竞争优势。除按照本市落户政策实行外，在新片区企事业单位有优秀实习经验、参与新片区重大项目学习研究的，应落实实施新片区内工作专项加分政策；对园区内产业重大项目紧缺人才、特殊领域紧缺人才、学科研究新星等实行人员落户配额制度，实施更为便利的直接落户政策。对国内“985”、双一流高等院校的优秀毕业生，签约新片区重点产业企业的，可直接申办落户，符合重点产业企业急需人才的亦可放宽学历学位要求。

4. 进一步缩短新片区核心企业高技能人才居转户年限。《中国（上海）自由贸易试验区临港新片区支持人才发展若干措施》允许在新片区用人单位工作的各类人才，居转户年限由 7 年缩短为 5 年（其中已在新片区工作时间不低于 3 年）；符合新片区重点产业布局、经新片区管委会推荐的用人单位的核心人才，居转户年限由 7 年缩短为 3 年（其中已在新片区工作时间不低于 2 年）。新片区实施居住证专项加分。对上海市居住证持证人在新片区工作并居住的，予以专项加分，即每满 1 年积 2 分，满 3 年后开始计入总积分，最高分值为 20 分。根据《持有〈上海市居住证〉人员申办本市常住户口办法》（沪府规〔2019〕45 号）及相关实施细则，居转户申请基本条件还包含社保基数、职称职业资格限制、个税限制等，《中国（上海）自由贸易试验区临港新片区〈上海居住证〉积分专项加分办事指南》明确适用对象在新片区合法稳定居住、合法稳定就业的持有《上海居住证》人员在申办居住证积分专项加分时，申请当月应处于就业及缴纳本市职工社会保险状态，且在新片区工作期间正常缴纳本市职工社会保险费满 36 个月（不含补缴），建议进一步缩短在新片区内用人单位工作的各类人才居转户年限，尤其是应当缩短经新片区管委会推荐的用人单位的核心人才居转户年限，并对社保、个税、职称职业资格限制做出符合新片区发展的明确规定，对于在新片区外缴纳社会保险的应当计入 36 个月的计算标准中，以提高新片区内居转户专项加分积分适用，增强新片区对优秀人才的吸引力。

(五) 打造世界级产业集群吸引更多人才聚集

2019年12月30日，首批特斯拉国产Model 3交付，距离2019年1月7日特斯拉上海超级工厂开工建设，仅仅过去了358天。临港新片区在新能源和智能网联汽车产业布局中打开了局面，迈出了重要步伐。特斯拉上海工厂的建设投产，创造了新的上海速度，亦给临港新片区持续引进知名企业、领军企业开拓了经验。临港新片区的发展需要大力推广"特斯拉"经验，抓住重点核心产业亟待升级突破的机遇，引进更多高端人才，打造世界级产业集群。

1. 区域全面经济伙伴关系协定有利于新片区人员往来便利化。《区域全面经济伙伴关系协定》(简称RCEP协定)定于2020年底前签署正式协定，全面经济伙伴关系将进一步扩大和深化区域价值链，为多边贸易体制提供支持，促进区域内经济体协同发展。该协定由东盟十国发起，邀请中国、日本、韩国、澳大利亚、新西兰、印度共同参加("10+6")，通过削减关税及非关税壁垒，建立16国统一市场的自由贸易协定。RCEP协定的16个谈判方涵盖人口超过35亿，占全球的近48%，国内生产总值占全球比例超过31%，外贸总额占全球的近28%。2019年11月，印度退出RCEP协定谈判，15国完成谈判。2020年3月5日，商务部在新闻发布会上称，中日韩将共同推动RCEP协定如期签署生效。届时RCEP的签署将有助于形成区域性自由贸易区，吸引资本和人才进入自由贸易区。RCEP若顺利签署必将有利于上海自贸区进一步扩大开放，亦有利于新片区人员往来便利化，但上海自贸区的扩大开放仍需要更多法律法规的支持，亦需要更多机制的创新。

2. 继续探索推进多方联动的审批服务推进机制。新片区应当全面复制推广特斯拉审批模式，建立、健全重点产业链打造机制，吸引产业人才聚集。

特斯拉上海工厂的快速建成投产有利于智能新能源汽车产业发展壮大，新片区应当趁热打铁，吸引智能新能源汽车电池研究和制造企业入驻新片区，完善新能源汽车电动机、发电机、各类元器件等的供应链，健全新能源汽车产业链，集聚智能新能源汽车人才；在集聚集成电路产业方面，重点支持具有国内外重大影响力的集成电路企业在新片区设立研发中心和投资产业化项目，鼓励中芯国际等重点企业在自贸区新片区设立研发中心和重点实验室和制造工厂，加快引进关键材料生产加工企业，加速培育集成电路产业链，集聚行业人才；在集聚人工智能产业方面，实施“临港新片区＋AI”行动，加快布局5G、IPv6、云计算、物联网、车联网等新一代信息基础设施，吸引全球人工智能最新成果在新片区先试先行，大力支持商汤人工智能算力平台和芯片开发项目发展，引进和培育一批AloT技术人才。支持基础电信运营商在新片区建设5G基础设施，建设完备的国际通信设施，推进智能网联汽车道路测试；在生命科技产业方面，自贸区应当着力提升高端医疗器械和生物制药方面的研发生产能力，新冠肺炎疫情期间，为保障新冠肺炎危重患者的救治需要，国家在全球范围采购ECMO设备（体外膜肺氧合），现阶段ECMO设备仍依赖国外生产、国外采购，自贸区应加速高端医疗器械的产业培育、人才引进和人才培育；在航空装备产业，加快布局健全产业链，发展本土供应商。

四、依托上海比较优势、完善自贸区新片区人才往来政策

临港新片区应当依托本市海外人才引进政策的优势，并结合新片区自身产业发展需要，进一步优化完善新片区人才引进政策，突破人才引进瓶颈，完善人才发展激励机制，健全人才培育体系和人才价值评定机制，打造国际一流人才发展环境，畅通人才发展渠道，推进多元纠纷解决机制，提高人员往来便利化，为新片区发展成为国际自贸港提供人才要素动力。

（一）优化新片区海外人才引进政策

新片区应当进一步优化海外人才引进政策、打造新片区海外人才引进机制新品牌，创造海外人才引进机制亮点，吸引更多海外人才落脚

临港新片区。

1. 创新海外人才引进政策，突破人才引进政策瓶颈。新片区在海外人才工作许可等方面应实施更加开放便利的政策措施，延长海外人才工作许可，最大程度便利海外人才在新片区工作。《关于支持中国(上海)自由贸易试验区临港新片区更加便利更加开放地引进外国人才的通知》支持引进高科技领域创新的外国人才，对于注册在新片区内的科研机构、创新平台、高新技术企业、研发中心、国有企业等聘请的高科技领域的外国人才，可适当放宽年龄、学历和工作经历的限制，符合条件的，一次性给予两年以上的工作许可；加大力度引进符合新片区产业发展方向的外国人才，对于新片区内的用人单位引进的上海紧缺急需的高级技工、技师等外国技能型人才和符合新片区产业发展方向的外国人才，可适当放宽年龄、学历和工作经历的限制，符合条件的，一次性给予两年以上的工作许可。允许国内重点高校的国际优秀毕业生或者境外知名高校的外籍优秀学生直接凭毕业文凭办理两年期的工作许可。根据《中华人民共和国劳动合同法》第十九条规定，劳动合同期限一年以上不满3年的，试用期不得超过两个月；3年以上固定期限和无固定期限的劳动合同，试用期不得超过六个月。企业为降低引进人才成本在人才引进时，一般以3年期合同居多，建议适当延长国内重点高校的国际学生或者境外知名高校的外籍学生直接凭毕业文凭办理工作许可的年限，亦需延长高科技领域外国人才、外国技能型人才和符合产业发展方向的外国人才办理工作许可年限。自贸区内重点企业聘请的外国人才，可由企业人才专员统一申办工作许可和人才签证，采用“告知+承诺”“容缺受理”等方式为其提供申办便利。对临港新片区内企业聘请的外国人才，给予外国人来华工作许可和外国人才签证鼓励性加分项。

2. 进一步优化新片区海外人才出入境、停居留政策。本市为外籍高层次人才出入境、停居留和工作学习生活提供便利，通过“外国人工作、居留单一窗口”办理工作许可和居留许可的，应当在7个工作日内一次办结。高层次留学人才(外国专家)来沪可简化通关。自贸区新片区试行口岸电子签证，电子签证可大幅缩短签证审理速度，便于人员往来。电子签证运用“互联网+”和大数据技术，新片区海外引进人才可通过OCR（图形文字识别）辅助填表、网络传输文件等技术在网上将申请材料扫描进入系统，无需提供纸质材料即可进行电子签证申办，递交申请后即可体检，申请电子签证者可利用二维码技术在线支付签证费用，申请获批后，申请人可自行打印电子签证并持电子签证自口岸入境。高层次留学人才（外国专家）来沪，目的地为新片区内单位的，应允许其随工作或者交流期限延长电子签证时限。新片区亦可实行居留许可网上续签，对在新片区工作的海外人才，在其居留许可即将到期之时申请更长时间的居留许可网上续签，减少续签限制，简化审核流程，缩短审批期限。放宽对外籍高端人才和自贸区重点产业企业人才签证有效期限，对符合条件的外籍人才，签发长期10年多次往返签证，并可凭该签证办理最长5年的工作许可、申请最长5到10年的工作类居留证件，为外籍人才申请办理（人才）签证、长期居留和永久居留提供停居留便利。

3. 引进知名人力资源服务机构。新片区应当大力推进人力资源服务业快速发展，出台人力资源服务机构扶持细则，大力发展专业性、行业性人才市场，鼓励发展高端人才猎头等专业化服务机构，支持打造新片区人力资源服务品牌。新片区探索实施区域内外国人才本地融入服务，整合协会、联盟和产业园等优势资源，探索构建符合创新人力资源服务生态链，鼓励新片区开展外国人才岗前培训、法律咨询、文化交流等融入活动，积极推进新片区外国人才服务港湾的建立。进一步发挥人才市场的资源调配作用，完善人才供求、价格和竞争机制；鼓励人力资源服务机构主办和承办高端人才管理论坛、人才招聘会、设置创新课程等，助推人才建设和产业升级。

（二）完善领军人才引进和激励机制

为促进新片区重点产业进一步发展升级，完善重点产业链条，为重点产业持续向上突破升级创造动力，新片区应当进一步完善与新片区重点发展的产业相匹配的领军人才引进和激励机制，将领军人才引进工作放在更加突出的位置。

1. *完善科研新领军人才永久或长期居留手续“绿色通道”*。加紧引进核心技术项目领军人才，核心项目海外领军人才可直接办理永居。根据《国务院关于印发中国（上海）自由贸易试验区临港新片区总体方案的通知》（国发〔2019〕15 号）的指导思想，临港新片区对标国际上公认的竞争力最强的自由贸易园区，选择国家战略需要、国际市场需求大、对开放度要求高但其他地区尚不具备实施条件的重点区域，实施具有较强国际市场竞争力的开放政策和制度，加大开放型经济的风险压力测试。开放的外籍人员引进政策，有利于面向全球吸引和集聚高端人才，培养和造就一批国际同行认可的领军科学家、高水平学科带头人、学术骨干、工程师和管理人员，形成具有国际水平的管理团队和良好机制，打造高端科研试验和协同创新平台，带动我国科技创新由跟跑为主向并跑和领跑为主转变。① 新片区管委会应当结合重点产业布局和发展实际，对重点产业布局中影响产业发展的核心技术项目进行梳理，编制核心技术项目年度目录。建设新片区重点产业领军人才需求库，引进境内外知名人力资源机构、高端猎头，培育新片区重点产业人力资源品牌，精准引进领军人才，在经济、科技、教育、文化、卫生、体育等领域取得国际公认杰出成就的外国人可以直接申请永久居留。

2. *加快规划布局新片区重点实验室和基础研究机构*。新片区应当推动重点实验室和基础研究机构高标准建设，进一步开拓基础研究平台，使之匹配新片区重点产业发展，亦打通科技持续上升的通道。深圳市高标准建设“鹏城实验室”（深圳网络空间科学与技术广东省实验室），积极筹建深圳健康科学实验室。聚焦生物医药、石墨烯、第三代半导体、量子科学等基础前沿领域，规划布局 10 家诺贝尔奖科学家实验室和 10 家基础研究机构并给予高额财政支持。新片区应当对标国际

---

① 国务院《关于印发积极牵头组织国际大科学计划和大科学工程方案的通知》（2018 年 3 月发布）。

知名研究机构，建设高标准科学实验室，聚焦新片区集成电路、智能新能源汽车、航空航天、新一代信息技术、生物医药等重点发展产业的基础科学研究和前沿领域拓展，发展一批重点实验室和研究机构，对于重点实验室和研究机构引进并推荐的海外高端人才，具有教授、研究员等职称的学术研究人员可以申请永久居留、给予奖励补贴，打造高端人才培育基地，培育本土创新人才，鼓励重点实验室科研成果快速应用，在应用中更新，通过市场检验科技成果，引领尖端科技发展。推动重点研究机构创办重点核心期刊，掌握核心技术话语权，引领前沿技术发展。推动建设重点产业高影响因子期刊，促进行业发展，聚集行业人才。

3. 对重大项目领军人才实行更加便利的居留政策。新片区应当根据本区内重点产业布局和发展实际，对符合标准的重大项目领军人才、学科带头人落实直接申办永居的政策，大力推行“一网通办”，简化办理流程，缩短审批时限，为领军人才提供更加便利的居留服务。领军人才的子女、配偶亦可申请办理永居，协调保障领军人才的子女教育、提高医疗服务保障。新片区还应当根据自身产业发展规划，细化行业细分领域，对领军人才落实住房保障，提供安家补贴，提高社保、公积金福利待遇。新片区不仅需要对用人单位引进的海内外领军人才，不受技能人才引进目录限制，直接引进落户，还应当在自贸区内建立具有国际竞争力的薪酬体系。

（三）健全新片区重点产业人才培育体系，优化高层次人才认定评价机制

1. 健全新片区重点产业人才培育体系。对新片区重点产业核心企业设立的人才培育平台，应当给予专项资助，按照企业职工养老保险参保率，对新片区内战略性新兴产业企业发放培训补贴。建立重点产业企业人才培育平台与高校重点实验室人才培育平台长期对接机制，实现产、学、研互相促进，从而建立产教融合、校企合作的技术技能人才培养模式。地处临港新片区的高等院校应当主动作为，在学科设置、重点研究室创办等方面结合临港新片区重点产业需求，对接重点产业前

沿科技企业，为临港新片区的重点产业发展供应更多人才，高等教育走出“产教城”融合的临港新模式。引入国内外知名产业技能培训机构，建立重点产业企业人才定期轮训机制，按照职业生涯发展实行分类培训补贴，促进企业人才提升产业技能，培育一批高技能产业人才，保障行业健康稳定发展。盘点本土人才存量，推动本土人才向新片区流动。面向高等院校定期展开各类人才招聘会，面向社会定期招聘新片区重点产业人才。

2. 统一人才评价标准，优化高层次人才认定评价机制。新片区应当对标国际人才评价标准，制定新片区产业人才分类评价机制，探索运用大数据和国际通用指标，建立统一的评价标准体系，在此基础上，根据各产业不同特点，依据国家职业技能标准或者行业标准，组织人才分类评价，分类制定针对各行业、各层次及产业细分领域的人才评价标准体系，应用型人才评价应根据职业特点突出能力和业绩导向。发挥“双自”地区和“双创”基地评估和认定人才的作用，注重引入市场评价、同行评价和社会评价，把人才享受的薪酬待遇、创造的市场价值、获得的创业投资、取得的代表性成果等作为人才评价的重要依据。创新人才职称评审机制，完善海外高层次人才职称评审直通车，根据海外高层次人才实际条件，直接申报高级专业技术职称。

3. 完善临港新片区海外高层次人才引进条件和引进办法。2020年2月25日，根据《公安部国家移民管理局支持上海及自贸区临港新片区建设发展政策通知》（公办〔2019〕396号）文件，临港新片区管委会“对符合认定标准的外籍高层次人才，经新片区管委会推荐，可直接申请在华永久居留（其外籍配偶和未成年子女可随同申请），同时缩短审批时限”的政策，制定了《中国（上海）自由贸易试验区临港新片区外籍推荐高层次人才申请在华永久居留认定管理办法》。该管理办法认定新片区外籍高层次人才首先应当符合的基本标准是，符合新片区产业发展导向，在新片区实际运营的高校、科研院所、企业等单位推荐的外籍高层次人才。其次，需要满足知名奖项获得者或高层次人才计划入选者；外籍知名专家、学者；企业创新创业类外籍高层次人才三类人才之一。建议新片区对于纳入有永居推荐资质的高新技术企业、创新型企业引进并推荐的高级经营管理人员、高级专业技术人员及高新技术创业类外籍高层次人员亦可直接申请永久居留。

临港新片区重点发展的新兴产业为集成电路、人工智能、智能制造、生物医药、航空航天、高端装备、新能源和智能网联汽车。新片区应当结合重点发展的产业布局制定更加细化的海外高层次人才引进认定标准，并应当按照产业规划分类制定针对各行业、各层次及产业细分领域的人才评价标准体系，增设集成电路类、人工智能类、智能制造类、生物医药类、航空航天类、高端装备类、新能源和智能网联汽车类人才评价条件，在重点实验室类、重点企业类人才评定标准中增设上述重点产业企业、实验室。在统一的评价标准体系框架基础上，建立不同类型技能人才差别化技能评价。细分重点产业领域内人才认定条件有利于新片区重点产业的发展，新片区需要根据产业发展需求进一步扩大未尽式列表中的内容，对于海外人才应当多列举其所在国的知名奖项，对于企业创新创业外籍高层次人才的认定应当完善重点产业企业举荐目录，落实举荐主体。

在人才评价主体社会化方面，持续推进人才评价向市场主体评价为主转变，注重引入市场职位、职称、薪酬评价、行业协会或者同行业知名度评价和社会评价，探索建立重点产业企业与重点研究机构、知名人才评估机构相衔接的人才评价机制。对新片区重点产业的用人单位自主开展职称评审实施事后备案管理，完善高层次人才任期评估和不合格退出机制，加强人才和科研项目评审专家数据库建设。实现人才评价方法多样化，引进国际先进人才评价方法，在人才评价国际化方面对标国际，实行新片区外籍人才积分评估标准，畅通人才成长渠道，达到一定分值以上的海外人才可申请永久居留。

4. 完善临港新片区高层次人才认定补贴政策。现有政策实行对在新片区工作的两院院士、入选中央“千人计划”和“国家特支计划”的人才、“百千万人才工程”国家级人选、上海“千人计划”、浦东“百人计划”人才及上海市领军人才，在市区两级奖励的基础上另给予专项奖励。高端人才直接贡献奖励。在新片区工作的高层次人才，在市、区级总部企业工作的中高级管理人员，符合新片区重点产业导向的重点扶持单位的核心人才，将其在新片区形成的一定比例的直接经济贡献用于个人奖励。建议完善新片区领军型人才直接贡献奖励实施细则，对两院院士、入选中央“千人计划”和“国家特支计划”的人才、“百千万人才工程”国家级人选、上海“千人计划”、浦东“百人计划”人才及上海市领军人才实施按任期分期分类别发放一定数额的专项奖励，对于新引进的上述人才分类提供工作启动经费。细化高端人才直接贡献奖励标准，增设针对高等院校、科研机构中重点学科带头人或新片区重点产业在研重大课题负责人、核心技术实验室领军人才奖励政策。开展“临港英才”评选，为新片区建设和发展作出重大成绩、突出贡献人员，定期开展“临港英才”评选，并给予表彰奖励，对入选“临港英才”的人才，发放“临港英才”卡，凭卡可直接办理子女入学、人才住房、租房、医疗保障、奖励补贴申报等业务，并在政务服务咨询、创新创业、融资对接、停居留和出入境、报考学车、换领驾照等方面享受礼遇或绿色通道。

5. 鼓励企业设立解决关键技术难题能手奖。在新片区举办产业技能大赛，重点对实际操作能力开展同台竞技。鼓励高技能人才钻研解决关键技术难题，在企业奖励基础上，新片区予以专项补贴。对解决关键技术难题的企业人才，予以居住证专项加分，对海外引进人才解决关键技术难题的，在申办永居、认定高技能人才时亦予以专项加分，畅通高技能人才与工程技术人才职业发展通道。

（四）统筹新片区住房保障机制，提高引进人才安居幸福度

1. 统筹新片区住房保障机制。当前新片区特殊人才非沪籍人口购房要求个人符合连续缴税满三年，并且所属单位具有购房资格，在新片区工作满一年以上且与符合条件的用人单位签订两年及以上劳动(聘用)合同。新片区应定向微调住房限购政策，进一步优化新片区特殊人才非沪籍人口购房资格，缩短审核流程，优化人才发展环境。符合购房条件、在新片区稳定就业且稳定居住的常住人口，可在新片区优先

选房购房。

2. 新片区实施限价商品房政策。新片区应当落实规划建设一批“先租后售”公租房，实施人才租房补贴。用人单位引进的在新片区无自有住房且在新片区租房居住的符合条件的人才，可申请一次性或者三年期分期发放租房补贴。加大人才公寓供给力度，将部分限价商品房在房源性质不变的情况下，转为人才公寓适用。引进人才可申请租赁人才公寓。完善引进人才租房和生活补贴标准，提高本科、硕士、博士分级租房补贴标准。在新片区内放宽引进人才申请租房和生活补贴条件，满足具有全日制普通高等教育本科以上学历（归国留学人员无全日制学历要求）；具有本市户籍或者上海市居住证；在新片区内缴纳了社会保险费；本人未享受过购房和租房优惠政策条件的引进人才可申请租赁人才公寓并申请租房补贴。增加租赁住房的商业办公用地配套，有效提升租赁小区的商业氛围，更好满足居住人群衣食住行多维度需求。

3. 建立临港高品质国际社区，提高安居幸福度。新片区应当建立一批高品质国际社区，为海内外人才提供生活配套环境优质服务。在临港新片区进一步引进和发展国际化高端医疗服务机构，在国际化社区和国际化企业聚集的重点片区配置高端社区医疗服务，建设若干高水平国际学校，引进本市高水平国际中小学建设临港片区分部。

（五）优化大数据技术应用，精准引进高端人才和关键人才

1. 建立健全重点产业各类引进人才分类管理数据库。新片区人才引进和管理应以产业需求为导向，健全并优化大数据技术应用。根据新片区年度产业发展规划，实现数据库人才管理常更常新机制，精准掌握新片区各类人才数据，既便于提供更加精细的人才服务，亦便于引进核心技术紧缺人才。可利用人才大数据加快促进新片区急需、重点专项人才集聚效果和效率，抓住近几年的留学生回流机遇，重点引进高层次创新人才。

2. 建立健全重点产业核心企业人才动态数据库。对核心企业紧

缺人才实行定期摸底，引导企业和各重点高校建立常态化联系机制，在核心技术人才培育等方面开展合作，鼓励高校推荐优秀学生进入重点产业企业实习、进行技术创新。精准掌握自贸区重点产业企业人员流动动态，建立新片区重点产业核心企业人才退出数据库，并运用该数据库实现紧缺产业人才动态化管理，紧缺人才实时更新。

3. 优化大数据技术应用，综合运用人才优惠政策。落实新片区个人所得税优惠政策，将移动互联网技术、大数据应用技术、人工智能和税收工作相结合，探索建设并完善新片区线上人才服务系统，除定期推送新片区医疗、教育服务业进展、住房保障新政、新片区税收新政和新片区税收优惠政策外，新片区人才可通过线上提交材料，服务系统可通过人工智能提供在线咨询、在线办理。

第六章　新片区实现高水平信息快捷联通法治保障研究

一、引言

大数据背景下，信息快捷联通为强化开放型经济集聚功能提供了有效支撑。2019年8月6日，国务院印发的《中国（上海）自由贸易试验区临港新片区总体方案》中明确"实施国际互联网数据跨境安全有序流动"，临港新片区将加快各项信息基础设施建设，对跨境数据流动和数据保护等方面进行试点。虽在个别环节已积极探索创新举措，但面对海量数据多样复杂的情况，数据风险不容忽视，且由于新片区发展时间较短，不可避免地存在整体设计缺失与法治滞后掣肘创新等瓶颈。

为有效推动临港新片区的信息快捷联通，实现国际互联网数据跨境安全有序流动，本课题遵循"提出问题—发现问题—解决问题"的思路设计，先对临港新片区在信息快捷联通方面的现状及取得的成效进行系统梳理和论述，在此基础上，分析其在信息快捷联通方面所存在的客观与主观上的潜在问题，最后，提出推进临港新片区信息进一步高效快捷联通的对策建议。本课题研究思路如图2.6.1所示。

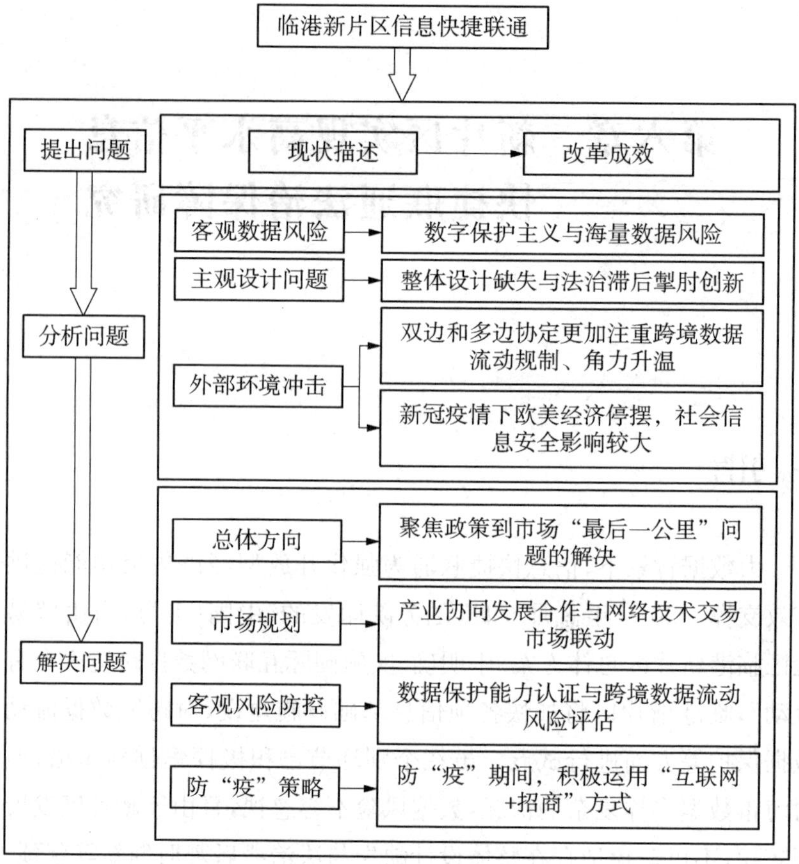

图 2.6.1　课题研究思路图

二、新片区推进信息快捷联通的主要做法与改革成效

2019 年 8 月 6 日，国务院下发《中国（上海）自由贸易试验区临港新片区总体方案》（简称“总体方案”），确定“6 + 2”政策，“6”即 5 个自由和 1 个便利，包括投资自由、贸易自由、资金自由、运输自由、人员从业自由以及信息便捷联通。关于信息快捷联通也做出了明确说明。事实上，所谓信息快捷联通，其目的是能够实现各类行业的信息在区域内外和国内外的高效、快速流动，可将互联网 + 、区块链等新一代信息技术

作为联通方式。而相关目标要求已在总体方案中加以明确，而且在当前已取得一些显著成效。

（一）现状描述

关于信息快捷联通，临港新片区着重于加快5G、云计算、物联网等信息基础设施建设，对跨境数据流动和数据保护等方面进行试点。具体实施聚焦在以下几点：

一是建设完备的国际通信设施，加快5G、IPv6、云计算、物联网、车联网等新一代信息基础设施建设，提升新片区内宽带接入能力、网络服务质量和应用水平，构建安全便利的国际互联网数据专用通道。

二是支持新片区聚焦集成电路、人工智能、生物医药、总部经济等关键领域，试点开展数据跨境流动的安全评估，建立数据保护能力认证、数据流通备份审查、跨境数据流通和交易风险评估等数据安全管理机制。

三是开展国际合作规则试点，加大对专利、版权、企业商业秘密等权利及数据的保护力度，主动参与引领全球数字经济交流合作。此外，新片区首次引入数据保护能力认证制度，发挥先行先试作用。通过高标准建设智能化监管基础设施，实现监管信息互联互认共享。强化边界安全，守住“一线”国门安全、“二线”经济社会安全。

为保障新片区国际互联网数字跨境安全，2019年12月27日上午，最高法发布《关于人民法院为中国(上海)自由贸易试验区临港新片区建设提供司法服务和保障的意见》指出，人民法院要密切关注新片区建设亚太供应链管理中心，通过司法裁判推动发展跨境数字贸易，支持建立跨境电商海外仓等新业态的兴起；并加大对专利、版权、企业商业秘密等权利及数据的司法保护力度，促进5G、区块链、云计算、物联网、车联网等新一代信息技术的运用，对新片区建立数据安全管理机制、开展数据跨境流动试点提供司法保障。2020年3月25日，临港新片区管委会便与浦东新区法院共同签署合作协议，启动临港新片区一体化信息管理服务平台与浦东法院司法数据系统对接仪式，并发布《关于落实临港新片区管委会与上海浦东法院合作协议的十项举措》,包括深度开发应用自贸区司法大数据系统、进一步发挥“诉讼、调解、仲裁”一站式纠纷解决机制功能、研究制定自贸区知识产权司法保护指数、发布涉新片区金融审判白皮书、实施涉新片区非诉行政执行案件专项审判等。

(二) 改革成效

立足特色区位与生态等各方面的优势,临港新片区在信息快捷联通方面已取得一些显著成效,在跑出“放管服”加速度的同时,也打造出了可复制和推广的特色营商环境。

1. 立足临港新片区,跑出“放管服”加速度

党的十九届四中全会提出:“加快自由贸易试验区、自由贸易港等对外开放高地建设。”设立自贸试验区是中国政府在经济新常态和发展新形势下做出的重大决策,通过设立自贸区先行开展政策试验并进行创新扩散,逐步构建与我国开放型经济发展要求相适应的新体制、新模式,持续释放改革红利。创造改革红利的重要途径即是以深入推进简政放权、放管结合和优化服务改革为抓手,加快政府职能转变,打造国际化、法治化、便利化营商环境,积极探索建立与国际高标准投资和贸易规则体系相适应的行政管理体系。正如李克强总理所说:“自贸区这个改革开放‘高地’,高在‘放管服’。”作为“放管服”改革率先破题的地方,自贸区迈出实质性步伐,通过商事制度改革、负面清单管理制度、构建事中事后监管体系等重新审视和厘定政府与市场边界,先行先试了多项创新举措并复制推广到全国。但另一方面,囿于体制机制等现实困境,自贸区“放管服”改革也存在一些问题。

“放管服”改革的出发点和立足点即是以人民为中心,让人民群众有更多“获得感”。为此,上海自贸区通过加快推进“互联网 + 政务服务”,建立起“一窗受理、一网通办、两个大厅、多种终端”的线上线下一体化服务体系,形成网上平台、实体大厅、自动终端、服务热线的良性互动,优化政务服务的“最后一公里”。上海自贸区“一网通办”改革将网上政务大厅打造成政务数据资源共享的枢纽、汇聚平台和交互中心,运用“浦东 e 家园”等平台扩大群众参与。

在此基础上，立足开放新步伐，临港新片区已跑出边检“放管服”改革加速度。2019 年 8 月 24 日下午，新一代浮式生产储油船“FPSO HELANG”号在两艘外籍拖轮的拖动下从绿华山锚地启航驶向马来西亚。这艘曾经在印尼海域停航多年的闲置储油船，经沪苏两地海工企业历经近一年半的改装修复，换上了“中国芯”后出境服役。而就在此前不久，重达 9600 多吨的自升式钻井平台“亚洲奋进者 1 号”也从这里出发，踏上了远赴新加坡的航程，成为了上海自贸区临港新片区设立后，临港重装产业园区出口的第一台高端海洋重型装备。本次浮式生产储油轮的改造和出境是长三角一体化战略的缩影，上海和江苏的海工企业利用各自技术特点，对船舶相应部位进行模块化改造，彰显了长三角区域产业链优势和中国制造的硬实力。沪苏两地边检机关协同办理边检手续，为处于低迷状态下的海工装备市场提供了出入境通关效率保障，彰显了该区域优质的营商环境。为了助力这些海工装备走向世界，洋山边检站立足临港新片区开放新步伐，跑出边检“放管服”改革加速度，通过协同办、靠前办、马上办，为船方节约了宝贵的时间和营运成本。这也是洋山边检服务上海航运中心建设、助力长三角区域一体化战略、响应国家“一带一路”倡议的担当之举和应有之为。

2. 复制特斯拉模式，打造出可复制和推广的营商环境

临港新片区对标国际公认竞争力最强的自由贸易园区和最高标准国际经贸协定，借鉴国内外最佳实践案例，探索实施一批突破性、引领性的改革举措。目标用三年的时间，在临港新片区全面推行特色营商环境指标，将临港新片区打造成为在全市最好、在全国最具示范效应、在国际具有较大影响力的营商环境高地。位于临港新片区的特斯拉超级工厂项目实现“当年开工、当年竣工、当年投产、当年上市”，已成为临港新片区营商环境的“金字招牌”。未来三年，临港新片区将致力于把特斯拉审批模式复制推广到所有在新片区落地的投资项目上。该审批模式将审批中的各个环节分为主线、辅线，双线并行开展审批工作。同时，通过做好 4 个“减法”（即在办理接口、申报事项、审批流程及建设收费上做“减法”）和 4 个“加法”（即在集成服务、定制“菜单”、服务力量及

信用管理上做“加法”)，优化审批管理流程，升级审批服务一体化体系。

聚焦企业全生命周期，提出9项创新工程。围绕企业登记注册、涉外法律、人才服务、国际贸易、资金流动、基础设施配套、减负降税、创新创业等经营环节，结合临港新片区制度创新工作，提出了9项创新工程，最大限度提高企业经营活动的便利度，体现新片区政策高地优势。比如，探索实施商事主体登记确认制，登记机关对申请人提交的登记材料实行形式审查，审查通过后即时予以登记确认，企业设立登记的行为性质从行政许可改为行政确认，同时建立与商事主体登记确认制配套的商事登记撤销制度。又比如，创新国际化人才服务，提供更便利、更开放的外国人才引进政策，将试行口岸电子签证，明确企业邀请来华的外国人通过网上申办口岸签证，持上海口岸签证机关签发的口岸电子签证自上海口岸入境。

全面落实上海市“营商环境3.0版”的一揽子改革措施。根据世界银行和国家的营商环境评价指标，在全面落实“营商环境3.0版”具体改革任务的前提下，进一步提高要求，对标国际公认竞争力最强的自由贸易园区和先进经济体的经验做法和国际通行规则，在企业经营活动的准营前、准营中和准营后三个阶段，提出一系列改革举措，全方位推动营商环境持续优化。

3. 运用“互联网+”，提升资源配置效率

临港新片区在信息快捷联通方面积极运用“互联网+”配合国家技术交易网络平台的构建，积极推动技术产权交易平台的建设，全面提升技术创新相关要素的流通速度和资源配置效率，推进新片区技术转移一体化建设。在新冠疫情期间，做好新兴产业服务保障。促进工业互联网、数字经济等新兴产业的加快发展，利用5G，大力发展工业互联网，跨境服务贸易、跨境金融服务，充分利用已有的产业和技术基础，推进“互联网+先进制造业”融合发展，打造国家工业互联网创新示范区，重点聚焦智能工厂、工业云平台、工业大数据中心，积极支持区内企业进行智能化改造。实现了“全链条服务”企业，在助力企业有序复工复产的同时，安商、稳商、招商工作齐头并进，帮助企业解决用工困难、快

速落实疫情补贴等，使新片区持续成为吸引企业驻扎的热土。2020 年 2 月 13 日，企业复工第三天，新片区如期进行 12 个项目、总投资 200 亿元的线上签约。这批项目主要集中在以 5G 为代表的第三代半导体材料、设计、工艺领域。3 月 5 日，格科微电子（香港）有限公司与新片区管委会签订合作协议，拟在临港新片区投资建设“12 英寸 CIS 集成电路特色工艺研发与产业化项目”。此外，为了在疫情防控特殊时期企业有序复工复产之后，让在建项目不停工、招商项目不停摆，新片区管委会想尽办法，“互联网 +”招商、“不见面谈判”，这些疫情时期特殊的招商手段让临港新片区管委会实现了线上签约，并使项目顺利落地。

三、新片区推进信息快捷联通方面潜在问题分析

数字保护主义与海量数据风险的存在给上海临港新片区在信息快捷联通带来较大挑战，加上由于新片区设立时间较短，不可避免地存在整体设计缺失与法治滞后掣肘创新等相关配套尚未跟进的改革保障困境。而全球自由贸易和多边贸易迅速发展使得相关利益主体更加注重跨境数据流动规制。这些都成为新片区在信息快捷联通方面需要重点关注的内容。

（一）数字保护主义与海量数据风险

1. 数字保护主义或将抑制企业创新

21 世纪以来，由技术快速发展和数字化驱动的第四次工业革命深刻地影响了国际贸易、经济增长和社会进步。目前，全球一半以上服务贸易依赖获取跨境数据流，信息联通快速发展。对世界各国而言，信息联通的发展既是机遇也是挑战，既要融入全球信息联通，分享数字红利，又要保护本国公民和国家数据安全，维护本国经济利益。一些国家通过立法设定一系列与信息联通相关的壁垒，从而产生以这些壁垒为主要特征的数字保护主义，对信息联通方面的信息流通构成了严重威胁。

表 2.6.2　新片区建设中遭遇的主要信息联通壁垒

名　称	解　释
数据本地化要求	禁止或限制数据跨境流动或要求企业在本地存储和处理数据的措施
跨境数据流限制	歧视或限制跨境数据自由流动的措施
市场准入限制	限制投资、贸易、分销或其他核心业务职能进入国内市场的措施
政府采购政策	主要以招标采购、有限竞争性采购和竞争性谈判为主的政府采购政策
知识产权侵权	侵犯知识产权，如版权、专利、商标侵权或盗用商业秘密
强制技术转让	采取措施要求技术输入方将技术有偿或无偿转让给引进方
网页拦截和过滤	组织和过滤网站和应用程序
地理屏蔽	限制在特定区域内访问内容

资料来源：根据公开资料整理。

数字保护主义将导致国内外企业的营运成本上升和市场竞争力下降，特别是将危及中小企业的数字化生存与发展。以“数据本地化要求”为例，其措施迫使国外企业将数据存储在本地，建立本地数据处理中心，这会引起企业的经济效率降低，跨境数据流动等营运成本上升，国际数字贸易带给企业的经济效益减少，这些额外“成本”削减企业利润进而削弱其竞争力。相应地，与传统贸易保护政策相似，数字保护政策会提高国内企业及相关行业的市场竞争能力，产生保护国内利益、促进国内经济发展的政策效应。但是，与传统贸易保护主义本质相同，数字保护主义是一种“以邻为壑”的贸易保护政策，必然会遭到其他贸易伙伴国的抵制和报复，国内外企业均面临营运成本上升和市场竞争力下降等压力，尤其是将影响缺乏进入国际市场资源的中小企业数字化生存与发展。

目前，跨境数据流动已经成为世界各国创造价值的重要组成部分，以跨境数据流动为主要特征的数字全球化创造了全新的商业模式，采用开放的跨境数据流进行创新和竞争，将加速企业发展。例如，企业使用数据研究和开发新的产品和服务，可以创建新的生产或交付流程，改进新的营销流程，建立新的组织和管理方法等。但是，数字保护主义使企业依赖数据进行创新的产品和服务变得更难、成本更高，并将推迟企业新产品和创新产品开发时间和节奏。所以，数字保护主义抑制了企业的创新、竞争和发展。另外，国际数字贸易可以降低数字化产品和服务的交易成本，使得企业可以在全球范围内进行分割生产，提升不同阶段产品生产的价值链。其中，数据流与跨境数据流作为一种经济附加值，优化和提升了全球价值链，推进了数字全球化进程。如果放任数字保护主义，将提高数字商品和服务的成本，最终将对全球价值链产生难以估量的负面冲击和影响。所以，数字保护主义兴起和发展，将抑制企业的创新发展和价值链提升，危及全球数字化商业模式生存，抑制国际数字贸易发展，阻碍数字全球化进程。

2. 海量数据情况多样复杂，数据风险不容忽视

（1）基础不牢，尚不具备数据保护关键技术、设备、标准的掌控能力

国际互联网数据跨境流动的风险渗透在数据生产、采集、传输、存储、处理和共享等各环节，安全威胁成因复杂交织。如在传输环节，跨境流动的数据面临传输过程被中断，数据被截获、篡改、伪造等风险；又如在存储环节，跨境数据的承载介质多样、存储属地分散、访问人员庞杂，数据跨域存储防护薄弱部位出现数据泄露等问题。其中，既有传统安全风险在新行业新领域的蔓延，也有新技术新业态引发的新风险；同时，数据安全技术漏洞、管理缺位和政策法规不完善的问题也不容忽视。当前，信息系统的系统安全和应用安全都有一些传统的解决方案，可以在一定程度上较好地解决安全问题，但数据安全目前尚无较为成熟的解决方案，业界公认数据安全已成为物联网等信息系统的突出安全问题。此外，数据安全领域高度依赖外国技术。以数据库技术为例，我国数据库多年来一直使用外国技术，相当于把数据装到别人建的仓库里，雇用别人的仓库管理员（CPU），按照别人的规则使用数据，其中

不乏涉及我国经济命脉行业的重要数据。

(2) 海量跨境数据难以梳理分类,不当应用引发风险隐患

在互联网前期,其开放特性使数据随着网页浏览、在线视频、电子商务、社交网络等服务在服务器和终端之间流动。云计算技术兴起后,谷歌、亚马逊、脸书、阿里等跨国巨头企业建立了可支撑全球信息服务的超级数据中心,数据跨境流动日益频繁、密集。随着4G/5G等信息通信技术的快速发展,数以百亿计的传感器打通了物理世界与虚拟世界的"隔离墙",实现了自然世界与信息世界的广泛渗透和深度交互。遍布全球的传感器,作为物理世界的"神经末梢",无时无刻不在将感知数据传到信息世界的"大脑"——数据中心。海量数据在此过程中不断产生,并随时间持续积累,这些数据可能尚未被有效开发利用,也可能作为关键信息基础设施的有益补充被用于支撑能源、通信、交通、金融、公共事业等行业,也可能形成对个人或企业具有价值收益或损失属性的各类数据。

国际数据公司IDC发布的《数字化世界——从边缘到核心》和《2025年中国将拥有全球最大的数据圈》白皮书表明,2018—2025年中国数据总量的年平均增长速度是30%,并将以每年3%的速度超过全球平均水平。2018年,中国共产生7.6千兆字节(ZB)数据,预计在2025年中国数据总量将增至48.6ZB,占全球27.8%,成为最大的数据总量,远超美国的30.6ZB。随着经贸、技术等多领域的国际合作,各类数据也日益频繁地在全球进行跨境流动并得以累积。这些数据通过分析可产生深度影响企业、个人的数据,甚至得出关乎经济运行、社会治理、公共服务、国防安全等的关键信息。例如,通过海量手机位置可反向绘制移动通信基站分布图;再如,根据跨国电商订单等数据推测用户群体的消费情况和对应行业的宏观经济运行情况。

在跨境数据流动过程中,如何对已有和源源不断新产生的海量数据进行全面梳理和有效管理是临港新片区面临的重要挑战。一方面,数据在产生、存储后,被开放利用的情况随着数据采集、挖掘、分析等技术的不断发展而动态变化,加上数据体量大、增速快,当下未

必就能准确地完成分级分类评估；另一方面，跨境流动中已被开发利用的各类数据，呈现形态各异、应用领域广泛、价值定义不明的状态，新技术、新业态引发的数据风险未知大于已知，加剧了数据跨境流动的安全隐患。

（二）整体设计缺失与法治滞后掣肘创新

一是整体设计缺失。信息快捷联通的总体定位涉及思维理念的更新、权责关系的重构、管理模式的创新、政府流程的再造、工作方式的转变，几乎涵盖了行政体制改革的方方面面，若要打破长期形成的固化利益格局，亟需顶层设计、统筹规划及相配套改革共同推进。不少自贸区缺乏系统谋划，激励机制、考评机制、监督机制、交流机制等一揽子配套制度措施尚未跟进，虽有个别环节的创新举措，但整体性的、可操作、可复制、可推广、可持续的实践经验相对较少。如有些自贸区在前置条件放宽政策，但准入后的规范与出口如何安排并未给出。再如，某自贸区关于加强事中事后监管的相关文件要求已经非常具体，改革理念也比较先进，但运行起来缺乏协同联动机制、信用监管机制等落地的配套举措，改革实施步履维艰。

二是法治滞后掣肘创新。滞后甚至相互冲突的法律法规在一定程度上制约了数据的自由流通。最高人民法院 2019 年 12 月 27 日发布《最高人民法院关于适用〈中华人民共和国外商投资法〉若干问题的解释》，确保外商投资法在审判领域得到公正高效执行。该司法解释自 2020 年 1 月 1 日起施行。同时，最高法还发布了《关于人民法院为中国（上海）自由贸易试验区临港新片区建设提供司法服务和保障的意见》，明确了人民法院服务保障新片区建设的各项工作和具体要求，推动完善临港新片区多元化纠纷解决体系，为新片区投资贸易自由化制度体系营造法治化营商环境。但我国自贸区设立时间较短，相关立法及法治体系还不健全，权力清单、责任清单、负面清单的梳理标准缺乏法律依据，改革成果难以固化。

（三）双边和多边协定更加注重跨境数据流动规制、角力升温

电子商务的发展使得交易可以快速便捷的进行，自然是减少了交易成本，但也产生了电子商务领域国际规则制定的问题。世贸组织1998年成立了工作组来拟定电子商务规则，领域涉及服务贸易、货物贸易、知识产权和经济发展等议题。但在世贸组织内始终没有形成有约束力的电子商务规则，于是《区域全面经济伙伴关系协定》(RCEP)、《跨太平洋伙伴关系协定》(TPP)和《跨大西洋贸易投资协定》(TTIP)等一系列自贸协定开始涉及电子商务问题，其中最为典型的就是TPP。

TPP第14章规定了有关电子商务的协定规则，主要目的在于确保数据自由流动以降低成本，主要包括3项规则，第一是鼓励成员方按照非歧视原则来采取有关个人数据保护的措施；第二是要求在进行商业活动时应当确保信息的自由流动；第三是数据的本地化要求，主张一般禁止基于电脑设施的位置作为是否允许进行商业活动的条件，也就是要求确保数据的自由流动作为进行电子商务活动的基本原则。作为一个巨型自贸协定，TPP第一次明确提出了数据自由流动规则，对于电子商务领域国际经贸规则的形成和发展无疑具有深远的影响力。总的来说，反对数据本地化构成了TPP的主要内容，但TPP也没有完全禁止数据的本地化储存，TPP允许监管机构采取监管措施，只要措施没有构成任意或不合理的限制，而且在实现合法的政策目标方面并不是更具有限制性。但就现实情况而言，即便是TPP参加方在数据流动问题上的态度也并不一致，例如澳大利亚禁止个人电子健康记录也就是以电子形式体现的医疗数据在境外储存，马来西亚2010年的个人数据保护法原则上禁止任何个人数据向境外转移，而越南禁止任何威胁到国家安全的在线数据共享。可以预见，TPP一旦生效，就面临国内法与国际法规则相冲突的现实问题。

如果一个TPP参加方确实采取了限制数据自由流动的措施，因为TPP明文规定要求参考WTO争端解决机制实践来分析争议措施，那TPP下的专家组就需要分析监管措施是否确实实现了保护隐私和安全等公共政策目标，如果上述措施没有超过为实现合法目标所必需的

限度，那似乎也是初步满足了 TPP 文本规定。如果以 WTO 争端解决实践为参照系，可以认为 TPP 成员采取的贸易限制措施很有可能会被认为是满足了 TPP 中例外条款，所以说 TPP 参加方在数据流动方面做出的实质承诺其实很有限。就目前而言，美国在数据流动方面的主张是希望能够建立确保数据自由流动的国际经贸规则，但上述主张在《服务贸易协定》和《跨大西洋贸易与投资协定》谈判中都遭到了抵制。总的来说，有关数据储存位置的争论在一定程度上证明了实施数据本地化要求的正当性。

需要说明的是，更新后的《全面和渐进的跨太平洋伙伴关系协定》保留了数据流动条款，可见协定参加方仍然支持 TPP 所倡导的数据自由流动规则。对于数据跨境流动的规制，着重在恰到好处的数据本地化策略和健全的数据跨境流动制度，既尽量减少数据安全风险，更好地保护数据资料、数据资源和数据资产；同时，持续推动数据自由流动，有效地释放数据潜力，护航国内以数据为核心的数字产业。这给新片区的跨境数据流动管理提供了有效参考。

（四）新冠疫情下欧美经济停摆，新片区发展受到社会信息安全的影响

全球新冠肺炎疫情让各地区信息流通秩序受到了前所未有的考验，临港新片区也不例外。以外贸产业链的信息流通为例，2020 年 2 月开始，瑞士等高端消费品来源国，疫情形势日渐严重，瑞士作为最主要的进口来源地已停飞大量航班，自贸区内的一些钟表公司只到货了一两百块手表。运输受阻之外，自贸区内的化妆品企业遇到新的难题，化妆品需要海外母公司出具公证和审批文件才能在国内销售，而目前化验和审批人员均不在岗，国内进口企业无法取得证号，这一情况将导致 2020 年国内的新品首发大幅减少。我国在全球价值贸易网络中处于重要地位（图 2.6.2），在新冠肺炎疫情爆发的背景之下，国民经济也将受到一定冲击。这对于新片区的进一步发展也会产生一定影响。在此过程中，社会信息安全应是值得关注的一个重要问题。

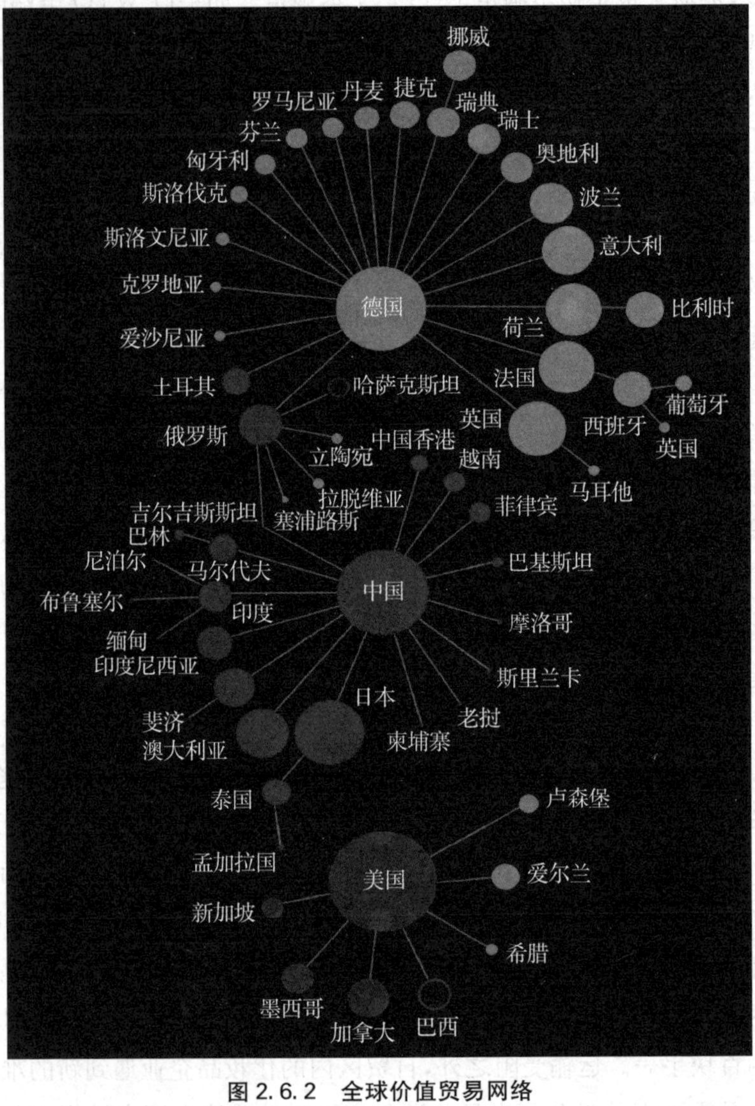

图 2.6.2　全球价值贸易网络

资料来源：WTO《全球价值链报告 2019》。

事实上，社会信息安全是各种源于并指向社会生活的信息的不受侵害与威胁。根据社会结构和国家安全体系结构，社会信息安全包括国民信息安全、经济信息安全、政治信息安全、军事信息安全、主权信息安全、文化信息安全、科技信息安全等等，也包括关于宗教、民族、恐怖主义、刑事犯罪、民间社会、社会组织、国际关系等等方面信息的安全。在传统国家安全实践和传统国家安全思想中，社会信息安全的重点是军事信息安全、政治信息安全、主权信息安全、国际与外交信息安全等，而在非传统国家安全实践和非传统国家安全理论中，国民、经济、文化、科技等方面的信息安全，以及有关宗教、民族、恐怖主义、刑事犯罪、民间社会、社会组织等方面信息的安全，都变得日益重要，也日益成为社会信息安全的重要内容。全球新冠肺炎疫情之下，各类信息层出不穷，更加剧了原本海量数据的多样性和复杂性，社会信息数据风险将对新片区的发展产生不利影响。

四、新片区推进信息进一步高效快捷联通的对策建议

政策到市场“最后一公里”问题的解决应是临港新片区的聚焦点。为此，新片区需首先进行系统整体设计，提升改革的法治化科学化水平。在后续实施落地上，可围绕“绝对便利、相对便宜、本质公平、全面安全”等方面重点发力、细部规划，“以施政之新，促营商之新”。同时，着力于建设跨境数据流通和交易风险评估机制，建立数据安全管理体制，并充分依托新片区产业集聚和地理区位优势，通过空间资源的高效配置，实现低成本协同发展，共享发展的收益。

（一）聚焦政策到市场“最后一公里”问题的解决

优化营商环境要解决政策“最后一公里”问题，不留政策“弹性”操作的空间。为此，需从整体进行设计，注重改革的系统性、整体性、协同性，增强改革的协同配套和系统集成。而在实施过程中，既要强化顶层协调，探索部门间协同与共享机制建设，又要进一步对标具有全球竞争优势的新片区建设，持续地、动态地进行政策迭代。

1. 系统整体设计，提升改革的法治化科学化水平

党的十九大报告把“着力增强改革系统性、整体性、协同性”作为改革取得重大突破的宝贵经验，深化自贸区“放管服”改革需要更加注重

改革的系统性、整体性、协同性,增强改革的协同配套和系统集成。"放管服"改革"一花独开不是春",必须简政放权、放管结合、优化服务三方面都到位,在目标导向、政策协同、制度配套、行动衔接上有机联动、形成合力。积极制定改革配套的可行性方案,即在制度创新前做好创新压力测试与风险评估,待政策颁布后,如何执行、何以规范、谁来监管、怎样监管、效果如何评估、准入之后"出口在哪儿"等给出相应实施细则。习近平总书记多次强调"凡属重大改革应于法有据",世界高水平的自由港通常是基于自贸试验区的特殊地位制定专门的立法,立法机关应针对自贸区的创新实践,进行法律法规"立、改、废、释"工作,用法治建设巩固改革成果并推动改革深化。从法治角度而言,所谓"企业友好型法治环境"是基于企业的需求导向而提供的法律制度供给。其内容主要包括:保障人、财、物资源配置的市场化,维护公平竞争秩序,确定合理税收制度,建立高效纠纷解决等方面的法律制度。政府的职能也应重在公共服务,通过公共服务提供对企业的支持和保障。因此,新片区建设的法治路径应从以监管为核心而构建的法律关系为主,转变为以合约为核心而构建的平等主体之间的法律关系为主,并以此来调整新片区在进一步开放过程中的各类行为和活动。

2. 强化顶层协调,探索部门间协同与共享机制建设

新片区"放管服"改革涉及部门广、协调任务重,改革中最为重要的是以高层改革意志、"一把手工程"和技术强制力破解传统职责同构与条块分割体制下所有不利于层级间、部门间改革协作的权力配置,助推政府内部的线上互联互通和线下业务协同。在协调机制方面,在现有国务院自由贸易试验区工作部际联席会议基础上,可探索成立"中国自贸试验区改革创新委员会",将国务院相关部门和自贸区所在省份主要负责同志纳入其中,设置具体改革领域办公室专门协调改革事务,便于中央政府直接对接各自贸区"放管服"改革事务,减少协调成本。同时,在自贸区内部,可由主要领导牵头形成部门间联席会议制度,相关部门(包括垂直管理部门)负责人参与,强化对"放管服"改革创新的统筹协调。

在权责配置方面,需要科学规划、合理设置部门权责。对于当前部

门间存在的职责交叉、分散管理、多头决策、重复执法等问题，要按照“同一件事情原则上由一个部门负责”的原则，涉及多个部门管理的事项，应明确牵头部门，厘清主次责任，避免政出多门，最大限度实现行政职权体系的合理分工，促进机构设置从“以职能为中心”“以部门为中心”向“以公众为中心”的网络结构转变。在运行机制方面，遵循跨部门协同“办好一件事”的场景化管理思维，推出部门间办事清单，挖掘并理顺部门间关联性较强的行政事项和办事环节，编制成网络化的权责关系图，以清单为指导，增强跨部门联动性。建立并完善有效的激励机制、考评机制、交流机制，重点引导跨部门协作。在信息共享方面，可从以下层面进行探索：一是以“互联网＋”的技术力量打破“条块分割”“本位主义”束缚，充分利用党中央、国务院关于加快政务信息系统整合共享的决策部署，先行先试，强力推进各部门信息系统整合和数据共享工作，以信息共享交换平台为载体，统一数据格式和标准，各部门定期共享、交流信息数据；二是探索设立首席信息官（CIO），专业化推进部门间信息共享和业务协同；三是打造“开放服务平台＋协同共享平台”的联动一体化体系，推动新片区部门间、新片区与当地政府及垂直管理部门的信息共享与业务协作，促进政务信息资源跨界域的畅通流动和业务的高效协同。

此外，临港新片区要积极建设全流程一体化在线政务服务平台，推动线下和线上政务服务融合，整合公共数据资源，加强业务协同办理，优化政务服务流程，推动市场主体办事线上一个总门户、一次登录、全网通办。具体可由新片区政务服务部门统筹规划、协调推进、指导监督“一网通办”工作，其他各部门需加快推进政务服务标准化规范化建设，细化量化政务服务标准，编制政务服务办事指南，明确事项办理条件、办事材料、办理流程等内容，线上办理和线下办理应当保持标准一致。对于市场主体，则可以授权其自主选择政务服务办理渠道，从而进一步推动市场配置资源决定性作用的有效发挥。

3. 细部规划，“以施政之新，促营商之新”

2019年8月30日发布的《关于促进中国（上海）自由贸易试验区

临港新片区高质量发展实施特殊支持政策的若干意见》，包含人才、税收、住房、土地规划、产业集聚、交通网络建设、城市综合服务功能等方方面面。此次围绕建设上海自贸试验区临港新片区的总体要求而推出的“临港50条”，政策之优、新、特、准、全，都是创了历史纪录的。在后续落地过程中，可围绕“绝对便利、相对便宜、本质公平、全面安全”等方面重点发力，解决政策到市场的“最后一公里”问题。例如，当下制约新片区“飞出金凤凰”的最大短板仍是对外交通。市场经济是流量经济，交通基础设施承载着资源要素的便捷、增值流动。新片区交通“国际一流（融合空港、海港、信息港）、国内二流（有轨交、有高速公路、无高铁）、上海三流（轨交密度低）”的现状，有必要在最短时间内打破。此外，可探索在部分领域开展营业执照和有关行政许可联合审批试点。市场主体在申请设立登记时，可以一并提出相关行政许可申请，由市场监督管理部门与其他有关政府部门并联办理。同时，建立政企沟通机制，通过调研、座谈、问卷调查、新媒体等多种形式，及时倾听和回应市场主体的合理诉求。

表 2.6.3　国外典型自贸区建设启示

名称	园区建设情况	类别	启示
阿联酋迪拜自贸区	迪拜已建有30多个自贸园区，有8个较活跃的自由贸易区，包括杰贝·阿里自贸区、迪拜机场自贸区、迪拜网络城、迪拜媒体城、迪拜珠宝城、迪拜汽车城、迪拜知识村和迪拜五金城。	“贸工结合，以贸为主”	（1）实行政企合一的运营和管理机构（实现“一站式”服务，可以直接向投资者颁发营业执照，提供行政管理、工程、能源供应和投资咨询等多种高效服务）； （2）实行“1 + N”产城融合模式（1个自贸区（杰贝阿里自贸区）结合N个特色产业城（迪拜金融城、迪拜互联网城、迪拜媒体城等））； （3）营造宽松优越的政策和投资环境（提供各种个性化服务，外资可100%独资，资本和利润可随时100%汇出境外，无外汇管制）。

续　表

名称	园区建设情况	类别	启示
爱尔兰香农自贸区	涵盖航空航天、企业孵化、医疗制药、国际金融、国际物流、文化旅游等多产业。	从加工贸易向技术密集型产业转型升级	(1) 充分利用得天独厚的区位优势为发展注入强劲动力； (2) 持续健全的法制体系(如《免关税机场法案》《工业发展(鼓励外部投资)法案》《国家机场(香农集团)法案》)； (3) 各项优惠政策(如企业所得税香农自贸区仅为 12.5%，而英国和美国分别为 20%和 21%；同时，对于某些来自特定国家和地区的特定收入，香农自贸区则给予更低税率甚至免税优惠)； (4) 充足的人才资源与完善的基础设施。
韩国济州国际自由城市	涵盖旅游、文化、医疗、教育、信息技术、生物工程等领域。	旅游业为主	(1) 优惠减免税政策(对于 500 万美元以上的国内外投资适用于减免各种赋税、各种负担金额，以及可无偿使用国公财产等制度)； (2) 以项目带动产业集聚； (3) 重视人才培养与引进。
新加坡自由港	至 2017 年底，已建成 9 个自由贸易园区、70 多个保税仓、7 大出口加工区和 35 个工业园区。自由贸易园区周边配套建设物流分销中心和保税仓，通过便捷的境内货运交通连接出口加工区及工业区，形成一套成熟可复制的商业生态系统。	物流中心、国际金融中心、石化工业中心及跨国公司总部中心等五大功能中心	(1) 高效、完备的法律体系(共签订了 80 项避免双重征税协定、40 项投资保证协定和 22 项自由贸易协定)； (2) 亲商理念和周到服务； (3) 重视精英教育，有计划、有重点地培养政府和企业精英。

资料来源：根据公开资料整理。

（二）产业协同发展合作与网络技术交易市场联动

善用临港区域产业集聚度较高、创新研发能力强以及区位条件优势（自贸区临港新片区示意图如图 2.6.4 所示），充分发挥科技创新产业优势与人才集聚资源优势，形成优势互补、强强联合的良好局面；建立技术交易大数据系统，实现网络技术交易市场联动，共同致力于长三角一体化发展。

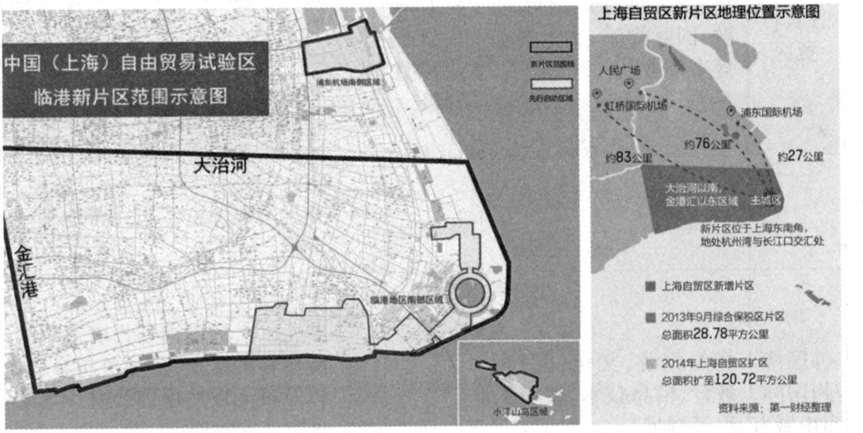

图 2.6.4　自贸区临港新片区示意图

1. 多模式打造产业协同发展合作网络

合力建设创新中心集群。依托各区的产业优势和创新优势，集合新片区内外主要创新力量，集中打造若干领域的创新中心。大力发展“总部 + 建设基地”的合作模式。临港区域产业发展存在以下三方面的优势。一是临港区域产业集聚度较高。临港六大功能区主导产业均有世界 500 强企业入驻，上下游产业链配套完整，经过 15 年的深耕发展，核心主导产业已形成较强的整体产业竞争力，新一轮发展基础条件雄厚。二是创新研发能力较强。临港区域形成了新能源装备、汽车整车及零部件、船舶关键件、海洋工程、工程机械、民用航空和战略性新兴产业的“6 + 1”产业格局，一批高端产品和核心技术填补国内空白、实现重大突破。以特斯拉超级工厂、上海电气、中国商飞、奔驰再制造工厂、中航商发、中移动研发基地、中科新松、裕同科技为代表的一批高科技研发类企业在临港集聚，已形成批量生产能力和市场规模优势。三是区位条件不断改善。临港北临浦东国际航空港，南接洋山国际枢纽港，拥有 13 公里长的海岸线，具备得天独厚的码头资源，是上海沿海大通道的重要节点。2013 年年底投入运行的轨交 16 号线将临港纳入上海城市轨道交通网络，海运、空运、铁路、公路、内河、轨交构成综合交通优势。

依托以上三个优势，以新片区为核心，周边土地要素充裕、人力资本成本有优势的城市为外围，共同建设特色园区和产业集聚园区，通过空间资源的高效配置，实现低成本协同发展，共享发展的收益。一是支持发展“创新中心 + 生产中心”的合作模式。支持江浙等地区城市设立研发中心或创新中心，借助长三角地区人才优势、资本优势和产业链优势，加快创新能力升级。二是支持发展“资本运营中心 + 创新中心”的合作模式。三是借助新片区立体化的交通协同体系优势，支持资本要素边际生产力低的城市开展与国内外资本密集城市的合作，设立资本运营中心，开展并购、技术引进等增强创新能力的合作模式。

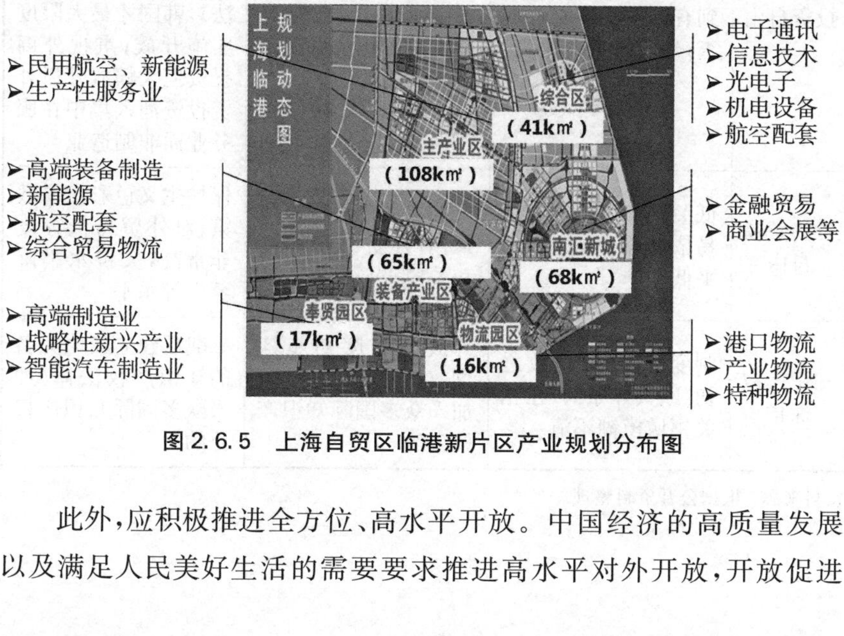

图 2.6.5　上海自贸区临港新片区产业规划分布图

此外，应积极推进全方位、高水平开放。中国经济的高质量发展以及满足人民美好生活的需要要求推进高水平对外开放，开放促进改革提升效率和产业竞争力。对外开放主要涉及货物贸易自由、服务贸易和投资自由以及知识产权保护等方面。对此，德国、日本、韩国三个国家的经验值得借鉴(表 2.6.4)，且我国当前关于对外开放已有相关制度说明，并取得一定效果(表 2.6.5)。依托于此，临港新片区在打造产业协同发展合作网络的同时，在对外开放水平上也会有所提高。

表 2.6.4 德国、日本、韩国高水平对外开放经验对比

	德国	日本	韩国
开放之初基本国情	战后为提振经济，放松外资准入，工业加速发展，20 世纪 70 年代产业结构重心转移到第三产业	经济快速恢复；参照欧美先进国家，以钢铁、造船、重化工、汽车、电气机械等作为主导产业	经济高速发展；产业结构与西方发达国家互补，20 世纪 60 年代产业结构以劳动密集型为主，20 世纪 70 年代以资本密集型为主
投资自由	从基本完全开放过渡到有选择性的安全审查；外资投资占比高	在美国的压力下准入限制渐进式放开；外资投资占比从低到高	准入限制渐进式放开，直至 90 年代中后期金大中政府颁布《外商直接投资促进法》，韩国才最大限度实施开放；重视外商投资但大幅放开后外资投资涌入集中在服务业而非制造业
货物贸易自由	低关税壁垒；对外贸易依存度高，关税水平低	保护主义色彩贸易政策；对外贸易依存度和关税水平较低	保护主义色彩贸易政策；对外贸易依存度非常高，关税水平降至中等水平
知识产权保护	制度健全；但开放之初《欧共体条约》在相关领域模糊不清	开放前制度初步建立，对外开放后完善；加入众多国际知识产权公约	二战后建立较为完备的知识产权法律；加入众多国际知识产权公约

资料来源：根据公开资料整理。

表 2.6.5 当前我国对外开放制度与现行水平总结

对外开放领域	制度	现行水平
服务和投资自由	限制手段：以股权比例限制、牌照限制为主限制行业范围，汽车、电信服务、医疗、教育、金融、电影等领域均存在明确的外资股权比例限制；计划放开行业范围：2018 年 4 月习近平总书记博鳌讲话宣布大规模降低关税、加快金融汽车等行业投资限制放开、加强知识产权保护等重大政策。2019 年 3 月李克强总理博鳌讲话，宣布加快修订《外商投资法》配套法规，扩大增值电信、医疗机构、教育服务、交通运输、基础设施、能源资源等领域对外开放	2017 年中国外商投资限制指数达 0.316（OECD），排名第四，仅优于菲律宾、沙特和印尼；截至 2018 年中，WTO 定义的 160 个服务部门中，中国已经开放了近 120 个，名义开放率较高，但经营年限要求、从业资格、企业资金门槛等方面存在较多隐性门槛
货物贸易自由	免税产品范围：主要集中在贵金属及制品、矿物、木材及相关产品、电气机械设备及其零件、核反应堆等工业品；进口配额：集中在农业领域，以关税配额为主，即一定数量内的产品可享受免税或低关税，但对超出配额数量的进口产品征收高关税	关税水平：总体 7.5%；免税产品范围：2017 年中国免税进口商品种类占全部商品种类的 7.1%；进口配额：中国在小麦、大米、玉米等 8 类农产品设置关税配额，占农产品商品类目比重为 4.5%
知识产权贸易自由	建立起知识产权制度的基础框架并在不断完善中，专利和版权改革保护范围有所扩大，但知识产权法律保障不足问题严峻，与国际标准不同步	中国国际知识产权指数为 19.08（GIPC，满分 40），在 50 个国家及地区中排名 25 根据世界知识产权组织（WIPO）数据，2017 年全球专利批准 140 万例，其中中国占比最高，占全球比重约 30%

资料来源：根据公开资料整理。

2. 建立技术交易大数据系统，建设网络技术交易市场

（1）探索建立全国性技术大数据系统。将大数据系统对接国际、国内各大专利检索、技术成果等技术平台。形成数据驱动的评估体系。建设技术交易测算系统。鼓励现有的技术交易平台以技术成果交易价格数据库为依托，汇集交易价格数据，以数据分析结果作为技术成果价

值评估的定价参考依据。利用大数据做好供需对接分析。探索建立技术市场数据中心,深度挖掘技术供需和配置关系,开展技术热点、价格预测和技术流向等分析研究,探索建立技术交易信息增值服务模式。在当前阶段,应重视运用人工智能、互联网、大数据等现代信息技术手段,多措并举提升政府驾驭“互联网 + ”的管理能力,实现治理能力和治理现代化水平的提升。积极推进“智慧城市”和“数字政府”建设,加强互联网、区块链、人工智能、大数据等信息化手段运用,提升政府服务智慧化水平,推动基础数据资源归集打通,全面实施“一站办”“一窗办”和“一次办”。促进跨境贸易便利化启动“智慧口岸”基础数据平台建设。启动智慧基础数据平台建设,探索应用区块链等技术开发完善查验装卸信息管理系统,构建智慧服务体系,助力智慧城市建设(平台设计整体方案如图 2. 6. 6 所示)。未来应当进一步拓展信息共享的范围和内容,将地理信息系统(GIS)和管理信息系统(MIS)两者结合,规范管理行为,通过定期普查数据,进行动态信息更新,并据此研究建立市场监测、风险识别和预警的动态指标体系,提高政府管理部门开展相关工作的效率,提高抗风险能力,同时也能够为居民提供更高水平和质量的服务,以及促进效率公平。

图 2. 6. 6 综合管理信息平台方案图

(2) 以新片区为核心，广泛链接长三角地区已有的技术转移示范机构、创新驿站、区域技术转移和成果转化服务机构以及区域性、行业性技术转移服务平台，有效有序对接国内外的科技资源。合理引导科技项目与市场需求对接，搭建新兴产业技术产权交易平台，提升重点行业和新兴产业的新技术产权交易、流通效率。对标美国的国家技术转移中心、英国的技术集团、德国的创新市场、日本的技术交易所以及韩国技术交易所，融科技、信息、人才、金融等服务于一体，为创新技术和企业提供从技术开发、认定到融资、项目开发等一系列的服务，以期达到科技成果转化的高效、低成本与便捷性。

构建区域性创新市场，既是临港新片区的一次新实践，也是一次思想观念的变革。其中最重要的是在市场的规律中，尊重各类创新主体的“首创精神”，及时发现和总结各类主体先行先试好的做法和经验，上升为正式制度，转化为法律。建立一套行得通、真管用、有效率，极具优越性和生命力的科技创新制度体系。

(三) 数据保护能力认证与跨境数据流动风险评估

临港新片区在全面实施促进大数据发展行动的同时，亟需科学完备的数据安全保障体系。跨境数据流动作为数据保护的重要一环，面临着日益严峻的风险和安全挑战。为此，要处理好 3 个关系。第一，统筹“内”与“外”两个大局：对内，要加快发展以数据为核心的数字及安全产业，支撑、促进数字经济发展；对外，要积极推动数据驱动的双边、多边对话和合作，进一步扩大国际伙伴关系。第二，统筹数据“出”与“入”两个流向，既要进一步扩大数据开放，助力企业“走出去”，服务“一带一路”等国家战略；又要发挥自身产业优势，促进全球数据汇聚，增强数据竞争优势。第三，统筹“发展”与“安全”两个方面，管理上严宽并重，坚持守住安全底线，同时持续推动数据流动，有效释放数据红利，更好地发展经济、服务人民、造福社会。

1. 建设数据保护能力认证

数据保护能力，主要是针对企业等数据控制者及处理者而言，即：

做好企业信息合规和内控工作，建立适当的数据保护能力，落实必要的管理及技术措施，防止存储于企业的个人信息遭遇泄露、毁损和灭失等情形。临港新片区首次引入“认证”机制，借鉴了国际数据保护的先进经验，也正是临港新片区发挥先行先试作用的关键。

2018 年生效的欧盟《通用数据保护条例》(GDPR)的一个突出特点，就是正式引入数据第三方认证制度。其中第 42 条规定，考虑到微型、小型及中型企业的特殊需要，应鼓励建立数据保护认证机制与数据印章、标识制度，以证明数据控制者和处理者的数据处理活动遵守本条例的规定。这种认证是自愿的，程序公开、透明。颁发给数据控制者或处理者的认证时效，最长不超过 3 年，可以申请续展。第 43 条规定了认证机构的具体要求，即：认证机构应当具有在数据保护方面的专业知识和经验。认证机构应由监管机构或符合欧盟第 765/2008 号规定的国内授权主体委托授权，从事颁发认证标志以及认证续展的相关活动。也就是说，认证机构需要符合一定条件(诸如证明其在认证方面具有独立性和专业性，认证标准得到监管机构或理事会的批准，建立了颁发认证标识、定期审核和撤销认证标识等的程序，建立了数据控制者或处理者因违反认证的投诉程序以及证明其履行认证职责不会导致利益冲突等)，才能获得认证授权。这种认证授权的最长期限是 5 年，届满并符合条件可以申请续展。欧盟委员会可以制定有关认证或数据保护标识之技术标准。在认证程序上，欧盟采用的是国际标准 ISO/IEC 17065。

认证制度在一定程度上存在着运营成本，需要建立独立的、不产生利益冲突的认证机构，监管机构还要对其进行委托授权。为了取得认证标识，企业要向其缴纳一定的认证费用，认证机构也需要深入企业内部进行数据保护方面的评估，以评判其是否符合颁发认证标识的条件等，均有相应的人力、物力以及技术投入。尽管如此，这种认证制度却充分调动了市场监督力量，大大节约了监管机构的外部监督成本，对于消费者而言，更容易辨识提供相同或近似产品或服务的企业在数据保护标准和质量方面存在的差异。取得数据保护认证的企业，意味着其在数据保护领域符合现行法律规定，其合规性和安全性程度更高。特别是对于那些小微企业而言，取得认证则更容易获取用户的信任和支持，能够大大增加客户的认同度。相反，那些没有取得认证或者认证失效或被撤销的企业，消费者可以选择用脚投票，由此形成源自市场的有效监督，督促作为数据控制者或处理者的企业切实采取措施提升自身的数据保护水平。而且，对于监管机构而言，在决定是否采取惩罚性措施及确定处罚数额时，该企业是否取得认证是行政裁量的重要依据。

需要指出的是，临港新片区在引入数据保护能力认证体系建设时，需要与行业协会、企业及消费者代表作密切沟通。认证制度毕竟是基于数字市场而衍生出的一种评价体系，其中认证机构、认证标准以及认证费用等问题都需要进行事前的充分论证和规则设计。引入一个新制度的目的，不在于增加负累与成本，而更应注重制度落地的实际效果。与此同时，也应构建安全责任体系。一要制定完善行业数据出境分级分类的指导目录、等级保护条例和管理细则，与现有的网络安全和数据安全管理体系做好衔接。对此，可借鉴南沙自贸区经验，尽快制定发布《互联网电子数据举证、认证规程》，明确电子证据范围，规范该类证据的举证、认证程序。同步成立涉数据纠纷案件审判合议庭，专门审理与数据信息相关的刑事、民商事及知识产权案件的标的。二要明确监管部门、行业主管部门和企业等的责任和义务，构建涵盖数据生产者、使用者等主体权责分明的安全责任体系。三是授权监管机构建立数据跨境流动安全评估和审批认证制度，确立测试标准，明确认证流程，细化审核程序。四是统筹不同行业主管部门联合开展针对数据跨境流动的安全检查和风险评估，审批改革部门应当会同相关行政管理部门编制监管事项目录清单，明确监管主体、监管对象、监管措施、处理方式等，并对监管事项目录清单实行动态调整。同时，督促指导各责任主体落实数据安全防护和出境管理相关要求，建立健全突发事件应急处置机制。

2. 明确数字贸易和知识产权细则

美国、墨西哥和加拿大三方于 2019 年 9 月 30 日达成的《美墨加贸易协定》(The United States-Mexico-Canada Agreement，简称USMCA)中对数字贸易和知识产权做出了具体说明，这对于新片区制定和实施具体方案也提出了有效参考。

数字产品贸易属于贸易的新领域。协议中覆盖的数字产品包括计算机程序、文本、视频、图像、录音或者其他经过数字编码、用于商业的、能够通过电子方式传输的产品。协议规定，对该类商品，应实施零关税，并且不应收取其他类型的费用；确保数据的跨境自由传输、最大限度减少数据存储与处理地点的限制以促进全球化的数字生态系统；为促进数字贸易，缔约方应确保产品供应商在应用数字化认证或签名时不受限制；确保应用于数字市场的可落实的消费者保护措施，包括隐私与未经同意的通讯；为更好地保护数字供应商的竞争力，限制政府要求披露专有计算机源代码和算法的能力；促进打击网络安全挑战的合作并推广行业最佳实践来实现网络与服务安全；促进政府公共数据的开放；限制互联网平台对其托管或处理的第三方内容的民事责任。

同时，USMCA 特别增加了“知识产权”保护的内容，这也是特朗普政府对中国发起“301”调查的主要考虑。具体内容包括：为生物药和范围广泛的产品提供为期 10 年数据保护；版权及相关权利享有完整的国民待遇；更强的专利保护(尤其是针对医药和农业)；最低版权保护期为作者寿终后 70 年(诸如版权人组等不以寿命为基础的作品，为首次授权出版后 75 年)；提高标准打击规避技术保护措施的行为；(与美国法律相应)建立版权安全港来保护 IP 并为不直接受益于版权侵害行为的合法企业提供可预见性；为新地理标识的确认提供程序保障；加强商标保护；迄今为止最广泛的执法合作条款(强化执法人员法定职权，可在任何时候取缔涉嫌赝品或走私的货物；对窃取卫星与线缆信号实施民事与刑事处罚；针对窃取商业机密(包括国有企业)的行为制定广泛的保护措施)。

而相关内容在亚太自由贸易区(Free Trade Area of the Asia-Pacific，FTAAP)、区域全面经济伙伴关系(Regional Com-prehensive Economic Partnership，RCEP)、《全面进步的跨太平洋伙伴关系协定》

(CPTPP)等国际主要经贸协定中也予以明确。其中,在 CPTPP 中有一项互认条款,可以通过成员方之间签署协定或安排的方式互相承认服务提供者的教育和工作经验、许可证或职业认证。而目前中国的职业资格和标准体系与 CPTPP 缔约方存在很大差距。此外,CPTPP 对中国国内规则的配套和改革将提出较高的要求。由"边境措施"向"边境后规则"的转换是其明显特征,即缔约方之间的协调不仅体现在贸易和投资的政策层面,而且更多地向缔约方国内政策的配合和协调延伸,要求缔约方国内政策更多地关注竞争政策、知识产权保护、劳工政策、国有企业、中小企业政策等方面。因此,临港新片区需要用更多的精力去改善相关规章制度,迎接国际主要经贸协定在规则层面对我国提出的挑战。一要明确数字贸易涵盖行业领域;二要确定知识产权维护细则。在此前提下,依法监督执行。

3. 构建跨境数据流通和交易风险评估机制

2018 年国家标准《信息安全技术个人信息安全规范》明确规定了个人信息安全影响评估制度,要求个人信息控制者定期(每年至少一次)开展个人信息安全影响评估。其中评估的内容中,涵盖了个人信息的收集、处理、共享、转让、公开等环节对个人信息主体合法权益可能产生的不利影响,在此基础上形成个人信息安全影响评估报告,并以此采取保护个人信息主体的措施,使风险降至可接受的水平。跨境数据流通和交易风险评估,理应成为个人信息控制者安全影响评估的重要内容,特别是涉及数据出境的信息控制者,应设立专项评估审查事项。布局完善产学研用投协同的数据安全科技创新生态,加强数据安全新技术、产品和服务的应用和推广。对数字基础设施进行安全加固,推进国产化部署,防范系统、网络后门以及非法数据通道。推动数据加密、隔离、防泄露、溯源、销毁等技术研发,提升数据跨境流动全环节风险监测和安全防护水平,以实现数据系统攻不进,数据传输切不断,数据资产窃不走、数据滥用行为赖不掉的目标。鼓励研制具有行业针对性的数据安全防护和出境管理解决方案,组织开展重点领域试点示范,探索行业最佳产品和服务实践,推动技术创新、应用推广和产业化。

2019年6月，国家网信办公布的《个人信息出境安全管理办法(征求意见稿)》第3条规定，个人信息出境前，网络运营者应当向所在地省级网信部门申报个人信息出境安全评估。临港新片区试点开展数据跨境流动安全评估，建立数据安全管理体制，可由上海市网信办牵头具体规则的细化方案，从“数据产生—数据传输—数据接收”这一数据跨境传输的流程周期中分别进行。例如，在数据本地化存储方面，对于个人数据跨境传输不必持否定性态度，在符合同等保护的原则下，对其应予以认可。而对于真正能够影响国家安全的数据则应重点保护，原则性不予出境。数据本地化存储安全评估的制度化框架如图2.6.7所示：

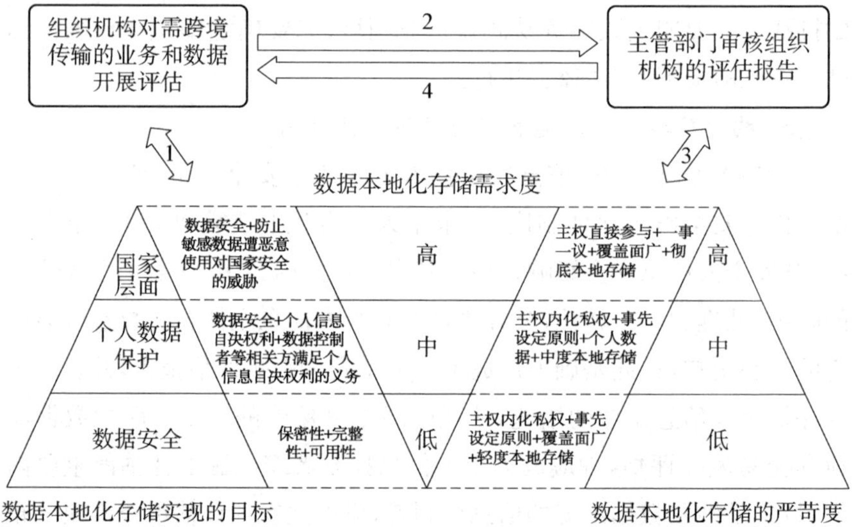

图2.6.7　数据本地化存储安全评估的制度化框架

值得注意的是，在实践中，何为个人信息与重要数据给企业带来了诸多困惑，虽然已经有不少法规对个人信息进行了定义，以及《个人信息和重要数据出境安全评估办法(征求意见稿)》与《信息安全技术数据出境安全评估指南》(征求意见稿)均对重要数据进行详细列举。但这始终无法完全覆盖现实中的数据类型，给大量数据驱动型企业带来了合规上的困扰。比如，做工业设备检测的企业，可能要将采集的运行数据传到国外的云平台进行处理计算，就会拿捏不定是否要遵循国内的数据出境政策。这些都应在细化方案中做出明确规定。此外，在涉及国家层面的数据保护时，也要针对相应的数据内容加以区别。例如，“淘宝中国平台的活跃买家高达 4.39 亿户”属于国家基础数据，而“网络安全态势数据（卡巴斯基 VS 微软）”属于安全态势数据，“房屋空置率”则属于国家秘密。此类问题，建议：一要新片区结合驻地行业企业特点，探索建立政府数据信息流通领域重大违法记录中较大数额罚款认定标准体系，完善政府信息流通领域的联合惩戒机制；二要完善信用修复机制，明确失信信息修复的条件、标准、流程等要素。对于符合条件的修复申请，失信信息提供单位应当在规定的期限内，向公共信用信息服务部门书面反馈意见，由其将该信息从公共信用信息服务平台查询界面删除。

此外，对于跨境数据流通安全评估，新片区还应积极探索国际互联网访问监管模式，逐步建立对企业的数据备案和白名单管理机制，以企业为单位开展白名单认证直接接入国际互联网。事实上，2020 年 4 月 20 日发布的《中国（上海）自由贸易试验区临港新片区通信基础设施专项规划（2020—2025）》便明确要加快打造上海新一代信息通信枢纽方面，新片区将试点研究离岸数据中心，加强国际光缆信息通道建设研究，开展离岸数据中心试点研究，探索构建开放的国际数据环境研究，试点建设国家新型互联网交换中心。该规划直接立足于临港新片区智慧城市、工业互联网、现代服务、公众通信四大类场景对信息通信基础设施需求，统筹推进 5G、光纤宽带、工业互联网、物联网、数据中心及边缘计算等通信基础设施建设，打造先进集约均衡的承载空间。这对于加速上海信息通信行业与临港新片区的新融合，发展新基建、形成新动能等都具有重要意义。同时有助于发挥好临港新片区在全市发展格局中的“增长极”和“发动机”作用，特别是在通讯领域对标国际最高标准、最好水平，推进全方位高水平开放，牢牢夯实通信基础设施，抓住产业数字化、数字产业化的新机遇，发力“新基建”、构筑“新动能”，打造全球通信和网络技术、信息产业发展的“新高地”。

表 2.6.6 世界范围内数据本地化立法情况

数据本地化强度	国家(地区)
强:明确要求数据必须储存在境内服务器上	文莱、中国、印度尼西亚、尼日利亚、俄罗斯、越南
事实要求:相关法律对数据传输的要求相当于数据本地化	欧盟
部分要求:诸多措施要求在跨境传输前征得数据主体的同意	白俄罗斯、印度、哈萨克斯坦、马来西亚、韩国
轻微要求:在某些条件下限制跨境传输	阿根廷、巴西、哥伦比亚、秘鲁、乌拉圭
特定领域要求:仅在特定领域如医疗、电信、金融及国家安全领域限制	澳大利亚、加拿大、新西兰、中国台湾、土耳其、委内瑞拉

4. 开展数据保护领域的国际合作规则试点

从世界范围内看,数据保护规则存在两大模式,即欧盟模式和美国模式。以欧盟为代表的对个人信息保护综合性立法的国家,十分注重国家、政府、监管机构在个人信息保护中的作用,不仅制定了适用于所有领域的统一的、严格的、高标准的个人信息保护规则,还设立了专门的信息保护监管机构,在欧盟层面还设有专门的数据保护执法机构,在企业内部设立个人信息保护专员,构建了一套从内到外的个人信息监督管理体制。不仅如此,欧盟还积极拓展 GDPR 的域外效力,将该数据保护模式进一步推广到其他国家和地区。

相比之下,美国更注重信息的流动价值,针对公共部门的个人信息收集、处理和使用的管控较为严格,但就非公共部门而言更强调自律。相对于非公共部门,民众更担心来自政府、公共机构对其个人隐私信息的侵犯。而且,美国大众普遍认为,私人行业牵涉过多的问题与相互冲突的利益,不宜通过集中化的管控模式解决相关问题。作为信息产业大国,美国推崇信息的流动与利用才是推动产业发展的动力源泉之价值理念,而制定综合性且严苛的信息法律,可能会对某些行业的发展造成窒息性影响,不利于信息经济的健康发展。

应该说，上述两种立法模式各有其优劣。不分公、私领域的综合性信息保护立法，有利于个人信息得到全面、一体的保护；而行业自律模式则更强调信息自由流动，能够大大提高信息使用的经济价值。然而，一个事物均具有两面性。美国放任行业自律模式，被普遍诟病为个人信息保护程度低，忽视了个人信息的社会价值；在执行体制上，以自律和自力救济为核心，缺乏必要的外部监督机制。而欧盟这种严格的统一立法模式，设立专门的信息保护机构，监管制度中的繁复程序，如要求信息控制者及处理者的通知制度与许可制度等，无疑增加了企业的负担，在某种程度上压抑了企业的创新和发展。加之，这种自上而下的监管体制，面对多边的信息科技和日益复杂的信息处理，逐渐凸显其机械性和滞后性。

正因为欧盟相较美国数据规范更加明确具体且保护力度更高，对个人信息的流动进行了严格限制，也迫使美国将欧盟如此高水平的信息保护视为非关税壁垒。20 世纪 70 年代以来，美国与欧盟在数据保护规则和价值取向上的巨大差异成为贸易争端的焦点。为了缩小两种不同数据保护模式的差异性，并提供美国企业可以符合欧盟数据保护指令简单又高效的方法，美国商务部与欧盟委员会共同提出所谓的“安全港隐私原则”(Safe Harbor Privacy Principles)，于 2000 年达成了《安全港协定》。但出于对美国情报机构入侵的担忧，欧洲法院于 2015 年 10 月 6 日最终裁定第 2000/520 号决定无效，导致《安全港协定》失效。此后，美国和欧盟围绕新的替代性协定展开积极对话和磋商，并于 2016 年 2 月就跨太平洋数据流动达成新的框架协议，即《隐私盾协议》。

跨境数据传输问题通过双边性协议方式来解决，其本身受到协议参与国自身经济、政治力量的制约。如果两个国家实力相当，则双边性协议的内容对于参与国而言应是相互妥协让步的结果。反之，如果实力悬殊过大，这种双边性谈判必然成为利益失衡状态下对弱国主权的一种侵蚀和伤害。应该说，从长远看，个人信息的跨境传输本质上具有全球化性质，需要多个国家及地区的共同参与并达成多边性协议或机制才能使问题得以根本性解决。

通过临港新片区开展数据保护领域的国际合作规则试点，与“一带一路”建设相契合，可以更好发挥桥头堡作用。现阶段比较切实可行的方案为。一是构建“一带一路”沿线国家及地区数据保护的区域性多边协议，充分发挥区域地缘化优势，将诸多国家联合起来形成合力，更有利于在跨境数据传输方面达成一致意见，也有助于国际互联网访问监管模式的形成。二是加强知识产权保护工作，构建全方位的知识产权保护机制。理顺知识产权综合管理和执法体制，加强跨区域知识产权执法协作机制；依法实行知识产权侵权惩罚性赔偿制度，推动建立知识产权快速协同保护机制；完善行政保护与司法保护衔接机制，探索开展知识产权公益诉讼，完善知识产权维权援助机制，提供知识产权保护的侵权预警、法律服务和司法救济；完善知识产权纠纷多元解决机制，充分发挥行业协会和调解、仲裁、知识产权服务等机构在解决知识产权纠纷中的积极作用。在此基础上，我国应积极参与全球跨境数据传输规则及数据保护标准的制定，强化国际组织如经合组织、亚太经合组织、联合国等提出的关于个人数据保护的基本原则，使其获得世界性的普遍认可，积极参与数据保护领域的多边公约，发出中国声音。

（四）防“疫”期间，积极运用“互联网＋招商”方式

如前所述，在防“疫”的特殊时期，新片区积极运用“互联网＋招商”方式，采用不见面谈判，抓紧项目签约落地。2020 年 2 月 13 日，当地如期进行 12 个项目、总投资 200 亿元的线上签约。这批签约的项目，集中在以 5G 为代表的第三代半导体材料、设计、工艺领域；同时，还有一批人工智能、集成电路等有影响力的外资项目在积极洽谈中。但在此过程中，也衍生出了一个重要问题，即如何有效解决企业诉求。为此，建议会同有关部门以座谈、网络会议等方式，先梳理企业的老大难问题，找出解决方案，再一起商讨，加快政策试点，然后逐步推广。

从长远来看，还应通过积极引进多元产业为临港新片区找到新的增长点。推动邮轮、航空、生物医药研发等前景较好的产业在新片区内的发展。这些新的增长点可以一定程度上平衡掉因新冠肺炎疫情而遭受损失的部分。同时，产业更多元，贸易模式更多样，自贸区的抗风险能力也会更大，能够自我修复、自我完善。

第三篇

新片区二线“高效安全”法治保障

第一章　新片区构建具有国际竞争力税收制度研究

一、自贸区税收制度现状与面临的挑战

2013年至今，五个老片区取得的令人瞩目的成绩。在当前全球自由贸易和多边贸易迅速发展以及我国产业结构不断转型升级的背景下，临港自贸区的建设在对标国外成熟自贸区/港、香港、粤港澳等地自贸区的基础上，对我国上海自贸区以及其他各地自贸区的发展形成可复制、可推广的经验。

1. 五个老片区税收政策执行情况

自上海自贸区成立以来，作为改革开放的前沿阵地，加大简政减税降负工作力度，落实中央出台的一系列减税降负的政策措施，对优化营商环境、促进经济高质量发展起到了非常重要的作用。上海自贸区各阶段税收政策如表3.1.1所示：

表3.1.1　上海自贸区及新片区税收制度一览表

	上海自贸区1.0版本	上海自贸区2.0版本	上海自贸区3.0版本
总体要求	建立推进改革和提高开放型经济水平的“试验田”，形成可复制、可推广的经验	扩区：由4个海关特殊监管区域扩展至陆家嘴、金桥和张江三个片区	政策集成、改革系统集成；三区一堡：综合改革试验区、风险压力测试区、转变政府职能先行区、推动走出去桥头堡

续 表

	上海自贸区 1.0 版本	上海自贸区 2.0 版本	上海自贸区 3.0 版本
税收制度	① 将区内注册融资租赁企业或金融租赁公司在区内设立的项目子公司纳入融资租赁出口退税试点 ② 注册在区内的企业或个人股东，因非货币性资产对外投资等资产重组行为而产生的资产评估增值部分，可在不超过 5 年内分期缴纳所得税 ③ 完善启运港退税试点政策	① 在符合税制改革方向和国际惯例，不导致利润转移和税基侵蚀前提下，调整完善对外投资所得抵免方式 ② 研究完善适用于境外股权投资和离岸业务的税收制度	无提及

资料来源：课题组整理。

老片区建设以来，先后推进实施了 1.0 版、2.0 版、3.0 版等三个总体方案，按照“三区一堡”的目标要求，大力推动投资、贸易、金融和事中事后监管等领域的制度创新，税收制度的创新亦取得较大成效。2018 年，上海自贸区实现一般公共预算收入 648.16 亿元，同比增长 12%。在肯定成绩的同时，我们也看到，上海前三个版本自贸区主要在税收征管制度上进行创新但依然存在税收制度复杂且税收政策创新不足等问题：①上海自贸区税制的建设仍然缺乏税收法律的规范；②上海自贸区内的税收政策很大一部分是沿用保税区旧的政策，创新力度不足；③税收优惠不足，如上海自贸区内企业所得税依然实行 25%的税率，与国际自贸区相比偏高。

2. 临港新片区税收政策解析

《临港方案》指出建设具有国际市场竞争力的开放型产业体系，形成以关键核心技术为突破口的前沿产业集群。临港新片区将更加集中、精准地聚集国际高端要素，注重高端产业功能培育、产业链及产业集群发展。为落实《临港方案》，上海于 2019 年 8 月 39 日发布《关于促进中国(上海)自由贸易试验区临港新片区高质量发展实施特殊支持政策的若干意见》(以下简称"《新片区支持政策》"),其中特别指出有关临港新片区的6项税收相关政策。

(1) 临港新片区税收政策概况

新片区的税收政策主要围绕经济发展的功能定位,即全力打造更具国际市场影响力和竞争力的特殊经济功能区,聚焦国家战略需要、国际市场需求大、对开放度要求高,但是在其他地方尚不具备实施条件的重点领域,实施具有较强国际市场竞争力的开放政策和制度。

表3.1.2　临港新片区税收政策一览表

税收政策	具体内容
服务出口增值税	扩大新片区服务出口增值税政策适用范围,研究适应境外投资和离岸业务发展的新片区税收政策
企业所得税	对新片区内符合条件从事集成电路、人工智能、生物医药、民用航空等关键领域核心环节生产研发的企业,自设立之日起5年内减按15%税率征收企业所得税
	对符合条件的集成电路生产、设计和软件企业,按照国家规定,予以享受"两免三减半""五免五减半"等企业所得税优惠政策
个人所得税	对在新片区工作的境外高端、紧缺人才个人所得税税负差额部分给予补贴
其他税收政策	对境外进入物理围网区域内的货物、物理围网区域内企业之间的货物交易和服务,实行特殊的税收政策
	在不导致税基侵蚀和利润转移的前提下,探索试点自由贸易账户的税收政策安排

资料来源:课题组整理。

(2) 临港新片区税收政策亮点

整体来看,此次税收方案主要涉及区域内将实施特殊的税制安排,突出高新技术产业的税收制度创新等,提出了较多税收优惠,具有以下亮点:

① 扩大新片区服务出口增值税政策适用范围。《新片区支持政

策》将研究适应境外投资和离岸业务发展的新片区税收政策，具有以下两方面意义：一方面，上海自贸区此前提出要研究“境外股权投资和离岸金融”方面的税收政策，但最终没有落地，这次再提出且改成“境外投资和离岸业务”，较此前范围扩大；另一方面，扩大新片区服务出口增值税政策适用范围，可能意味着未来在临港新片区内，对跨境服务的出口会适当放开。

② 企业所得税优惠扩围。此前可享受15%企业所得税优惠税率的企业主要包括高新技术企业、先进技术服务企业、集成电路生产企业、污染防治企业，以及针对国家扶持发展的部分地区（如西部大开发地区、横琴、前海、平潭等）的鼓励类企业，对申请企业门槛较高。而此次对新片区内特定行业关键领域核心环节生产研发的企业提供优惠税率将显著扩大可享受企业范围，有助于培育发展先进技术，形成产业辐射效应，带动其他相关区域联动发展。同时，《新片区支持政策》还授予新片区管理机构高新技术企业认定权。新片区管理机构按照统一标准，对新片区内企业进行国家高新技术企业认定和市级高新技术企业培育入库认定，落实高新技术企业所得税优惠、研发费用加计扣除等政策。

③ 探索境外人才个人所得税补贴政策。《新片区支持政策》指出将研究实施境外人才个人所得税税负差额补贴政策，旨在吸引境外高端人才，具体政策落地还有待研究。

④ 鼓励金融投融资。自由贸易账户作为上海自贸区金融改革重要的基础设施，新片区将积极探索通过自由贸易账户开展投融资以及金融业务的税收政策，促进自贸区金融改革。

3. 临港新片区税收政策面临的挑战

全球服务贸易的增速已超过货物贸易，随着医疗、教育、信息、金融等新兴领域越来越多地纳入到全球化进程中，临港新片区同样面临着从以制造业为主的开放转向制造业、服务业并行开放的压力。

（1）新冠疫情新形势下全球贸易下滑，自贸区竞争加剧

当前，在《跨太平洋伙伴体系协定》（TPP）、《跨大西洋贸易投资协议》（TTIP）等为代表的国际经贸新规则推动下，国际贸易投资规则体

系面临重塑。而自 2008 年金融危机以来，世界各国经济衰退，贸易竞争加剧，各国间自贸区竞争亦加剧。截至 2019 年末，全球共设立超 130 个自贸区、超 2000 个自贸港，各国自贸区的竞争亦逐步加剧；而我国已设立 18 个自贸区，实现沿海省份全覆盖。

但我国依然处于全球贸易价值链的中低端，贸易发展在新的国际经济格局下仍有很多局限，服务贸易发展的产业根基较为薄弱，国际竞争力不强。因此，上海自贸区的税收制度建设需要具有全球视野，不仅要对接国际经贸新规则，还需要积累参与双边、多边、区域合作经验。而临港新片区如何建设具有国际竞争力的各项配套制度如税收制度等，并实现制度的成功落地成为当前亟需化解的难题。

2020 年以来，由于年初国内新冠疫情处于高发期，必要的防控措施已对消费、投资及对外贸易活动带来严重冲击。3 月以来国内疫情进入稳定控制阶段，复工复产加速。但在海外疫情急剧升温、国际金融市场剧烈动荡背景下，国内经济回升势头受到较大影响，全球贸易亦有所萎缩。自贸区作为外贸外资企业高聚集的区域，疫情期间贸易与投资规模下降，临港新片区以及其他国内自贸区内基础设施、全球贸易开展等都将面临一定挑战。

(2) 产业聚集效应不显著，激励机制有待进一步完善

虽然上海作为长三角区域的龙头，具有较强的发展环境。但目前整个长三角区域在全球竞争中，仍缺少更多的龙头企业或支柱性行业。与以往方案不同的是，《临港方案》明确提出了产业主导方向。在对临港新片区的设计中，提出要把实业与自贸区的功能相结合，这在我国过去所有的自贸区建设中绝无仅有。从国际经验看，只有自由贸易制度，缺乏实业支撑的自由港或者自贸区，往往很难得到实质性发展。因此，上海在设计临港新片区时，不再仅仅聚焦于投资自由化、人员自由化、从业自由化、资金自由化等方面，还需要从税收支持实业发展的角度，吸引特定产业集聚，才能通过产业链向外真正形成辐射。

(3) 自贸区税收政策碎片化，新片区税制有待进一步整合创新

目前，上海自贸区在税收方面还未形成一套完善的制度框架，一些

高端功能的主体引进和功能拓展仍受到税收政策的制约，很多新兴领域都对传统的税收制度提出了挑战：①税种上，目前临港新片区尚未出台对区内其他税种的征收安排，五个老片区内仍征收进口关税、增值税、消费税等；②税率上，此次《临港方案》提出对区内重点产业关键技术环节的企业实行15%的企业所得税，但对企业性质(内资/外资)、认定日(设立之日起/盈利之日起)等规定复杂、未明晰等。此外，《临港方案》指出“从事集成电路、人工智能、生物医药、民用航空等关键领域核心环节生产研发的企业，自设立之日起5年内减按15%的税率征收企业所得税”，参照国际典型自贸区来看，对企业的吸引力略显不足。因此，临港新片区税制亟待突破现有自贸区相关税收优惠政策框架界定，制定差异化税收政策方面还仍有待创新。

整体来看，建设具有国际竞争力的临港新片区急需建立一套“简税制、低税负”的差异化税收政策，以有效吸引企业、人才入驻。

二、国内外自贸区税收制度经验借鉴

目前全球有130多个自由贸易港和2000多个自由贸易区，其中大部分自贸区都以税收优惠政策为主，表现为税率低、税收减免时限长、投资减免幅度大、加速折旧比例高、研发费用部分或全部减免等方面。其中，以新加坡、阿联酋迪拜、香港等自贸区(港)已发展较为成熟，其税收优惠政策支持力度较大。此外我国各地较为成熟的自贸区以及粤港澳大湾区、深圳先行示范区、海南自贸港等税收制度的实施与落地也对临海新片区税收制度的建设具有一定启示与借鉴意义。

1. 世界典型自贸区税收制度经验

(1) 新加坡自由港：税收优惠吸引产业集聚

1969年，新加坡在裕廊工业区设立第一个自贸区，如今新加坡已逐渐发展成为一个高度开放的贸易自由港，以自由贸易区为定位形成生产要素集聚。世界经济论坛于2019年10月发布《2019全球竞争力报告》显示，新加坡全球竞争力位列全球第一，在基础设施、健康、劳动力市场等方面均排名首位。截至2019年末，新加坡已建成10个自贸区、70多个保税仓和30多个工业园区。

为保障自由贸易园区的有序发展，新加坡于1969年便制定了《自由贸易园区法》作为管理自由贸易园区的主要法规，详细说明了自贸区的政策，并规定了自贸区的主要监管部门和职责，有助于保障自贸区各项政策的稳定性和投资者的合法权益。此外，新加坡自贸区的管理体制主要涉及政府和主管机构两块，政府主要负责招商、规划，主管机构主要负责具体的开发，职责明确。

从税制来看，新加坡是世界上税制简易、税负最低的国家之一，现行主要税种有企业所得税、个人所得税、关税、消费税及商品及服务税等，不设遗产税、资本利得税等。在自由贸易区内，企业可以享受的优惠政策包括：免关税、消费税以及商品与服务税（商品与服务税（GST）相当于中国的增值税）。

表3.1.3　新加坡自贸区税收制度一览表

<table>
<tr><th>税收种类</th><th>国家税收制度</th><th>自由贸易区税收制度</th></tr>
<tr><td>关税</td><td>免关税；烟草、酒类、汽车以及石油产品除外</td><td>免关税，在自贸区内储存、展览、重新包装、加工货物的企业不征收关税</td></tr>
<tr><td>商品与服务税</td><td>税率7%；出口货物、国际服务和免税用品免征</td><td>货物进行储存、展览、重新包装、加工等企业不征收，货物进入国内市场正常缴税</td></tr>
<tr><td rowspan="3">企业所得税</td><td colspan="2">应税收入[0，10)万新币，税率4.25%（初创企业前三年0%）</td></tr>
<tr><td colspan="2">应税收入[10，30)万新币，税率8.5%</td></tr>
<tr><td colspan="2">应税收入30万新币以上，税率17%
针对符合条件的“全球贸易商计划”企业贸易收入提供3年或5年的企业税率降低5%或10%的优惠</td></tr>
<tr><td>个人所得税</td><td colspan="2">起征点为2万新币，实行0%—20%超额累进税率；境外来源收入免税</td></tr>
<tr><td>其他</td><td colspan="2">无营业税、增值税、资本利得税等</td></tr>
</table>

资料来源：新加坡海关、驻新加坡经商参处，课题组整理。

新加坡以航运贸易为基础带动其他产业发展，承接亚太物流中心、国际金融中心、石化工业中心及跨国公司总部中心等四大功能，成为亚太区域中心城市。新加坡低税率的财税政策为其吸引众多高科技、金融业等高端服务业集聚。此外，还吸引大量的高知识高水平人才流入，在一定程度上缓解了新加坡本地劳动力缺乏、劳动成本高的问题。

(2) 迪拜杰贝阿里自贸区：低税负吸引资本流入

迪拜共拥有 8 个较为活跃的自贸区，其中杰贝阿里自贸区(JAFZA)规模最大、发展最为成熟，是中东最大的贸易区。目前已成为阿联酋最受欢迎的投资目的地之一，其最大特色在于体现了港口定位与产业定位的一致性，实现了理想的产业集聚，形成了规模化产业园区。

表 3.1.4　迪拜自贸区税收制度

税收种类	国家税收制度	自贸区税收制度
关税	酒类 50%、烟草制品 100%、其他 5%	进出口免征关税，离港进入国内市场正常缴纳
消费税	电子烟及设备及使用液体、烟草及烟草制品、功能饮料 100%； 含糖饮料 50%； 其他 0%	0%
增值税	税率 5%，部分行业可以免征	对货物的存储、交易、加工制造等，均免征增值税，入关后再出口的商品给予退税
企业所得税	外资银行征税税率 20%； 石油和石化公司税率 50%—55%； 其他行业免征	50 年内免征企业所得税

资料来源：迪拜税务局，课题组整理。

迪拜税收体系的特点是税种少、征税范围窄且税率低。目前税种只有社会保障税、关税、消费税、增值税、企业所得税等，免除个人所得税。在各自贸区实行更优惠政策，针对自贸港实行“境内关外”的关税减免；50年所得税豁免，利润和资本可100%全部转移出阿联酋等。

(3) 美国纽约港自贸区：完善税制助推自贸区快速成长

20世纪30年代，经历了大萧条的美国通过了《对外贸易区法案》以刺激经济增长，该法案提出在港口或机场附近划出一个特别地区作为自贸区，该区不在海关管辖之内，凡依法进入区内的货物都不受美国海关法限制，并享有各种优惠待遇。同时，联邦政府还设立了专门管理机构——对外贸易区委员会，此后美国自贸区迅速成长、遍布全美各州，尤其是在边境口岸城市。数据显示，美国自贸区从1970年的10个增加至2019年的260多个。

纽约自由贸易区始建于1979年，是全美267个自贸区中面积最大的自贸区。自贸区主要功能是货物中转、自由贸易，所采取的政策主要是减税。主要税收政策包括采用进口的原材料不征收关税，产品如进入美国可按综合税率征收关税，区内增值税仅为3%。由于对外部经济的依赖性较小，美国自贸区的政策优惠也较少，如企业所得税主要属于联邦收入，自贸区内所得税优惠较少。

2. 国内自贸区差异化税收制度及实施效果

自2013年上海自贸区挂牌以来，中国自贸区以高水平开放推进我国经济高质量发展，已形成“1+3+7+1”的“雁阵模式”（如表3.1.5所示）。

表3.1.5　中国18个自贸区建设历程

	时间	政策来源	自贸区
第一批	2012年9月29日	《国务院关于印发中国（上海）自由贸易试验区总体方案的通知》	上海自贸区
第二批	2015年4月21日	《中国（上海）（广东）（天津）（福建）自由贸易试验区总体方案》	广东、天津、福建自贸区

续 表

	时间	政策来源	自贸区
第三批	2017 年 4 月 1 日	《中国(辽宁、浙江、河南、湖北、重庆、四川、陕西)自由贸易试验区总体方案》	辽宁、浙江、河南、湖北、重庆、四川、陕西自贸区
第四批	2018 年 10 月 16 日	《国务院关于同意设立中国(海南)自由贸易试验区的批复》	海南自贸区
第五批	2019 年 8 月 26 日	《中国(山东)、(江苏)、(广西)、(河北)、(云南)、(黑龙江)自由贸易试验区总体方案》	山东、江苏、广西、河北、云南、黑龙江自贸区

资料来源：课题组整理。

2019 年随着第五批 6 个新设自贸区名单的确定，中国自贸区正式迈入新阶段。以下国际上典型自贸区/港、粤港澳大湾区、深圳示范区以及海南自贸区税收政策的演变及执行效果也将作为临港新片区建设具有国际竞争力税收制度的参考借鉴对象。

(1) 香港特区：低税率助推全港贸易高度自由化

香港特区顺应国际贸易环境、经济全球化的潮流，由一个自然资源匮乏的小渔村发展成为以贸易、金融、制造业、通讯、航空、海运和旅游等产业为主的港口城市。作为综合型自由港，香港特区自由港的范围涵盖了整个港口城市，自由不仅局限在海关，资金可以自由进出，人员可以高效流动。香港特区的演化主要经历了以下四个阶段：

香港是全球税收制度最有竞争力的地区之一，以其低税负、高度开放和自由的营商环境，吸引了全球各地的企业来此投资、开展转口贸易和从事经营活动。香港特区全辖无自由贸易和非自由贸易之分，实行简单低税率政策，税收少、税率低。目前，香港特区主要有 3 种直接税：利得税[①]、薪俸税和物业税，不设增值税；除酒类、烟草、碳氢油类及甲

① 类似中国内地的企业所得税。

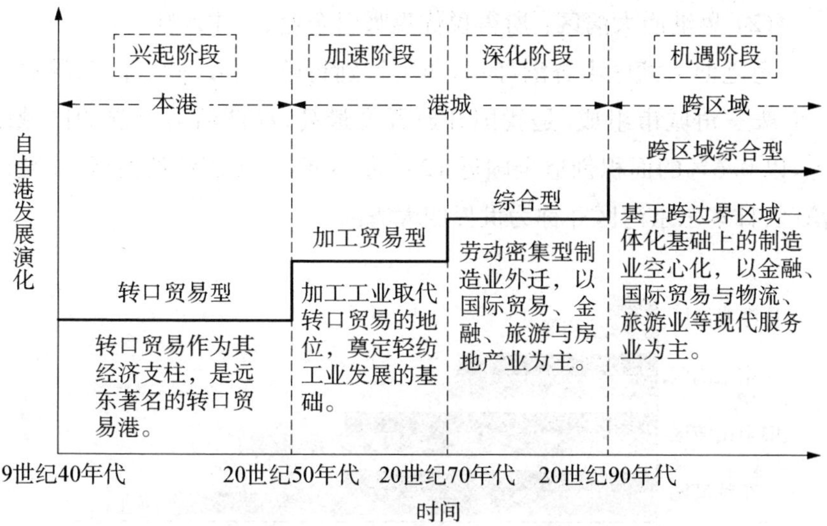

图 3.1.1　香港特区发展模式演化历程

资料来源：《香港自由港模式发展演化、动力机制及启示》，课题组整理。

醇四类商品，所有商品免征关税。离岸税制方面，香港特区是首个和唯一一个在法律中对离岸贸易做出明确界定的经济体。由于香港遵循来源地税收管辖权原则，因此对离岸业务中来源于境外的收入不征收企业所得税和个人所得税，且资金可以自由进出，汇回香港款项无须纳税。

表 3.1.6　香港特区税收制度

税收种类	税收制度	
关税	酒类：0%—100%； 烟草、碳氢油类、甲醇：每单位数量特定税率； 其他：0%	
利得税	法团： 利润≤200 万港币，税率 8.25%； 利润>200 万港币，税率 16.50%	非法团业务： 利润≤200 万港币，税率 7.50%； 利润>200 万港币，税率 15%
薪俸税	实行 2%—17%超额累进税率；(2018—2019 年年收入未超过 13.2 万港币免征，超额部分按照累进税率征收)	

资料来源：香港特务税务局，课题组整理。

(2) 粤港澳大湾区：所得税优惠吸引企业、人才入驻

粤港澳大湾区由香港、澳门两个特别行政区和广州、深圳、珠海等9个珠三角城市组成，是我国开放程度最高、经济活力最强的区域之一，以0.6%的面积创造全国近12%的GDP，与美国纽约湾区、旧金山湾区、日本东京湾区并称为世界四大湾区。

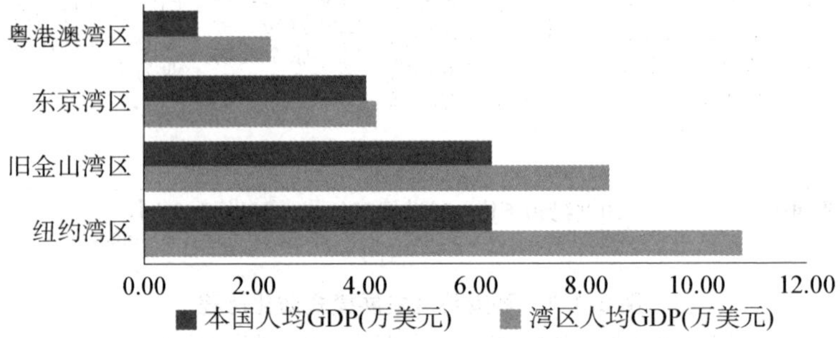

图 3.1.2 世界四大湾区人均 GDP 远高于本国人均水平

资料来源：课题组整理。

2019年2月18日，中共中央、国务院印发《粤港澳大湾区发展规划纲要》，要求进一步推动粤港澳大湾区和深圳先行示范区建设。

表 3.1.7 粤港澳大湾区税制差异

指标	香港	澳门	"珠三角"9市
税制结构	分类税制，直接税为主体	直接税为主体	复合税制，双主体模式
主要税种	利得税、薪俸税、物业税	专利税、物业转移税、职业税	货物和劳务税、所得税、财产和行为税、资源税、关税
税率	个人最高边际税率17% 企业实行8.25%和16.5%两级利得税率	个人和企业的最高边际税率均为12%	个人最高边际税率为45%，企业最高税率为25%
管理机构	香港税务局、律政司	财政司	税务局

续 表

指标	香港	澳门	“珠三角”9 市
税收管辖权	单一地域管辖权	单一地域管辖权	同时实行居民管辖权与地狱管辖权
个人申报	夫妻双方可选择分开或合并纳税	夫妻双方分别纳税	夫妻双方分别纳税
课税年度	4. 1 至次年 3. 31	公历 1. 1 至 12. 31	公历 1. 1 至 12. 31
税制环境	法律制度健全，金融行业发展迅速	营商环境开放自由，娱乐、旅游行业优势明显	深化以简税制、宽税基、低税率为特征的税制改革，数字经济蓬勃发展，大数据治税能力不断提升
税收优惠	根据纳税人情况不同，设置不同的免税额，税收减免较多	进口货物不加限制，只对少数货品进口课征消费税，属于关税性质	大力实施减税降费，形成以增值税减税和小微企业减税为主的普惠性政策

资料来源：课题组整理。

从税制来看，粤港澳大湾区横跨三个不同的关税区，三地税收制度的设计同样殊异。目前，粤港澳大湾区内包括 3 个关税区，3 个自贸区，1 个经济特区及 11 个城市。香港、澳门特别行政区享有高度自治权，与内地的税收体制完全不同（如表 3. 1. 7 所示）。虽然税制有所不同，仍面临税收协调发展的挑战，但大湾区整体税制简单，税收优惠政策较多，给大湾区经济带来快速增长，吸引了企业和人才入驻。

(3) 深圳先行示范区：持续推进税制创新

2019 年 12 月，深圳市委、市政府印发《深圳市建设中国特色社会主义先行示范区的行动方案（2019—2025 年）》（以下简称“《行动方案》”），明确了 2019 年至 2025 年深圳建设先行示范区的具体任务。针对前海的改革开放，方案着重突出与港澳的互动，例如提出要全面深化前海自贸区改革开放，探索实施和港澳趋同的税收制度。

① 1980—2018 年：从无到有，在内外碰撞中探索开放性税制体系

20 世纪 80 年代初期，深圳利用毗邻香港的地缘优势，借鉴香港经验，根据中央授权，大胆创新改革税收制度。这一阶段的税制改革历程，核心内容在于率先在全国实现了税制的“五个统一”。得益于一系列税负较低、税种简化、税负公平的特区税收制度，深圳税收规模实现了万倍增长，税收收入从 1980 年的 0. 27 亿元增长到 2007 年的 2392 亿元，GDP 总量也相应从 2. 70 亿元增长到 6802 亿元。

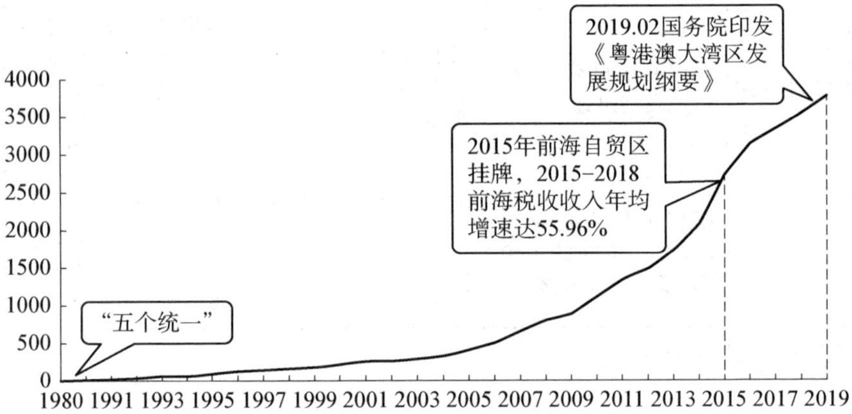

图 3. 1. 3　1980—2019 年地方财政预算内收入(单位：亿元)

资料来源：国家统计局网站，课题组整理。

2009 年 7 月起，深圳税务围绕前海“依托香港、服务内地、面向世界”的定位，坚持市场化、国际化的制度创新。自 2015 年设立深圳前海蛇口自贸区以来，深圳充分研究支持前海自贸区发展的税收优惠政策，充分发挥前海蛇口自贸区全面深化改革和扩大开放的引领带动作用，助力优质企业和高端人才落户前海。

深圳基于前海蛇口自贸区的定位，实行 15％企业所得税优惠税率、流转税差额征税、对境外高端人才个人所得税税负差额补贴等优惠政策，推动前海新兴产业快速发展，新兴业态层出不穷。2015 年至 2018 年，前海深港现代服务业合作区税收收入从 95. 3 亿元增长至 361. 5 亿元，年均增速达 55. 96％，为全市经济增长和产业结构优化升级做出积极贡献。

表 3.1.8　深圳特区及前海自贸区税收制度创新

时期	20 世纪 80 年代初期 （1980 年—2007 年）	深圳自贸区深化改革时期 （2008 年—2018 年）
取得成果	实现税制“五个统一”	打造高端产业聚集平台，全面深化改革前海蛇口自贸片区
具体内容	统一企业所得税的税率； 统一企业所得税的计税标准和成本扣除范围； 统一内外资企业税收优惠政策； 统一流转税制（产品税、增值税、营业税）； 统一地方税制（车船使用税、房产税、城市维护建设税和印花税）。	构建与经济发展相适应的专业化管事管户模式； 实施以征管资源配置为重点的税收风险管理； 探索建立“共建共治共享”的税收治理格局。

资料来源：课题组整理。

② 粤港澳大湾区改革创新，深圳将成为全方位先行示范的引领者

2019 年 2 月，党中央国务院印发《粤港澳大湾区发展规划纲要》，深圳是区域发展的核心引擎之一，前海蛇口自贸片区更是最具投资吸引力的区域。深圳还将立足自贸区改革创新，推动全市经济增长和产业优化，为服务粤港澳大湾区建设展现深圳智慧。为建设具有国际竞争力的税收现代化体系，深圳税务需要实现以下五大目标：

表 3.1.9　深圳建设先行示范区的税收制度五大目标

五大目标	具体计划
税收高质量发展高地	积极争取将酝酿、修订中的税收征管法等税收法律法规在深圳先行实施； 探索开展“制度 + 科技”工作创新，为全国税务系统改革创新当好先锋； 积极研究促进对外开放、促进要素自由流通的税收政策，不断提高我国企业的税收国际竞争力。
税收营商环境示范	建设税收营商环境改革创新实验区； 系统性优化税收服务流程，提升信息化智能化水平； 主动为 5G、人工智能、生命医药等鼓励类产业企业争取税收优惠政策，推动重点产业快速发展。

续　表

五大目标	具体计划
税务现代文明典范	全面推进具备先行示范特质的深圳税务文化建设。
税收共治标杆	推进建立粤港澳大湾区税收管理服务合作机制； 推动建立政府部门间税收管理协作机制； 推进建立社会机构及纳税人税收共建共治共享机制。
智慧税务样本	率先实现数字化智能化税务管理； 率先实现税收业务云端办理。

资料来源：《从经济特区到先行示范区　深圳税务深度服务改革开放》，张国钧，国际税收。

(4) 海南自贸港：离岛免税或将充分受益

2018年10月16日，国务院印发《中国(海南)自由贸易试验区总体方案》(以下简称"《海南方案》")，对自贸试验区的规划建设进行了整体部署。《海南方案》指出，自贸试验区的实施范围为海南岛全岛，将以发展旅游业、现代服务业、高新技术产业为主导，科学安排海南岛产业布局。按发展需要增设海关特殊监管区域，开展国际投资贸易、保税物流、保税维修等业务。

税收政策方面，预计在海南自贸港设立初期，优惠的税收政策或主要涉及关税及所得税，或暂不会涉及消费税及增值税。目前来看，海南税收制度和国内其他自贸区相比基本无创新，各项税率均显著高于香港、新加坡等自贸港。预计未来将有三大改革方向：

表3.1.10　海南自贸港未来三大税制改革方向

离岛免税提质扩容	① 考虑到2011年以来多次提升免税限额，人均免税限额有望再提升20,000元至50,000元。 ② 海南着力争取更多免税主体在琼开店，且加速各免税商场建设，免税经营区域将"由点及面"逐步拓展，并最终实现全岛覆盖。 ③ 离岛免税目前免除的是关税、进口增值税和消费税，对标国际，取消省内增值税、消费税或为长期目标。

续　表

所得税减免以提升竞争力	① 学习上海、广东等自贸区，海南有望对旅游、互联网、医疗健康、现代金融等十二大重点产业采用15%的企业所得税税率（国家标准为25%）；再考虑到海南自贸港的更高定位，或进一步下调至10%。 ② 海南也有望跟进粤港澳大湾区的个人所得税优惠政策，按内地与香港个人所得税税负差额对境外人才进行补贴。
央地财税调整	短期内中央或加大转移支付、提高专项债额度以支持投资；长期看改革央地税收分享，将中央部分收入留存并用于海南建设（如南海油气资源税等）或为授人以渔，使海南实现由输血到造血的转变。

资料来源：中信证券研究《潮起海南：从自贸区到自贸港》

2020年3月，商务部指出《海南方案》确定的时点任务实施率达97%，但海南仍需改革开放再出发、再加速，具体分“三步走”：一要巩固成果，贸易投资更加自由化便利化；二要重点探索建立金融和税收政策改革框架；三要放松人才流动和引进，尽快落地自贸港法案、利用好特区立法权，是发展的长远之计。以上海南自贸区的“三步走”同样对于临港新片区来说也具有较大的借鉴意义。

3. 国内外自贸区税收制度的启示和借鉴

总结新加坡、迪拜美国自贸区以及香港等经验，其共性主要包括政府干预少且行政效率高；航运便利且报关高效；投资限制少且对外资一视同仁；资本项目开放和融资汇兑自由；零关税且其他税种优惠巨大；人才流动自由；法律制度完善等。对建设具有国际竞争力的临港新片区有巨大借鉴意义。

（1）制定自贸区税收法律及实施细则

全球自贸区的竞争，在很大程度上还是取决于自贸区内各项制度的配合，还要仰仗于自贸区内法制的健全。因此，建立自贸区税收法律显得十分重要。整体而言，临港新片区可以借鉴新加坡、美国等国做法，由全国人大或人大常委会统一自贸区的税收立法，并在这一前提下，赋予地方政府或自贸区管理机构一定的权力，制定相关的税收实施规则并保证规则的执行，以促进自贸区的繁荣发展。

(2) 匹配自贸区功能定位与税收制度

一个自贸区的功能定位是否准确，关乎自贸区的成功与失败。因此，为准确定位好自贸区的功能，需要明确临港自贸区的定位，分清主次。迪拜自贸区的建立是为了吸引投资和鼓励对外贸易。新加坡自贸区则更多的是为了维持和稳定其海上交通中心的地位，制定了一系列税收制度与其功能定位相配套。

此次《临港方案》提出，临港新片区将借鉴国际上公认的竞争力最强的自贸区，实施具有较强国际市场竞争力的开放政策和制度，打造更具国际市场影响力和竞争力的特殊经济功能区，更好地服务对外开放总体战略布局。与以往上海自贸区以对标国际标准、国际水平的规则为定位不同的是，此次临港新片区的功能定位更加注重在全球竞争格局下，探索更具全球竞争力的制度创新，注重产业的创新发展与升级转型，使得新片区内高端制造业、现代服务业等重点鼓励领域能得到更好集聚。

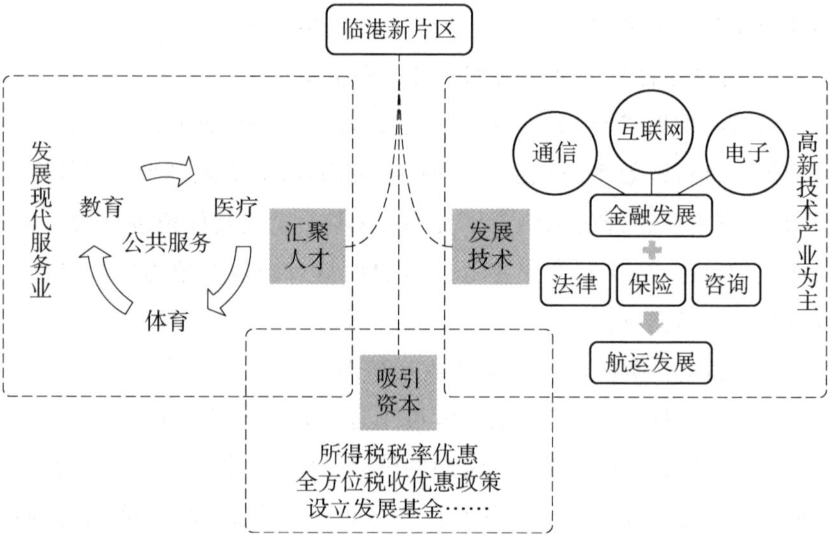

图 3.1.4　税制优惠助力临港汇聚产业、人才和资本

因此，从国际水平自贸区来看，临港新片区未来需要探索与其功能定位相契合的税收制度，以一系列制度创新鼓励国际资源充分流动，以税收政策为代表的制度来吸引更多的国际投资，为整个自贸区注入新的活力，提升上海自贸区在整个国际市场上的综合竞争力。

(3) 落实“简税制、低税率、惠税收”基本原则

从上文所述国际典型自贸区/港税制可见，很多自贸区/港税制更为简单、税负更低，且有着更加灵活的税收优惠政策。因此，临港新片区没有最具竞争力、简化的税收政策，就无法有效聚集人力资本密集型和知识密集型的中高端产业。因此，临港自贸区税收制度的建设需要本着“简税制、低税率、惠税收”的基本原则，在借鉴新加坡、迪拜、香港特区等地制定相比国内具有绝对差异化税收制度的基础上，探索适应新片区产业发展的税制。

表 3.1.11　五个老片区及国际成熟自贸区/港税制比较

	上海	香港特区	新加坡	迪拜
关税	免税，出关入境时正常缴纳	除酒等四类商品，其余商品免税	除机动车等四类商品外，其余商品免税	除烟草等两类商品，其余商品免税
增值税	16%、10%、6%	免税	免税	基本税率 7%
企业所得税	基本税率 25%，高新技术企业 15%	基本税率 16.5%	基本税率 17%	银行等两类行业 50 年内免税，其余行业免税
个人所得税	年度起征点 6 万元，实行 7 级超额累进税率(最高 45%	5 级超额累进税率(最高 17%)	11 级超额累进税率（最高 22%）	免税
离岸税制	同在岸税制	免税	同在岸税制	免税
产业发展定位	金融、航运、贸易、旅游、科创业等	金融、转口离岸贸易、旅游业等	转口离岸贸易、航运、金融、旅游业等	制造、金融、物流、科技等

续 表

	上海	香港特区	新加坡	迪拜
2019年所属地区营商环境世界排名(较上年增减)	31(+15)	3(+1)	2(0)	11(-5)

资料来源：课题组整理。

此外，从前文所述国内外自贸区税收制度来看，自贸区税收制度的建设以税收优惠政策为主，各国自贸区/港在相关税种上给予关税、增值税免税以及所得税税率优惠、离岸业务免税等优惠，自贸区内激励机制较为完善。因此，为建设国际竞争力的临港新片区，可借鉴香港、新加坡、迪拜等自贸区经验，在现有税收政策基础上进一步整合、创新，以完善自贸区税制体系。

三、优化具有国际竞争力的临港新片区税收制度

基于临港新片区的特殊功能定位，我们建议以“简税制、低税率、惠税收”为原则，对实行“境内关外”监管区域内的实体企业及其他特殊机构(公司)实施差别化的税制安排，强化对全球跨国企业和一流人才的吸引力。争取到2025年，临港新片区内税负基本接近香港、新加坡等自贸区/港税负水平；到2035年，形成具有国际竞争力的税收优惠政策体系。

1. 强化法治思维，落实税收法定原则

自贸区的竞争在很大程度上取决于自贸区内各项制度的配合以及自贸区内法制的健全。因此，统一自贸区的税收法律显得十分重要。

(1) 提高自贸区税收立法的法律级次

税收法定原则起源于中世纪时期的英国，是指由立法者决定全部税收问题(包括税种、税收要素和征税程序的设定)的税法基本原则，即如果没有相应法律作前提，那么国家不能征税，公民也没有纳税的义

务。纵观国际成熟自贸区立法史，新加坡在税收优惠制度方面，实行统一且完备的法律，助其在进行了三次税收制度调整后仍保持明显优势；而美国在1934年即通过《对外贸易区法》，1936年1月对外贸易区委员会签署第2号令，授权在纽约市成立第一个对外贸易区，为其设立自贸区奠定坚实基础。

因此，结合第三部分国内外经验借鉴，首先建议出台独立的自贸区法以法律保障、规范临港新片区及我国其他自贸区的建设与发展。其次，需要明确中央政府和地方政府制定税收政策的权力。建议把制定进出口税收的权力赋予中央政府，同时加强地方政府在非进出口环节的税权，鼓励区内税制创新；地方政府应积极改善自贸区内税收环境。最后，在具体税种流转税、所得税等具体制度层面关注税收制度的合法性与稳定性、金融税制的创新等问题，以法律来保证自贸区政策实施的稳定性，才能为临港新片区税制创新提供明确的法律依据，也有助于形成面向全国可复制性税制创新经验。

(2) 整合新老片区税收优惠政策，凸显制度优势

纵观世界各国自贸区的建设发展，除了通常的关税豁免，其他税制优惠设计取决于一国本身的经济依赖性。在自贸区的税收法律制度建设中，光靠中央的立法是远不够的。《临港方案》指出临港自贸区要实施具有国际竞争力的税收制度和政策。目前具体的相关税收实施细则尚未出台，需要依托上海地方政府的大力支持。

① 简化临港新片区内税制，优化税收环境。梳理五个老片区税收相关政策，构建新老片区统一的税收政策平台。在此基础上评估优惠政策的调控幅度，研究制定临港新片区内进行税制整合的方案，避免政策碎片化提升企业的经营成本。建议取消小税种，保留主要的流转税和所得税以简化区内税制。流转税和所得税是大多数国家的主要税源，因此自贸区减免流转税和所得税会带来较大的财政风险。比较之下，取消自贸区的小税种能大幅简化区内税制，同时对财政收入的冲击亦较小。

② 充分利用政策红利，制定特定产业税收激励政策。建议赋予管

理机构确定目标产业名单的权利，在统一的企业所得税的基础上，对纳入白名单的目标产业制定更为优惠的激励政策。目前，临港自贸区的定位在于发展集成电路、人工智能、生物医药、民用航空等重点产业，目标产业白名单以及企业所得税税率的优惠将吸引优质企业入驻，形成一定产业集聚效应，促进上海以及长三角一体化发展。临港新片区主要细分产业如表 3. 1. 12 所示：

表 3. 1. 12　当前临港新片区主要细分产业类型

产业类型	细分产业
先导产业	人工智能产业
	机器人产业
支柱产业	高端智能装备
	海洋装备
	智能汽车
新兴产业	软件及信息服务
	集成电路及专用装备
	航天航空特色产业
	节能环保产业

资料来源：《上海建设具有全球影响力科技创新中心临港行动方案》。

值得肯定的是《临港方案》赋予了临港新片区管理机构对高新技术企业认定权，可以在一定程度上缩短目标企业的认定周期，也避免将潜在企业排除。此外，我国大部分企业所得税优惠只有 5 年期，部分税收优惠政策有效期也只有 2—3 年，对企业的激励程度相对较弱。因此，建议临港新片区借鉴新加坡等地对自贸区内目标产业延长税收减免周期，可依据企业实际生命周期进行弹性规定，建议税收优惠期限可延长至企业盈利之日起 3—5 年。

2. 构建税收法律制度

目前，自贸区内流转税已相对成熟，但在流转税优惠、所得税、航运税收等方面仍存在一定改革空间。

(1) 扩大流转税优惠适用范围

《临港方案》明确，对境外进入物理围网区域内的货物、物理围网区域内企业之间的货物交易和服务实行特殊的税收政策；将扩大新片区服务出口增值税政策适用范围。即沿用保税区的政策，对临港新片区内境外货物免征关税、进口环节增值税和消费税；货物出口增值税可退税。

118号文向部分适用免税待遇的出口服务提供了更优惠的零税率待遇①，为了进一步鼓励服务出口，建议参照国际典型自贸区免征增值税的做法，在临港新片区内进一步扩大出口服务增值税零税率的试用范围。具体而言，对新片区内所有出口服务都试用零税率的优惠政策，赋予新片区更大的开放自主权，也有利于新片区建设成为中国深度融入经济全球化的重要载体。

(2) 统一企业所得税制度

《新片区支持政策》指出对新片区内符合条件从事集成电路、人工智能、生物医药、民用航空等关键领域核心环节生产研发的企业，自设立之日起5年内减按15%税率征收企业所得税；对符合条件的集成电路生产、设计和软件企业，按照国家规定，予以享受“两免三减半”“五免五减半”等企业所得税优惠政策。相关政策已就特定产业、核心环节企业提出税率、税收优惠等政策，具体操作可参考：

① 纳税义务人：参照各国自贸区内企业所得税征税对象来看，新加坡及香港并未区分自贸区内、外，对辖区执行同等的企业所得税制，亦未区分特定产业。两者的低税率吸引众多高科技、金融业等高端服务业集聚。因此，课题组建议针对入驻临港新片区内企业全范围执行统一的企业所得税制度，减少因产业类型限制导致新片区吸引力下降的可能性。

② 税率：香港、新加坡、迪拜等地自贸区主要通过低税率的方式

---

① 118号文规定，自2015年12月1日起，境内单位和个人向境外单位提供广播影视节目(作品)的制作和发行服务、技术转让服务、软件服务、电路设计及测试服务、信息系统服务、业务流程管理服务、离岸服务外包业务等应税服务适用增值税零税率政策。

降低企业成本，企业所得税最高税率分别为16.5%、17%、自贸区内50年内免征企业所得税。我国自贸区内除高新技术企业按15%左右征收企业所得税外，其他在自贸区内、外经营的企业均按25%征收。参考国际先进经验，建议对临港新片区内企业按15%的税率征收，其中高新技术外资企业、特殊领域的企业也实行相同的税收制度。

③ 优惠政策：从各国对企业支持力度来看，迪拜对自贸区内企业优惠力度较大，自贸区内对所有企业执行50年免税优惠，企业在较长时间内实现接近甚至完全零税收，吸引了全球资本的流入。而《新片区支持政策》对符合条件的企业关键领域核心生产研发企业执行5年内减按15%企业所得税税率，对符合条件的集成电路生产、设计和软件企业，享受"两免三减半""五免五减半"税收优惠政策。这一规定与高新技术企业的产品生命周期不符。

据此，基于高新技术企业的产品生命周期、研发费用占比较高、高技术人才密集等特征，建议根据不同行业的产品生命周期适当延长企业所得税优惠期限，不以3年、5年等为限制期限。此外，针对企业研发费加计扣除适应范围窄、门槛高的问题，建议通过对研发项目的固定资产实行加速折旧，对一定比例的技术开发基金允许税前列支，研发费加计扣除、对高新技术企业的投资可享受一定额度投资抵免等，以此提高企业投入研发、投资高新技术的积极性。

(3) 优化个人所得税税制

高技术人才的流失也是阻碍自贸区发展的一大困境。参照世界典型区域，其中迪拜免征个人所得税，香港、新加坡超额累进税制最高税率分别为17%和20%。而此次临港新片区仅提出将考虑境外人才所得税税负差额补贴政策，实际税制依然与国内个人所得税制保持一致，人才吸引力度不足。因此，课题组建议进一步优化临港自贸区内个人所得税优惠政策、尽快落实境外人才所得税激励政策。

① 优化现有个人所得税累进税制。为建设具有国际竞争力税收制度，建议临港新片区内个人所得税税制可参照香港五级超额累进税率进行调整(香港没有规定个人所得税起征点，而是规定了免税条件和

免税额)，建议将临港新片区内个人所得税税率区间设置为0—30%以内，境外取得收入免征个人所得税。

表3.1.13　2019年香港薪俸税五级超额累进税率表

税阶(港元)	税率
首50000	2%
次50000	6%
另50000	10%
另50000	14%
其余	17%

资料来源：香港税务局网站 http://www.ird.gov.hk.

② 明确个人所得税税负补贴政策，加大对境外人才吸引力度。明确15%的税负差额补贴标准，按照香港个人所得税税制，可以超额累进税率(2%、6%、10%、14%、17%五级)或标准税率15%[①]计算，明确15%为税负差额补贴标准。明确纳入差额补贴的个人所得范围，将"综合所得"和"经营所得"等工作性所得纳入补贴范围，吸引外籍人才到临港新片区工作。

③ 加大临港新片区内人才引进激励措施。加大对中高端人才的法定税收减免，对符合上海市规定引进的紧缺人才，劳动性收入在5—10年内免征个人所得税；将高新技术企业研发费用加计扣除比例提高到200%—400%，给予研发资金补助；对临港新片区内高科技中小企业人才引进、市场开拓、员工培训等支出进行200%的加计扣除，对其贷款实行财政贴息、政府担保等。

(4) 改革航运税收政策

《临港方案》指出，要加快推进国际船舶进口关税和增值税优惠政策细化落地，完善国际船舶登记制度。现实中，中国作为世界最大的制

① 香港薪俸税税率有累进税率或者标准税率两种选择，以缴税较少者为准。

造业大国、第一大贸易国，每年进出口海运量近40亿吨，占全球海运量的近1/3。我国拥有的国际海运船舶约2亿吨，仅占世界商船总吨位的不到10%，这其中有80%是在境外登记注册的，船舶融资、航运交易、金融结算、航运保险、法律等高端服务也大多在境外完成。进出口海运量与海运船舶的不匹配、航运税收体系的不完善，一定程度上降低了港口航运竞争力。为此建议如下：

① 设立与国际航运通行做法基本接轨的航运免税政策方案，建议临港新片区参照国际通行做法，对在临港新片区登记注册的中外国际海运船舶免征关税、增值税。

② 所得税方面，参照国际主要港口对国际船员免征个人所得税的政策，建议临港新片区内航运公司及其船舶从事国际海运取得收入形成利润免征所得税；在新片区注册的船舶管理公司、船员公司、航运公司所聘用的中国国际海员，给予不高于实际税率15%的个人所得税优惠政策。

3. 出台促进离岸业务发展的税收政策

离岸贸易在上海对外贸易中虽已有一定的实践，但主要是在保税区范围内，且因为受到政策条件的限制，未能够获得充分的发展，尚未成为上海对外贸易的重要形式。因此，基于临港新片区高度开放的特征，离岸贸易业务亦是今后临港新片区发展的重心。

(1) 完善离岸业务税收立法机制

目前，我国离岸业务发展的税收法律制度建设尚未有实质性的进展，还没有系统性的法律规则出台。《新片区支持政策》指出，对境外进入物理围网区域内的货物、物理围网区域内企业之间的货物交易和服务，实行特殊的税收政策。而上述规定从立法层级上来说是明显不够的。为此，建议专门针对离岸业务出台税收法律制度，用法律这一最高立法形式来规范临港新片区离岸业务的税收法律制度，从根本上解决离岸业务发展无法可依的局面。

(2) 制定离岸贸易税收激励政策

临港新片区建设应发挥集聚大批国际金融机构、跨国公司贸易总部分支机构及金融贸易高端人才的综合优势，在自贸试验区已经试行多年的本外币一体化自由贸易账户的基础上，加强有利于离岸经济建设的特殊税收政策制度供给，如制定降低离岸贸易企业所得税税率、取消印花税等税收激励政策，以此来吸引全球跨国企业包括国内跨国企业到新片区设立投资、结算、运营总部，进一步推进离岸企业落地，支持和鼓励其发展对标国际标准的离岸金融和贸易业务。

表 3.1.14　主要地区离岸贸易业务税制对比

类别	上海自贸区	新加坡	纽约自贸港	香港
增值税/营业税	17%	可免	8%销售税	无
所得税管辖权	企业所得税、个人所得税均为：属地和属人原则	企业所得税：属地和属人原则；个人所得税属地原则	无	企业所得税、个人所得税均为：属地原则
企业所得税	基本税率 25%；新设企业“两免三减半”	基本税率 17%；离岸贸易优惠税率为 5%—10%，优惠期 5—10 年	正常联邦税率 35%；免地方税部分	基本税率离岸贸易免征
个人所得税	工资薪金超额累进税率：3%—45%；薪金以外基本为 20%；“亚太运营商”类企业有 5 名免税名额	薪金 3.5%—20%，其余按照 20%的比例税率那谁；非居民收入可按 15%的税率那谁	免地方税部分；联邦税扣除项目较多	2%—17% 四级超额累进税率
印花税	0.3‰	不针对贸易合同	无	不针对贸易合同

资料来源：《自由贸易区税收政策创新的使命、原则及政策建议》，邬展霞。

临港新片区依托港口、机场等基础设施划割离岸贸易、转口贸易功能片区及离岸金融先行区，实行物理围栏监管。在物理围网内，可建设具有长期竞争力的服务实体经济的离岸金融中心。我国目前离岸贸易市场竞争环境和配套措施的建设尚待时日，鼓励投资适宜采取宽松的税收政策：

① 流转税：参照国际各自贸区对离岸业务的流转税征收情况，建议可在临港新片区试行离岸业务流转税免税，这也与国际上离岸业务中心一般无流转税的惯例相符。具体包括：实施“境内关外”，货物入区应该退增值税和消费税；区内企业货物交易免征流转税，取消在新片区内货物流转与消费的劳务税收。

② 企业所得税：临港新片区内开展离岸贸易可相应降低企业所得税税率，以新加坡为例，其对银行机构的外币业务实行 10%的优惠税率，进而保证上海离岸贸易在东亚地区乃至全球的竞争力。

③ 个人所得税：建议以香港、新加坡的税收制度为参考，对资本所得实行零税率。同时，参与离岸业务的非居民基于税收优惠，在建设初期，对临港新片区内非居民免征存款利息和利息预扣税等来提高离岸企业的入驻率，吸引离岸资金入区。对外来资本投资收益所得应缴纳的资本税、股息预扣税、印花税等可一并予以扣除，将征税品种单一化、直接化。

(3) 创新离岸金融税收制度

目前我国离岸金融税制仍未建立，为大力推进临港新片区内离岸业务的发展，制度的创新显得尤为重要。

① 税制模式：考虑采用混合型离岸金融税制模式，以香港和英国为代表，该模式下离岸金融与在岸金融业务能够互通互融、相互转换。混合型离岸金融税制需要具有完善的市场监管体系和成熟的金融法律制度作为支撑。

② 税种选择：伦敦仅对于少数符合特定条件的离岸债券免征预提税，香港也仅是豁免被认可机构的资本里的税和股息预提税。从临港新片区来看，建议参照国际通行惯例以征收直接税为主，减免流转税的征收，在临港新片区内试点只征收所得税为主的直接税，免征各类流转税。

③ 税率形式：建议采用弹性的差别比例税率，对不同类型的离岸

金融业务给予不同程度的税收优惠政策，以便于利用税收杠杆合理调控新片区内离岸金融市场。以新加坡为例，对于普通离岸金融公司适用15%—17%所得税税率，对于总部或地区总部设在自贸区内的离岸金融公司则可享有10%—15%的所得税税率。

④ 税收优惠：为促进区内离岸金融业务发展、吸引更多外商入驻投资，可考虑对外来投资收益所得免征资本利得税、股息预扣税、利息预扣税等，并取消与离岸金融业务相关的印花税。

⑤ 税收征管：参照新加坡、香港等地的实践经验，临港新片区离岸金融税收征管工作需要明确税收征管对象，对离岸金融业务进行分类管理。税收征管机构方面，需要针对离岸金融业务建立集中、统一、高效的税收征管体制，加强税务机关对离岸金融机构的身份识别和专业化管理；为新片区内离岸金融业务专设"离岸账户"，便于对其资金流动的监管，也可避免跨国机构非法转移利润和侵蚀税基等情况发展；构建综合性税收征管模式，联通税务、工商、海关等多部门税务信息资源共享平台，完善对离岸金融机构诚信纳税的评价机制等。

同时，由于离岸金融业务涉及多国税收法律规定和多方市场监管主体，为避免出现税收管辖权冲突、纳税人信息不透明、重复征税、逃税避税等情况，临港新片区税务机关还需要积极参与离岸金融税收相关的国际公约、国际组织等，或与低税率国家和地区、国际离岸金融中心所在地等签订双边或多边性质的离岸金融税收协议，加强国际沟通与协作。

(4) 尽快明确离岸业务的所得税属地征收政策

从新加坡、纽约自贸港、香港等国际较为成熟的离岸贸易税制来看，其所得税管辖权多以属地原则为主(新加坡部分属人原则)。因为在离岸贸易中，企业自由进出，非居民的身份、常设机构判断、其全球所得与常设机构的关联度判断耗时耗力，会提升纳税人的遵从成本与税务局征管成本。基于离岸贸易的建设以及降低企业遵从成本的原则，建议临港新片区按照属地原则进行征税。此外，还需要建立离岸业务税收监管机制，加快建立国际税收有效争端解决机制，加强国际税收合作，积极参与制定国际反避税规则。

4. 确立税收分享机制，助推长三角一体化发展

临港新片区要加强辐射作用，通过自身高速发展带动长三角各口岸、海关特殊监管区的产业、贸易等实现高质量发展，通过互利合作，积极推进长三角各口岸、海关特殊监管区与自贸区协作发展。

（1）构建长三角税收分享机制

借鉴上海发展改革研究院魏陆课题组关于长三角一体化示范区财税分享机制的建议，即对青浦、嘉善、吴江三地设立跨区域投入共担、利益共享的财税分享管理制度。我们建议在整合上海新老片区税收政策的基础上，率先在长三角区域的自贸区复制拓展这一税收分成机制，可考虑按照各地财政实力等因素划分各地分担比例，还需考虑：

① 明确税收分享的征税主体。考虑到临港新片区建设周期较长，前期很难有收益，而税收分享属于“后端环节”，只有前期的投入力度大、开发强度高、协调效果好，才会有后续源源不断的税收。为此，在投入较大的前五年，临港新片区内的税收收入除上缴中央部分外，地方税收部分建议全部留给新片区用于支持其发展；待临港新片区发展成熟后，则可按照各地区分担比例实行税收分享机制。此举既可解决长三角各地之间财政体制不同的矛盾，又可为临港新片区建设提供更多的财力保障。

② 合理调节企业跨区迁移的征税问题。为支持临港新片区发展，长三角地区应导入符合新片区产业发展方向的企业。对于长三角内企业迁移，可参考上海目前对于非制造业跨区迁移的规定，以企业迁移前三年缴纳的区县级税收收入年度平均值为核定基数，由迁入地政府给予迁出地政府三年的财政补偿。构建长三角税收分成机制，可打破行政壁垒对各要素跨区域自由流动的限制，共享税收红利促进各地区产业互补发展，为临港新片区及长三角区域带来新的增长动能。

（2）优化税收征管协调机制

从我国粤港澳大湾区等地的实践经验来看，以点拓面的辐射发展带动经济增长效果明显。因此，为促进长三角区域一体化高质量发展，

建议构建长三角区域税收征管协调机制，以解决区域内要素流动所带来的税收征管问题。

① 统一税收归属权问题。协商确定包括上海的总部经济造成的税收和税源背离问题、流转税的所在地和核算地问题以及个人所得税的申报地等税收归属权的问题。建议可设立长三角区域税收专门账户，对区域内企业税收归属权进行明确，明确征收主体范围、企业在区域内流动等情况下的税收归属问题，便于税务机关统一管理企业。

② 统一税收征管口径。做到既不重复征税，又不擅自减免税，避免出台和实施任何与税收法律、法规等国家相关政策相违背的单方面税收优惠政策措施，以消除因执行力度差异所造成的税收洼地问题。进一步整合长三角区域内税收制度，统一税收优惠政策，在协调临港新片区、江苏自贸区和浙江自贸区税收制度的基础上，进一步整合长三角区内税收制度，最终面向全国进行复制、推广。

③ 全面提升税收信息沟通交流机制。为实现税源、政策和稽查等信息共享，必须加快推进区域内税收征管信息平台建设，以确立协同税收征管、纳税服务和打击涉税违法等领域的协调机制。建议构建综合性税收征管体系，协调地方政府、税务机关、工商等多部门信息资源共享平台，有助于各部门对区域内企业的管理与协调交流。

第二章　新片区构建高水平全面风险管理制度研究

上海自贸区成立以来，区内主要监管机构围绕上海自贸试验区总体方案、进一步深化改革开放方案和全面深化改革开放方案的各项决策部署，按照“单项制度创新——监管模式创新——管理机制创新”的“三步走”思路循序渐进，推动综合监管改革持续向纵深迈进。但结合临港新片区建设实际，还需要在智能化信息化方面实现更大突破，进而最大限度地适应国际贸易便利化自由化要求，支持建设具有国际竞争力的开放型产业体系，使自贸试验区成为深度融入经济全球化的重要载体，为推动新一轮高水平对外开放做出新贡献。

一、上海自贸区全面风险管理发展历程及取得成绩

（一）海关监管制度改革视野宽、力度大、举措实

截至2019年底，上海海关累计推出改革创新64项，其中33项已在全国范围内复制推广。在2019年第二届上海自贸试验区创新制度企业案例评选中，涉及海关制度创新的7个案例获评“制度创新十大经典样本企业”和“制度创新样本企业”，占案例总数的35％。

其中，制度创新十大经典样本企业有：富达利泰投资管理（上海）有限公司、交银金融租赁有限责任公司、瑞伯职业技能培训（上海）有限公司、上海东方汇文国际文化服务贸易有限公司、上海盒马网络科技有限公司、上海罗氏制药有限公司、沃尔沃建筑设备投资（中国）有限公

司、渣打银行(中国)有限公司、中央国债登记结算有限责任公司上海总部、勃林格殷格翰生物药业(中国)有限公司。

其中,制度创新样本企业有:曼恩(中国)企业管理有限公司、上海浦东发展银行股份有限公司上海自贸试验区分行、上海市外高桥国际贸易营运中心有限公司、和记黄埔医药(上海)有限公司、中国信托登记有限责任公司、陶氏化学(中国)投资有限公司、斯凯孚分拨(上海)有限公司、上海自贸区股权投资基金管理有限公司、上海药明康德新药开发有限公司、上海微创医疗器械(集团)有限公司。

上海自贸试验区累计实现进出口 7.72 万亿元人民币,年均增长 5.6%,占同期上海市外贸进出口总值的 42.2%;共有海关注册企业共计 27974 家,较成立之前增长 4.5 倍。英国《金融时报》旗下 FDI 杂志对全球 1200 多个自由贸易园区 2018 年度指标进行测评显示,外高桥保税区荣获亚太区最受大客户欢迎奖(亚太唯一)、贸易便利化奖、企业增资扩容奖、透明度提升力度奖(全球唯一)等 4 项大奖。

1. 注重顶层设计与基层实践的良性互动

自贸试验区建设作为一项国家战略,需要统筹全盘的顶层设计,但顶层设计只有从基层探索中吸取智慧和经验,才能保持正确的方向和鲜活的生命力。党和国家领导人多次对自贸试验区建设做出重要指示。海关总署也始终高度重视自贸试验区建设,全面指导制定改革创新制度举措,为进一步推进自贸试验区制度创新指明了方向。从试验进程来看,上海海关大力探索,积极作为,结合有关法律法规与基层一线操作实际,结合自贸试验区内实体运作企业的进出口贸易需求,结合地方政府的要求。顶层设计给创新探索指明了方向,基层探索又极大丰富了顶层设计的内涵。

2. 注重整体对标,厘清改革突破方向

上海自贸试验区肩负着参与国际贸易新秩序构建、引领国内新一轮改革发展的重任,这就要求海关监管制度创新必须符合国际贸易惯例,对接国际通行规则,通过扩大对外开放形成倒逼机制。但是在与国际规则接轨的同时,也要从我国的基本国情出发,维护好国家和人民的根本利益，尊重客观规律和实际情况，避免简单拷贝，照猫画虎。为此，海关始终坚守底线不放松，探索可复制可推广的制度体系，从贸易链、供应链整体运作出发，从支持产业集聚发展出发，对制约通关时效、通关成本和通关便利的各环节、各因素、各部门进行全面评估和综合分析，在基础建设、机制改革、法律调整、部门协同等多个领域同步配套推进，破解产业发展瓶颈，推动整体贸易便利化水平再上新台阶。

3. 注重依法改革，牢记底线思维，注重防控风险

改革创新不是依法行政的例外，更不是对现有制度的随意突破，而是通过对新制度的探索实施，将改革决策上升为立法结果。依法改革，一方面使各种风险总体可控，保证海关各项执法监管行为不至于脱离依法行政的根本宗旨。另一方面使创新性制度的“可复制、可推广”具备基础条件。自贸试验区海关改革创新的目标之一是探索形成一套能在全国可复制、可推广的制度成果。而能在全国可复制、可推广的制度必须具有普适性的法治基础，有较高的安全边际，否则就会在其他地方“水土不服”。这就要求我们更加审慎地处理好局部与全局的关系，更加坚持法治精神，更加注重风险防控。因此，上海海关在简政放权，树立“负面清单”思维的同时，划定依法履职的底线，不断加强依法行政能力建设，厘清风险因素，试出底线和临界点。同时，加强定期评估，及时修正方案、完善模式、改进制度，确保新模式、新方法、新制度风险可控、运作有序、稳步推进。

（二）自贸区内综合监管路径方式新、推进快、反响好

上海自贸区试验的重点内容之一是推进综合监管制度，其核心内容是创新政府管理方式，减少行政审批事项，推进政府管理由注重事前审批转为注重事中、事后审批。该制度既是自贸试验区各项先行先试事项试验成功的前提条件和重要保证，也是上海自贸试验区可以复制、推广至全国的重要内容。

1. 初步建立了综合性的事中事后综合监管平台

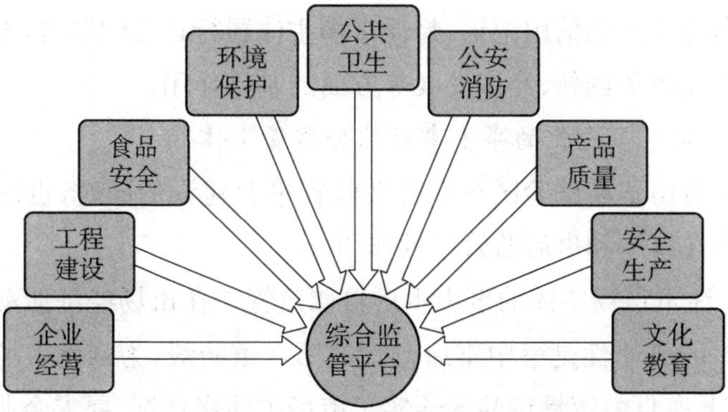

图 3.2.1　综合监管平台

上海自由贸易试验区综合监管平台整合浦东新区网上政务大厅、浦东新区综合监管平台和浦东新区公共信用信息服务平台，构建综合性事中事后监管体系。一是网上政务大厅将事中事后监管平台纳入其中作为其核心内容之一，两者通过后台数据与业务系统对接方式，实现一体化建设发展。网上政务大厅的审批类数据将实时推送到综合监管平台，通过证照信息共享，实现部门监管衔接。二是浦东新区的综合监管平台以法人数据库为基础，初步建立以企业为主要监管对象，覆盖市场监管部门相关职能的综合监管平台。按照监管领域的不同，综合监管平台分为企业经营、工程建设、食品安全、环境保护、公共卫生、公安消防、产品质量、安全生产和文化教育九个方面，也将市场主体囊括在这九大体系中实现各领域监管信息实时传递共享、数据分析、风险预警和协同监管的功能应用，为不同部门间实施综合监管提供支撑。三是浦东新区公共信用信息服务平台的重点是"服务"，主要面向政府部门、企业和公众，目标是推进社会信用体系建设。而事中事后综合监管平台的重点在于"监管"，是政府各部门间协同监管、联合惩戒的综合监管工作平台，目标在于加强事中事后监管。两平台数据充分共享，公共信用信息服务平台为事中事后综合监管平台提供信用信息支撑，事中事后综合监管平台产生的监管结果信息推送到公共信用信息服务平台，为建立主体信用记录提供数据支持。浦东新区公共信用信息服务平台的建设使得企业和个人可以查询到自己的奖惩、公益活动、违法违规和拖欠费用等方面的信用记录，督促市场主体履行自己的职责，充分发挥信用体系在改革创新、经济发展等方面的基础作用。

2. 确定了多元化的事中事后综合监管主体

上海自由贸易试验区在综合性监管平台建设的同时，也注重发挥多元主体在事中和事后监管中的作用。

（1）注重市场主体的事中事后自律监管。在市场经济活动中增强市场主体的自律性是事中事后监管的第一道防线，为强化市场主体的自律性，上海自由贸易试验区落实了市场主体责任制，要求企业在安全生产、产品质量、营销宣传、售后服务、信息公示和环境保护等领域建立社会责任报告制度和责任追溯制度。上海市政府将自由贸易试验区范围内所有重污染企业名单加以汇总，要求企业及时公布自己的监测数据，如果数据不实，则企业要承担违法责任并且进入本市环境保护违法企业名单中，通过这一创新性报告制度从根本上解决市场主体的自律监管问题。

（2）加强行业协会的事中事后自治监管。市场管理的经验表明行业协会、各大商会等民间组织进行自我管理反而比政府监管更有利于行业的发展。行业协会的专业性决定其更了解本行业的需求和问题，所制定的行业规定更具有针对性且细致到位，能够增加规范的约束力。上海自由贸易试验区政府通过授权、委托各行业协会来制定行业规定，实现了政府监管和行业自治的良性互动。

（3）鼓励社会公众评价监管。社会公众一直是各监督主体中最活跃的部分，鼓励社会力量参与评价监督是完善自由贸易试验区事中事后监管体系不可或缺的力量。社会公众监督包括非竞争性和竞争性两种模式。非竞争性模式指的是一般性社会公众通过自由贸易试验区综合监管平台的反馈通道或者其他参与式的调查对区内企业的经营行为给予一定的自发性评价和监督。竞争性模式指的是引入专业评价机构进行监督。上海自由贸易试验区政府向社会力量购买评价服务，推动专业性评价机构间接参与监管。这进一步推动政府部门信用数据向社会开放，培育发展社会信用评价机构，鼓励开展信用评级和第三方评估市场的发展，从而逐步形成政府、企业、社会组织、媒体以及公众等多种主体共同参与的综合性市场监督体系。

二、梳理综合监管制度改革尚待破解的“卡脖子”瓶颈

（一）以实现贸易自由和严密监管的平衡为视角，海关制度在法治理念和适用环节方面面临新需求

1. 监管创新对传统海关法制完善提出新需求

现已实施的自贸试验区贸易监管措施，围绕市场主体提出的需求，主要以“一线放开”和“二线安全高效管住”为目标。但很多具体监管制度亟须法制上的调整和协调。

（1）各部门间信息交流不畅，导致单个部门出台的便利化措施，往往因缺少其他部门的配合而无法最终落地，或者虽然能够落地但给企业增加了额外、不必要的负担。这对自贸试验区内各个职能部门，如海关、工商、海事、税收等部门的征信系统进一步统一，进一步贯彻行政便利化政策，统一不同职能部门的征信体系提出了制度上的要求。

（2）自由贸易区内海关政策统一协调问题。海关监管模式和实际操作流程在自贸试验区四个区域之间仍未统一，比如在外高桥登记海关代码就无法在机场综合保税区进行申报，且海关对于设立分公司代码的方式不予认可。此外，区内自行运输还未完全实现。

（3）建立以信用档案为基础的企业分类监管制度，根据不同授权类型的 AEO 资格实施差别化监管，确保企业享受与其 AEO 资格授权相对应的便利措施；一体化监管制度的完善中，还需要通过完善系统功能，能够将同一代码企业在不同特殊区域运营的业务数据进行汇总；各分支机构主管海关能够查询同一代码企业在不同特殊区域的运作情况。

（4）实行适应服务贸易的税收制度改革中，对服务贸易出口免退

税制度，对一般服务贸易出口免征营业税，对缴纳增值税的服务贸易企业实施出口退税，允许大型服务贸易集团出口在集团项下“合并纳税”，海关监管制度的创新给在传统税法理念设计下产生的海关法制度带来诸多新内容的挑战。自贸试验区相关监管措施的创新都需要相对应海关法制的完善，出台相关实施细则，保障相关制度的透明化、清晰化，保障监管创新真正改善监管环境，简化行政审批流程，进一步贴合企业的诉求。

2. *严密海关监管和打击违规行为面临新挑战*

伴随自贸区海关监管规定的创新，自贸区内走私违规行为存在的形态相对应也会有新形态的衍生。比如“出进不平衡”的风险、低报价格、伪报品名的行为，自贸区内外关联企业串通走私的可能性都会存在，“跨境电商”也可能伴生网络走私。自贸区还有一点比较特殊的就是，随着金融、文化娱乐等服务领域的放开，政治、经济、文化安全以及“黄赌毒”等的渗透都应引起关注。

新监管方式带来的行为性质在现有法律框架下如何定性的问题，例如，在“先进区，后报关”业务模式下，区内企业在一线境外入区环节，凭提货通知书办理口岸提货和货物进区手续，由于提货通知书只做简要申报，其内容不涵盖所有商品信息，该文件与向海关办理进境货物正式申报手续提交的报关单有所不同，提货通知书和报关单是否具备同等法律效力没有明确过，一旦海关查验发现单货不符情况，凭“提货通知书”难以认定其是否存在“申报不实”的违法违规事实，给海关查验工作中对事实的认定以及后续处置都带来法律适用上的困难。

(二) 以免税进口科研设备共享模式发展为视角，当前政企信息互通效能面临较大考验

2014 年《国务院关于国家重大科研基础设施和大型科研仪器向社会开放的意见》(以下简称“意见”)出台以来，科研设备共享服务快速发展。以上海市为例，据上海研发公共服务平台统计数据，目前全市已有 750 家机构的 2.2 万余台(套)仪器设备纳入该平台提供共享服务，完

成共享服务70余万次。为在有效监管的前提下更好支持免税进口科研设备在海关监管年限内参与共享服务，经调研发现三方面情况亟待关注。

1. 海关与科研设备共享服务平台的信息互通有待加强

《意见》出台以来，一批科研设备共享服务平台陆续建立，主要包括：科技部牵头建立“重大科研基础设施和大型科研仪器国家网络管理平台”（以下简称“国家网络管理平台”）；上海等地方政府科技部门牵头建立的地方性管理平台；中科院、教育部等中央单位在各自系统内建立的共享设备平台；由数所高校联合建立的校际设备共享平台。经调研发现，上述科研设备共享服务平台的层级、范围不一，运行机制与信息架构也不尽相同，基本都未对纳入平台的共享设备标注海关监管货物属性。因此，免税进口设备主管地海关难以依托平台信息查证进口免税科研设备共享情况，也无法与平台实现信息互通，不利于提高监管效能。

2. 科研机构希望海关适度简化共享事项申报方式

根据规定，科学研究机构、技术开发机构和学校如需在海关监管年限内将免税进口的用品用于其他单位的科学研究、科技开发和教学活动，除纳入国家网络管理平台统一管理的免税进口科研仪器设备按照科技部会同海关总署等有关部门另行制定的管理办法执行以外，均应事先向主管海关提出申请，经主管海关审核同意并办理相关手续后方可用于共享。调研中，部分科研机构提出其免税进口科研设备共享需求频繁、时效性要求高，部分情况下需要当日申请、当日共享，因此“事先申请、一事一报”的方式过于繁琐，希望海关简化管理方式。

3. 信息不对称问题导致海关监管规定难以落实

调研发现，免税进口科研设备的管理单位普遍建立了较为严格的资产管理制度，无特殊情况不允许设备移出本单位，其资产管理部门通常也了解海关监管规定。但在实际科研活动中，共享设备的需求方有时直接同免税进口设备的实际使用人联系共享事宜，而作为设备使用人的科研人员、高校教师并不一定了解所用设备的海关监管货物属性和监管规定，在相关设备并未实际移出本单位的前提下，不排除实际使用人未向海关申报即擅自共享设备，目前海关也缺乏了解途径和查证手段。

（三）以供应链模式下产业集群发展需求为视角，现行加工贸易和保税监管制度面临较大挑战

供应链模式下的加工贸易保税企业集群，急需监管模式从“以企业为单元”升级转变，建立有利于供应链生产要素最优配置、供应链产业集群发展的加工贸易和保税监管制度。

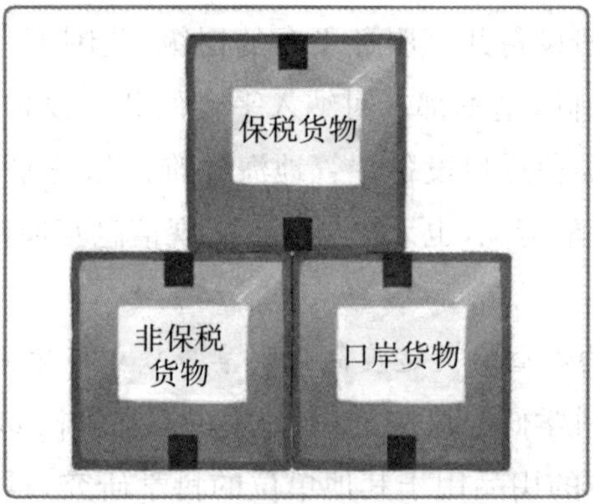

图 3.2.2　供应链模式下的加工贸易保税企业监管

1. 产业集聚使得监管模式亟待升级

供应链上下游企业围绕核心企业形成产业集群，对产业链间货物自由流动的要求更加迫切。一是海关监管范围需要“链”上的延伸。以往的保税加工制造业务，一家企业可单独完成，企业进口保税原料后，自己加工生产出成品后直接出口。随着专业分工的细化，产品的生产加工由供应链上下游的所有企业共同完成，一家或多家企业进口保税原料，中间产品在产业链间多次转移，由一家企业生产出成品后出口。海关如对加工贸易产业链的每家企业进行保税监管，相当于“以工序为单元”进行监管，既无必要，更给企业增加了较大的不便。二是海关监管需要“面”上的拓展。核心企业的内部管理较为规范，建有专门的供

应链管理系统对供应链产品实施精确管理，相关货物的数据齐全，是海关监管的有力抓手。但目前海关监管主要采取点对点的分散式管理模式，供应链上下游企业所属主管海关各不相同，分散在不同隶属海关甚至不同的直属海关，监管资源分散、流程人为割裂。以名硕电脑为例，该公司建有供应链管理系统，掌握了与上下游数百家企业保税业务数据，但其现场主管海关不能对非辖区内的上下游企业业务进行监管，难以实现联动一体监管。

2. 企业协同使得监管流程亟待简化

供应链企业间业务往来频繁，海关加工贸易监管环节多，办理手续繁琐，大大影响了企业间经营的时效，不利于发挥现代供应链的协同效应。

（1）监管环节多影响生产要素自由流动。海关保税货物流转采取“资质审批→商品备案→收发货登记（分送）→集中申报”的备案式管理，如区内企业办理区间流转、外发加工、维修检测、分送集报等业务，需要通过系统核批企业资质，然后核批货物商品信息备案，通过后方可生成核放单办理分送集报，整个流程需3—4个工作日，不能满足企业7×24小时生产要求。

（2）海关监管节点设置人为割裂供应链条。除以企业为单元的试点企业外，区外企业需在每月月底前完成当月内销保税货物的汇总征税手续，影响了企业正常的生产流程。据欧菲光科技反映，企业准备内销资料需3—5个工作日，为准确申报不受海关处罚，企业往往在当月最后一周不办理货物内销。部分时效要求高的订单只能违约取消，对企业生产经营的影响较为严重。

（3）部分特殊物品流转具有强烈时效性需求。生物医药行业保税流转货物包含药品样本、动物活体、血清试剂等特殊物品，此类物品需在恒温条件下运输、仓储，在无菌实验室环境下查验货物，下厂查验时间较长，对企业新药研发进度有影响。

3. 供应链数字化使得监管手段亟待更新

现代供应链内企业信息化管理程度高，供应链中保税货物数据流透明清晰、逻辑链条完整，可以记录并追溯料号进、出、转、存等数据，为海关监管提供了支撑，但目前海关应用大数据等手段挖掘供应链企业数据资源能力还有待进一步提升。

（1）海关获取供应链全链条数据手段有限。根据目前监管规定，企业仅需要向海关申报料件成品、单耗电子数据，该数据只反映单个企业的进出平衡情况，而企业发货、运输、到货、验收、入库、后续处置等供应链流转数据未向海关申报，海关难以追溯企业保税货物在供应链中的完整流向。

（2）海关印证申报数据真实性手段有限。企业根据海关相关要求对数据处理换算并向海关申报，海关关员通过抽核印证数据真实性。在实际工作中，人工抽核工作量大、覆盖面小、效率不高，不能保证所有数据的真实性，存在“管理一本账、海关一本账”两账并行，企业篡改数据的风险。

（3）海关应用供应链数据手段有限。目前海关在对接企业 ERP 系统（企业资源计划系统）和 WMS 系统（仓储管理系统）方面尚存在不足，难以精准验核系统数据、单证信息和实际物流是否一致。如企业发生货物溢短装、边角料残次品擅自处置等异常情况，海关无法通过比对上下游企业申报数据而发现相关问题。

三、坚持“智能化”路径，打造新片区更高水平综合监管体系对策建议

（一）聚焦“公平高效”，加快突破流程再造攻坚

1. 改进传统物流监管思路

上海自贸试验区成立以来，海关推出的一系列改革创新制度有效激发了市场主体活力，区内新增海关注册企业已超过 1.6 万家，有效促进了“大众创新、万众创业”。针对中小微企业“散、小、少”的物流模式易造成运能资源浪费、物流成本偏高等实际问题，还需不断创新“互联网 + 共享经济”管理模式，帮助企业便捷配载货源、降低物流成本，促进

自贸试验区物流产业集约发展。

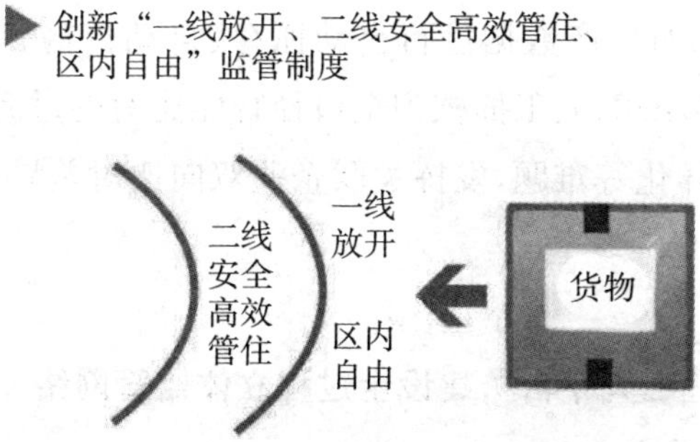

图 3.2.3　传统物流监管思路优化路线图

(1) 搭建物流配载互联网服务平台,促进资源集约利用

完善“上海自贸试验区货物配载平台”,通过互联网客户端向供应链各方发送货物配载及物流配送信息。自贸试验区进出口收发货人及货代、运输企业均可通过该平台自主查询信息、自主开展货源拼载、自主选择物流服务商和运输车辆,实现多家企业、多票货物的高效拼车运输,从而帮助区内企业特别是中小微企业最大限度集约运能、降低成本,同时缓解因车辆运力浪费造成的道路拥堵、环境污染等问题。

(2) 配载平台与智能化卡口联动,确保高效便捷通关

在安全高效监管的前提下,积极探索推动自贸试验区“物流共享经济”从“二线”进出区向“一线”进出境拓展,从区内企业向区外企业及社会资源拓展,为国际中转集拼、多式联运等新型物流服务发展提供更为高效、优质的公共服务。进一步完善货物配载平台与自贸试验区海关卡口自动验放管理平台的互联互通,避免因卡口环节“碎片化”监管降低整体物流效率。

2. *改进传统信息流监管思路*

(1) 探索开发“企业 ERP 财务数据稽查分析系统”。实现自动对接企业 ERP 中的财务模块和国内外主流财务管理软件,实时采集企业电子财务数据,自动进行数据验证、格式转换和整理加工,改变人工翻账的传统做法,实现对企业财务数据的自动提取和分析,对相关数据进

行智能分析，实现取账便捷化、阅账高效化和查账智能化。

（2）探索开发“ERP生产数据智能分析系统”。通过联网对接企业ERP生产系统，对生产数据进行自动抓存、自动传输、自动核算，完成项号级库存从传统的人工抽核到全口径智能比对的过渡。解决数据安全性和系统差异化等难题，发挥关联企业双向比对差异及纠错功能，实现联网监管。

（二）依托“三大平台”，建设全过程立体监管网络

1. 跨境贸易大数据平台

（1）加强关联企业协作，夯实平台应用项目建设基础。系统梳理上海口岸主要业务风险，结合防控需求明确平台风控应用项目建设方案，全面构建大数据本地化应用场景。加强与高校、科研院所、知名平台企业等的合作，开展区块链、人工智能、物联网等前沿技术合作交流；探索建立与上海市大数据中心数据交换共享机制；鼓励企业向平台开放ERP数据和供应链信息，加快关联企业合作建设进程。

（2）构建风险防控模型集群，拓展风险防控手段，实现对失信违法者的精准打击。结合中央重大决策部署、口岸检疫规定、贸易管制、税收征管等海关传统风险要求，以企业、商品、行为为视角，提炼数据特征，通过内外部数据的横向交叉比对和历史数据的纵向深入挖掘，建立覆盖固废、濒危、毒品、重大涉税等走私风险及卫、动、食、商等检验检疫风险的风控模型集群。

（3）构建供应链安全评估模块，实施安全风险自动化评估，给予守法者最大通关便利。借鉴WCO风险评估技术方法和美国海关C-TPAT（海关-商贸反恐怖联盟）安全风险防控思路，突破传统以报关单和企业为单元的评估方法，创新以供应链为单元，借助大数据探索构建供应链安全评估模式，使海关风险甄别与处置从进出口环节沿供应链向前后两端各环节延伸。同步研究与企业供应链安全评估相配套的便捷通关模式，试点推出“靠泊直提”“机坪直提”和“卡口直放”，实现安全与便利的有机统一。

2. 一体化信息管理服务平台

(1) 第一步：建立办理海关业务的“一站式平台”

这是关联企业交互、海关与企业实现全程信息化与智能化通关作业的主平台，即办理海关业务的“单一窗口”。涵盖海关各类业务，平台上嵌入海关业务相关的格式界面和操作流程，帮助企业实现“在线、实时和一站式”申报并自助办理所有海关业务。

其主要功能定位为：

一是标准化作业。 以负面清单方式将海关监管要求和规则梳理为明确清晰的权责目录在平台公开；对现有各业务条线的海关作业形成标准化作业流程，以信息化方式形成各个标准化的操作功能模块；为企业提供格式化文本和可选择的标准化作业“菜单”，企业按照系统中的标准化流程和规则指引、提示，规范完成各类业务办理。

二是统一申报。 将企业申报业务全部集中至统一的作业平台办理，一点接入、一次录入、上传申报数据。海关通过平台接收所有的企业申报数据，按照权责分工进行后台处置，推送至各功能中心进行审核、处置，形成反馈结果后通过平台统一反馈。

三是自助作业。 按照信息化系统中的标准化流程设置，企业可24小时、随时随地、自助办理海关各类业务事项；对通关状态进行跟踪，及时了解各个作业环节的处置结果、理由依据，并进行税单、电子回执的自助打印操作。对于需要企业前往现场办理的海关业务提供自助预约、排号服务。

四是综合查询。 搭建智能化的查询检索大数据库，提升申报要素透明度，为企业申报提供归类、价格、税款计算等辅助工具；对接归类、审价等辅助查询服务和12360热线，提供系统自动帮助和在线人工咨询。

五是“随时通”服务。 应用5G、互联网等技术，开发现场自助办事机(类似ATM机)、个人PC远程操作平台和智能手机App等终端实现任何人(anyone)在任何时间(anytime)、任何地点(anywhere)、通过任何方式(anyway)实现任何货物(anything)的“5A级一站式随时通”的新型便利化作业。

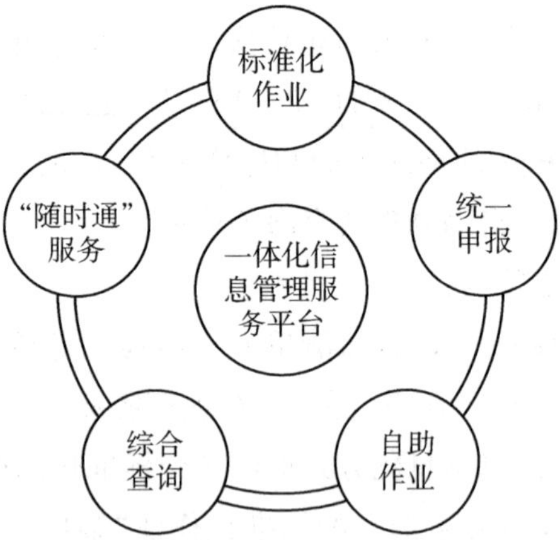

图 3. 2. 4　一体化信息管理服务平台主要功能定位

3. 智能化监管设施设备平台：以跨境电商快件监管为例

（1）嵌入风控体系实现智能分拣。将风险布控规则加载至邮政、快递企业分拣系统，系统根据布控指令和查验结果自动将邮件传送到查验、仓库、放行等不同区域，高风险包裹可精准预判下线查验，低风险包裹从人工检视变为线上快速放行，变企业的生产线为海关的查验线，实现全流程“嵌入式”监管。

（2）改造升级场站实现自动验放。建设跨境快速通关、园区进出车辆专用通道，应用电子车牌识别系统、红外防跟车系统、IC 卡自动识别系统、条码扫描系统、空车视频检查等设备，实现车辆“入区建账、出区核销、随机布控、卡口联动”自动验放。

（3）应用智能审图实现非侵入式查验。增配 CT 机，实现禁限物品和应税商品即时标记，实时预警，提高查发精准度；上线同屏比对模块，同屏查看比对系统调阅的面单信息与机检图像，判定开包必要性，正常邮件直接放行，避免此前人工挑查及 100％开拆查验方式对邮件的破坏。

（三）健全“三大体系”，突出精准化规范化监管

1. 企业信用管理体系

为推进进出口领域诚信建设，提升企业守法自律能力，需要不断拓展企业信用信息应用与服务，主动加强与地方主管部门的互联共通，充分依托社会力量的专业优势和辅助效应，综合运用社会资源指导和培育企业守法自律，着力改变监管与被监管的二元关系，探索构建政府监管、企业自律、中介辅助、社会共管的信用管理多元化治理新格局。

（1）以信息共享为基础，推进政府部门间协同治理。根据社会信用体系建设有关要求，与国家有关部门实施守信联合激励和失信联合惩戒，推进信息互换、监管互认、执法互助。一方面，深入参与上海市“互联网+政务服务”平台建设，强化与其他政府部门间信用信息共享交换，加大守信激励失信惩戒力度，建立联合防控机制。另一方面，与工商、国税等部门开展“点对点”信息互换共享，互换各方“守信、失信”企业名单，探索开展参照式筛选、预警式监控等执法联动工作，对涉及虚假贸易风险的企业实施协同监管。

（2）以中介力量为辅助，引导企业自律规范。按照“企业自愿委托、中介辅助规范、海关全面认证”的原则，试点引入中介机构协助企业开展认证前自查，帮助企业完善内部控制和安全管理。健全完善海关—中介专业交流协作机制，利用相关中介机构在合规审计、绩效评价、财务核算等方面的公信力和专业性，协助企业开展内部控制、财务状况、进出口守法和贸易安全等合规性自查；同时加强对中介机构的海关业务培训，进一步强化对中介机构参与认证前辅导培育工作的监督管理，引导企业有针对性地对标海关管理要求，加强自我监督、自我约束和自我管理，实现海关与企业双赢。

（3）以行业规范为手段，推进报关行业诚信建设。发挥好行业协会的组织、协调、服务作用，协调上海市报关协会等组织，担当桥梁纽带，通过诚信宣传、制度规范、培训指导等方式，多管齐下推进关区报关行业自律和诚信创建。强化《报关行业自律准则》等行业性规范指导，监督会员企业遵守行业自律规范；通过加强行业培训机制、完善行业沟

通平台、建立行业激励制度，树立自律企业标杆，提高行业整体规范经营水平。

2. 风险综合防控体系

以大数据应用为基础，以情报信息分析为手段，以智能化数据模型为工具，以强化后续管理为保障，推动风险防控时空前推后移，形成前中后全链条式监管，构建优化协同的风险防控机制，实现“大”风险防控模式。

表 3.2.1　风险综合防控体系模式特点

“大”风险防控模式	特点
大转变	➢ “两步申报”突破时空限制； ➢ “全过程”、“全链条”的风险防控； ➢ 聚焦安全准入风险； ➢ 大数据的应用。
大数据	➢ 整合内部数据资源； ➢ 拓展外部信息来源。
大模型	➢ 针对海量的内外部信息和数据； ➢ 先进的分析理念和分析手段； ➢ 新技术的应用。
大协作	➢ 与内外部的协作配合； ➢ 常态化的联合研判和信息共享机制； ➢ 以海关为核心和枢纽的网络化协同治理体系。

（1）突破时空限制，实现风险防控理念“大转变”。“两步申报”将过去必须限定在狭窄口岸时空完成申报和监管的“时点申报”转化为可以在规定时间段内完成的“过程申报”，突破了原有的口岸时空限制。风险防控理念必须紧随“两步申报”改革要求，从传统的着眼“时点”防控转变到放眼“全过程”“全链条”的风险防控。在口岸空间范围内应更加聚焦安全准入风险，提货放行前集中精力进行安全准入风险的研判和处置，通过大数据应用，从境外启运开始就对企业、货物、航线、资金、贸易背景等开展入境前的风险分析，锁定高风险目标，提高风险防控的

精准性。在社会信用体系建设不断健全、企业持续经营假设、通关行为“无罪推定”等前提下，借助外部企业行业的大数据实现信息关联，通过全方位信息的相互印证，有针对性地开展情报分析，实现事中抽查和事后核查的“全链条”监管。

(2) 内整合、外拓展，归集丰富多元“大数据”。风险信息数据在风险防控中起着基础作用，在“两步申报”改革下，申报数据至多作为多维数据的来源之一。必须打牢信息基础，有效整合内部数据资源，广泛拓展外部信息来源，摆脱传统对企业报关单数据的依赖。对内部数据，需要实现信息的集约整合，将分散在各系统、各条线、各业务领域的数据得以汇聚，经过专业分类整理后应用于风险防控。对外部信息，贯彻由企及物理念，广泛采集企业、行业和商品信息，充分利用互联网信息，集聚企业生产、经营、信用、财务、通信等市场资料和行业等信息，交互政府数据，采集工商、外管、税务、商务、市场监管、环保、电力、劳务等政府部门数据，汇聚货物流、服务流、资金流等动态数据，形成围绕企业、货物、运输工具等可多维分析的大数据资源池，以此为基础，为企业、商品精确画像，识别“不良”企业和“影子商品”，可作为风险防控的抓手，同时也是提高后续监管效能，将监管链条向后延伸的有效保障。

(3) 创新分析方法，构建情报信息“大模型”。“两步申报”模式下，风险分析面对的将不再是单个或多个的报关单数据，而是海量的内外部信息和数据，分析理念和分析手段必须跟得上数据的量级和多元性，才能有效利用好信息资源，实现高效精准的防控目标。在科技应用的有力支撑下，促进大数据、云计算、人工智能等新技术逐步应用于海关监管全过程，使风险分析效能和智能化程度得到大幅提升。

(4) 加强部门协同，开展联防联动“大协作”。“两步申报”模式下，风险防控部门还需进一步加强与内外部的协作配合，加强信息共享、强化联合研判、密切协同配合，构建联合防控机制，形成风险防控合力。要借助海关在“三互”大通关建设中的牵头优势，探索建立常态化的联合研判和信息共享机制，积极对接口岸管理相关部门及其他单位，推动口岸安全联防联控工作，充分发挥海关在口岸安全准入风险防控中的屏障作用。其次，要提升收集外部资源、优化整合为我所用的能力，形成以海关为核心和枢纽的网络化协同治理体系，有效化解风险防控资源的约束难题。例如，加强与科研院校和数据公司合作，发挥其专业优势，为风险防控工作提供专业培训及智力支持；加强与进出口贸易相关主体在风险防控领域合作，了解进出口贸易的真实状况，提高守法企业监管全过程的便利化程度，为联合研判、精准分析提供支撑。

3. 知识产权综合执法体系

（1）融入地方执法体系，推动多部门联合治理。与地方市场监管、版权等主管部门建立知识产权执法联系机制，积极推动与地方政府部门间开展联合执法，通过线索信息通报、定期工作会商、疑难案件研讨咨询等方式，完善知识产权执法链条。

（2）落实“两法”衔接要求，提升溯源打击效果。通过电商平台企业线上交易系统调取固定后台真实交易记录和物流信息等电子数据，与海关接收的“三单”信息进行比对分析，追溯制假售假源头，并积极联系公安部门启动“两法”衔接程序，将传统物流渠道的打击侵权转变为线上线下同步打击。

（3）加强司法协作配合，提升侵权纠纷解决效率。与法院建立知识产权纠纷司法对接机制，指定专人负责权利企业司法维权事宜，针对跨境电商等领域侵权案件存在电子证据多易造成取证困难的情况，及时固定相关电子证据，提高知识产权纠纷解决效率，降低企业维权成本。

（4）与电商企业加强数据共享。积极与阿里巴巴集团等电商平台企业开展合作，借助其大数据监控分析技术优势，通过数据对碰辅助海关风险防控决策，获取线上交易真实情况，丰富海关打击瞒报、夹藏等不法行为的监管手段。

（四）实现“三大智能”，真正革新现行监管模式

1. 卡口监管更加“智能”

（1）深化卡口业务科技融合。深化科技供给侧结构改革，及时引

进成熟适用的科技成果。比如，智能卡口涉及大量的信息系统整合共享、大数据处置、模型运算等需求，需要科技部门在提升科技保障水平、加快信息传输效率、减少系统冗余、提高跨系统通讯质量等方面，加大新技术新成果运用，并借鉴先进的模型分析和人工智能工具，支持业务部门做好风险布控、行业画像等工作，为业务改革提供多样化的技术实现方案。

（2）优化卡口监管装备利用。科技作为核心战斗力，关键体现在应用效能上。近年来，海关系统陆续配备了H986、电子地磅、X光机、辐射探测门等监管装备，种类多、数量大、功能全，但如何统筹利用已配发的海关各类科技装备，通过物联网、移动互联网、大数据、云计算、人工智能等技术形成整体监管合力，仍需加大研究论证力度。下一步，要逐步将辐射探测门、查验单兵装备、稽查单兵装备、视频监控等结构化和非结构化数据统一纳入卡口系统采集与分析，打破信息孤岛，破除部门藩篱，建立企业、货物、运输工具全景画像，需要业务科技部门联合攻关、重点推进。

2. 通关监管更加“智能”

（1）探索“三自”通关模式

一是自主申报。 在企业及货物准入环节，将海关法律政策底线形成“负面清单”，并全部对外公开，明确企业申报责任及义务，由企业向海关自主、规范地完成所有申报项目。突出关企关系调整的权责对等，旨在重新厘清海关和企业的权责边界。

二是自助通关。 在事中通关作业环节，实行在线治理模式及业务流程透明化、标准化的无缝隙、一站式服务，让企业全流程自助办理、随时通关。突出作业流程再造的放权便利，是规则明确、透明前提下的充分放权。主张企业与海关共同合作、协同治理，海关致力于提供透明、稳定、可预期的新型贸易便利化环境，最大程度减少对企业不必要的干预，充分信任企业，让其主动参与、自我控制，在规则框架下拥有更为灵活、自由的选择，充分激发市场的活力与潜力。

三是自动审放。 实施全流程覆盖、前中后联动的审核、征管、监控一体化作业模式，对企业申报数据进行精准风险判别、通道分流、差别处置。突出业务管理重置的智慧集约，通过逆部门化、逆碎片化，将各类信息系统整合，依托大数据、人机协同等新技术实现智慧决策；同时建立整体目标导向的治理结构，围绕目标对管理资源进行科学分配重置，推动治理手段相互协调、治理效能整体提升，破解传统的分工格局过分致力于本部门专业水准提升、条线化职能管理相互掣肘以至偏离整体治理目标、信息孤岛现象削弱监管合力等瓶颈问题。

图 3.2.5 “三自”通关模式

(2) 探索“智能”查验模式

一是依托信息化手段优化物流查验管理。 建立“人机一体化”查验机制，通过将“线上”系统辅助与“线下”人工作业相结合，在查验现场实施“远程在线查验”与“现场在线查验”，实现“人、机、数据”的有机结合。

二是创新 CT 智能审图提升监管效能。 加强技术攻关，开发 CT 系统“智能审图”功能，发现可疑物后立即标记，实时预警，并即时提供可疑物种类信息。

3. 后续监管更加“智能”

一是创新远程数据式稽查方法。 以生产型企业常用的 SAP、ORACLE、TIPTOP 等 20 余类 ERP 系统及仓储型企业常用的 WMS 数据库为依据，建立包含企业生产、仓储、财务和管理 4 大类信息的数据库。采取在生产型企业 ERP 系统嵌入客户端，或与仓储型企业 WMS 数据库对接等方式，提取企业原始数据，建立数据验真模型，通过对企业系统操作人员行为和生产经营数据的分析，判断系统数据是否合理。稽核查人员通过数据核对、穿行测试等方式，实施远程稽核查作业，无需人工盘点货物、核对单证数据，大幅缩短稽核查作业时间。必要时也可开展实地抽样核实，评估异常变动对数据真实性的影响。

二是发挥远程智能式稽查优势。 将稽查视角延伸至企业基本素质、行为规律、经营特点、财务状况等多个维度，实现对企业行为特征化分析和标识的“精准画像”，有效评估企业经营合规性。与政府部门管理数据进行智能交互，核对企业海关备案信息与工商注册信息；与第三方数据进行智能交互，对海关监管与跨境电商及供应链企业的交易数据、物流和中检公司国内外溯源数据进行逻辑比对，通过多方数据交互印证，提前研判企业可能存在的风险。

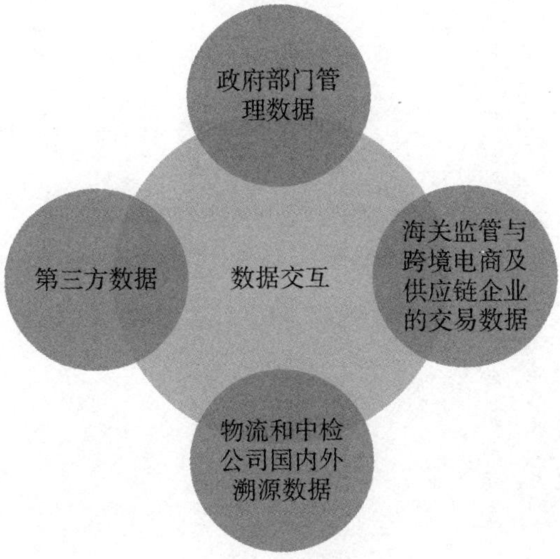

图 3.2.6　综合监管数据智能交互图

第四篇

参考材料

第四篇

附则之卷

附件 1　上海自贸区有关投资立法和政策梳理

表 4.1.1　上海自贸区有关投资立法和政策梳理表

有关立法	实施时间	主要内容
《中国(上海)自由贸易试验区总体方案》	2013 年 9 月 18 日	具体列明了上海自贸区在投资、贸易、航运、金融等方面的各项开放措施,以及转变监管方式、完善法制环境等具体保障方案。
《中国(上海)自由贸易试验区条例》	2014 年 8 月 1 日	1. 明确规定自贸试验区建设要坚持“自主改革”的指导思想,努力聚焦制度创新的重点领域和关键环节。 2. 尊重人民的首创精神,规定凡是法律、法规、规章未禁止的事项,鼓励公民、法人和其他组织在自贸试验区开展改革创新。 3. 对负面清单之外的领域,将外商投资项目核准和外商投资企业设立和变更审批改为备案管理。
《外商投资信息报告办法》	2019 年 12 月 31 日	1. 外资管理体制实现重大变革,简化和优化了外资准入管理程序。 2. 外国投资者、外商投资企业需填报的信息大幅精简。 3. 通过部门信息共享能够获得的信息,无需重复报送。 4. 报送信息的流程进一步合并和优化。
《外商投资法》《外商投资法司法解释》《外商投资法实施条例》	2020 年 1 月 1 日	1. 明确对外商投资实行准入前国民待遇加负面清单管理制度。 2. 明确国家支持企业发展的各项政策同等适用于外商投资企业。 3. 明确外商投资企业平等参与标准化工作和政府采购活动。 4. 明确外商投资企业可以依法通过公开发行股票、公司债券等证券以及其他方式进行融资。 5. 明确地方各级人民政府可以在法定权限内制定外商投资促进政策。

续　表

有关立法	实施时间	主要内容
《中华人民共和国台湾同胞投资保护法》	2020 年 1 月 1 日	1. 取消了台湾同胞投资企业设立审批和备案管理制度，确保台胞投资同步享受到制度红利。 2. 帮助台胞台企搭乘大陆全面深化改革、进一步扩大对外开放的便车，为台胞台企来大陆融合发展提供更多机会，创造更好条件。
《上海市全面深化国际一流营商环境建设实施方案》	2020 年 2 月 20 日	1. 明确总体要求。 2. 全面打响“一网通办”政务服务品牌。 3. 打造更具国际竞争力的营商环境。 4. 加强保护和激发市场主体活力的制度供给。 5. 落实组织保障。

附件 2　美国自贸园区贸易监管概况

一、美国自贸园区总体情况

自由贸易区在美国被称为对外贸易区(Foreign-Trade Zone)。自 20 世纪 30 年代始，美国开始在有关港口及其毗邻地区划出特别区域兴建对外贸易区，旨在通过建立对外贸易区来促进国际贸易、扩大出口、增加就业机会、刺激地方经济发展并提升美国公司的全球竞争力。随着对外贸易区功能的不断完善和扩展，对外贸易区的数量也逐年增加，截至 2015 年，全美境内共设有对外贸易区 262 个。1934 年美国国会颁布的《对外贸易区法案》(Foreign-Trade ZonesAct of 1934)是管理对外贸易区的基本法律。依据该法案成立的对外贸易区委员会(Foreign-Trade Zone Board)是美国政府管理对外贸易区事务的最高机构。该委员会的主要职责是，制定对外贸易区的管理规则和操作规程，审批各州对外贸易区的设立申请，检查对外贸易区运作情况及做出注销或撤消对外贸易区的决定。对外贸易区委员会由商务部和财政部人员组成，商务部部长兼任该委员会主席，秘书处设在商务部。对外贸易区委员会每年向美国国会提交一份由商务部和财政部部长联合署名的长达100多页的美国对外贸易区年度报告，详述当年对外贸易区管理和发展情况，内容涉及年度增设对外贸易区数量，各州对外贸易区进出商品种类、数量和价值及同比或环比增加数量，区内就业情况等较为详实的数据。

二、美国海关对对外贸易区监管情况

依据美国《联邦行政法规法典》(CFR)第15卷"商业与对外贸易"第400部分以及第19卷"关税"第146部分及其他联邦政府的有关法律法规，美国海关和边境保护局(CBP)对进出对外贸易区的货物实施监管，在企业自律守法的基础上为其提供便利服务。

(一)实行口岸负责人审批制度

作为对外贸易区委员会的地方代表，对外贸易区所处港口的海关关长(Port Director)对对外贸易区的管理进行指导，对进出区的货物实施监管，并就其管辖区域内对外贸易区的政策评估、区域变更、违规处罚等事宜向对外贸易区委员会提出建议。申请人在取得对外贸易区委员会设区批准后，还需报经海关审核同意方能从事有关业务。

(二)坚持以服务为导向的监管理念

CBP对对外贸易区实施企业自律和海关监管相结合的监管制度。区内企业实行自主管理，建立详细的账册，对货物入区进行备案，并对区内储存、加工、制造、流动以及出区核销等活动详细记录，备CBP日后稽查。CBP对区内货物采用审计核查制度。除在一些重点对外贸易区派驻有限的人员外，CBP通常不在对外贸易区派驻机构，也不保存库存记录，除非必要，CBP也不再定期到区内企业进行检查，而是通过审计和核查方式对企业进行后续监管。CBP 监管方法包括审计检查和现场查验。海关审计核查制度不仅使 CBP 将有限的资源集中在有问题的企业并将监管重点放在货物进入国内市场的环节上，而且也提高了货物出入对外贸易区的速度，为企业节约了贸易成本。

（三）实施分类监管制度

根据 CFR 第 19 卷“关税”第 146 部分 D 节，对外贸易区货物被分为以下四种法律地位进行分类监管，并分别给予不同的通关待遇。

第一类是特惠外国地位（Privileged Foreign Status）。所谓特惠外国地位货物实际上是享受特殊优惠政策的从国外运入对外贸易区的货物。特殊优惠政策实际上就是关税倒挂政策，也就是如果对外贸易区内某件制成品的关税税率高于它运入对外贸易区内一部分或者全部部件的关税税率时，申请人就可以选择适用较低的部件税率而非较高的成品税率。国外货物入区后，在未经任何加工前，进口商可以选择究竟货物申请哪种法律地位。如向 CBP 申请特惠外国地位，则必须采用 214 号表格向海关申报，明确该特惠外国地位货物所适用的关税税率及税号，同时必须清楚地说明货物的特定种类与具体数量。

第二类是非特惠外国地位（Non-Privileged Foreign Status）。该类货物包括三个部分：一是外国货物，即对外贸易区内不具有特惠外国地位或对外贸易区受限地位的外国货物；二是废弃料件，即对外贸易区内特惠外国地位货物或非特惠外国地位货物经过加工或制造后所回收的废弃料件；第三是特定国内货物，即对外贸易区内由于不符合法律法规而失去了国内地位的那部分国内货物。进口商出于关税的考虑，一旦选择了非特惠外国地位后，其货物将被推定为转移至海关关境以及申请报关用于消费。那些不能申请报关用于消费的非特惠外国地位的限定货物，可以在对外贸易区内转化为能够申请报关用于消费的货物，除非其他法律明令禁止。

第三类是对外贸易区受限地位（Zone-Restricted Status）。从海关关境运入对外贸易区并仅仅用于出口、销毁（烈酒、葡萄酒与发酵麦芽酒除外)或者储存的任何货物将被视为出口,并授予对外贸易区受限地位。只要货物位于对外贸易区内,任何时间均可提出申请对外贸易区受限地位,即使经过制造后也是如此,但一经授予就不能随意放弃。为了出口或者转运出口目的而运抵港口的货物通常被授予对外贸易区受限地位。对外贸易区受限地位货物不得再被运回美国海关关境用于国内消费,除非委员会认为那样做符合公众利益。从海关角度,货物一旦以对外贸易区受限地位运入对外贸易区,就被视为出口。

第四类是国内地位(Domestic Status)。国内地位货物主要包括三种类别：一是在美国国内生长、生产或制造的,且已缴纳所有国内税的商品;二是先前进口且已经缴纳关税和税费的货物;三是先前进口且免于缴纳关税和税费的货物。国内货物在其所有国内税费支付完毕前不得被授予国内地位,也不得作为特惠外国地位或非特惠外国地位货物对待。当国内地位货物被运入对外贸易区内,置于 CBP 的监管之下,而无论它是否与区内其他商品混合或者成为其他商品的一部分,都可以被运回海关关境之内而无须支付关税或其他税费。

(四) 货物监管的便利化程序

美国自贸区成功的关键在于贸易便利、通关效率和通关成本。其主要的便利化程序体现在以下两点：

一是每周申报进口程序。对外贸易区经营人或使用人可以选择向口岸海关关长提交一份每周许可的申请,即在任何七天的时间内申报货物进口或放行用于出口、运输或转运出口。申请书必须附有形式发票或时间表,如果实际转运的货物超过了一周预期的数量,申报进口人应追加一份申请作为补充,以便将运出的额外货物包括在内。每周申报可以让海关能够在七天内为所有预期出区的货物发布一次许可,申请人不必为每一批出区货物进行申请。在实践中,每周申报程序减轻了企业的压力,从而增加了利润。根据全国对外贸易区协会估算,业务量较大的对外贸易区使用人能够将他们的报关处理费用削减掉90%左右。

二是货物直接交付程序。 简单来讲，直接交付程序就是区内进口货物企业向所在地口岸海关关长提出申请，获准享受直接进区待遇的货物在第一个卸货港不需办理海关通关手续即可直接在保税状态下运入对外贸易区。向对外贸易区直接交付货物的程序不需要事先采用214号海关表格提出申请及得到批准。它的风险较小，是专为经营人是货物的所有人或购买人所设计的程序。经营人应在直接交付程序生效前至少30日向海关关长提交书面申请。申请中应说明货物将如何进行处理或加工以及在对外贸易区内将被用于何种业务。直接交付程序加快了货物向对外贸易区交付的速度，也不需要等待海关事先许可的批准，缩短了平均运输时间，为企业节约了大量的时间和成本。

三、对外贸易区货物内销征税政策

总体来讲，美国对对外贸易区货物销往国内时采用选择性征收关税政策。企业可以对选择了特惠外国地位的货物选择按照部件的税率或者按照制成品的税率进行征税。多轮关税总协定谈判结果使得全球关税得到了大幅度的降低。由于关税减让是在全球范围内进行的，在有些情况下，进口中间产品的税率较高，而进口最终成品的税率比较低。如企业最终选择按照较低的成品税率对对外贸易区内销货物进行征税时，根据美国财政部1980年裁定，不再对对外贸易区的加工成本计入应税价值，从而减少了在对外贸易区内生产的货物的应税额。1982年，与进口成分相关的其他费用如经纪、保险与运输费等费用也被排除在最终的估价之外，进一步降低了内销货物的应税额。同时，入区的特惠外国地位货物内销时也可以选择较低的部件税率征税，其时间按照入区申报提交申请表格之日的关税税率为准，也就是说，申请之日就“冻结”了关税税率。在有些对外贸易区的授权中规定了特别的条件，要求申请人进口货物必须选择特惠外国地位，以便维持一个特定部件关税税率的保护性效果或者识别出某个部件从而对它们实施反倾销税或反补贴税。

附件3　新加坡贸易便利化概况

根据世界银行发布的《全球营商环境报告2020》，新加坡营商环境在全球190个经济体中排名第二，这也是该国连续四年位居第二，且离第一的距离在逐步减小。在世界经济论坛发布的《全球竞争力报告2019》中，新加坡以总分84.8分超越美国（83.7分）位居全球竞争力指数GCI4.0排行榜首位。在优化营商环境、促进贸易便利化的工作中，新加坡一直走在世界前列。

一、新加坡贸易便利化特点

（一）“通得快”

在出口、进口的单证合规方面，新加坡耗时分别仅为2小时和3小时，不到我国相关耗时的1/4。在出口、进口的边界合规耗时，新加坡为10小时、33小时，其中为完成海关手续产生的耗时分别为0.5小时和1小时。我国样本城市在同一评价体系的12个支柱中，新加坡有10个已经提升到较高水平，每一个支柱的得分比经合组织的平均水平高出4至19分。根据《全球营商环境报告2020》，在跨境贸易项目中，新加坡排名第47名，得分89.5分。据《全球营商环境报告2020》评估，我国跨境贸易的出口和进口单证合规耗时分别为9小时和13小时。11样环节的耗时与之存在极大差距——上海耗时分别为6小时与4小时，北京耗时均为8小时。

（二）“花得少”

在出口、进口的单证合规方面，新加坡在出口环节的单证合规、进口环节的边界合规和单证合规三项的费用分别为37美元、40美元和220美元，均低于我国样本城市相关数值，进口环节的边界合规成本为335美元，略高于我国。进一步分析出口、进口环节的边界合规成本中，可以发现，在出口、进口环节，北京、上海为完成海关手续而产生费用22美元均低于新加坡，但港口作业产生的费用占比较重，弱化了我国为完成海关手续产生费用成本较低的优势。

(三)“单证简”

新加坡在出口、进口环节贸易文件要求仅为5项，分别是：商业发票、装箱单、出口(或进口)许可证、SOLAS公约证书、提单。我国样本城市在出口、进口环节贸易文件要求分别为6项和8项，出口方面另需提交码头装卸单，在进口方面，无需提交进口许可证，但另需提交：合同、保函（北京：Telex Release Guarantee Letter，上海：Telex Release)、码头装卸单。更多的贸易文件要求意味着更多的耗时和费用成本，在出口、进口单证合规耗时和费用上，我国样本城市相关数据均远高于新加坡。

二、新加坡贸易便利化优势分析

建立全球领先的贸易中心和服务中心是新加坡的国家发展战略，以新加坡海关为代表的贸易监管机构在追求贸易便利化和保障贸易安全中表现卓越，对维持新加坡全球贸易中心的地位发挥关键作用。围绕贸易便利、贸易安全与贸易监管，新加坡的贸易便利化措施有三大优势。

(一) 充分运用现代化信息技术

根据《2018年联合国电子政务调查报告》，新加坡全球电子政务发展水平位列第7名，并且在线服务的范围和质量指数得分为0.9861分(满分为1.0分)。在跨境贸易中，新加坡政府推出贸易网(TradeNet)和互联贸易平台(NTP)两个系统，信息技术的运用极大便利了通关。TradeNet是新加坡的国家贸易申报单一窗口。它提供针对政府相关交易的“一站式解决方案”，连接了新加坡海关、税务等15个政府部门，与进出口(包括转口)贸易有关的申请、申报、审核、许可、管制等全部手续均通过其进行，大大减少了准备、提交和处理贸易文件的成本和时间，从而加快货物清关的速度。TradeNet 在 10 分钟内处理 99%的许可证申请，每份许可证申请费用为 2.88 新元。据统计，TradeNet4.0 版本每年能够节约 400 万美元贸易申报费用。根据《2018 联合国电子政务调查报告》，我国电子政务发展指数为 0.6811，位列第 65 位，居于"高电子政务发展指数(EGDI)"组别，处于全球中上水平。其中，我国的在线服务指数(OSI)为 0.8611，位列第 34 位。

(二)广泛建立友好伙伴关系

对商界伙伴，新加坡海关推出了安全贸易合作伙伴(STP)，计划加强全球供应链安全和促进合法商品流动。STP 计划基于世界海关组织 2005 年 6 月通过的"确保和促进全球贸易的标准框架"，即新加坡的国家授权经济运营商(AEO)计划。采用该计划要求的稳健安全做法的公司会被新加坡海关认证为 AEO。同时，为适应不同的商业实践，安全标准又被赋予较高的灵活性。新加坡提供丰富的线上线下指导。就企业跨境贸易中涉及的业务指导、规则更新等内容，在新加坡海关等多个政府网站上，不仅有公告、媒体发布等信息，还包括操作指南、规则手册和在线课程等详细信息，并提供线下课程与行业研讨会。如，新加坡推出战略贸易管理联合行业推广研讨，邀请制造商、出口商、物流提供商、货运代理、从事战略物品或战略物品技术研究的学者和研究人员参加研讨会。由新加坡海关联合美国工业和安全局、美国出口控制和相关边境安全项目和日本经济产业省为与会者提供政府和私营部门专家意见，并加深与会者对战略贸易管理最新发展的了解。对其他监管机构，新加坡已分别与加拿大(2010)、韩国(2010)、日本(2011)、中国(2012)、中国台湾(2013)、中国香港(2014)、美国(2014)、澳大利亚(2019)、泰国(2019)和新西兰(2019)等国家和地区海关签署互相认可战略。这一战略促使新加坡与贸易伙伴海关相互认可彼此供应链安全计划的安全要求和验证过程，使获得认证的公司更轻松地享受便利。

(三)积极推进港口自动化、智能化

新加坡港近20年来,集装箱吞吐量在全球排名均位居前两位,且基本保持稳定。长期以来,围绕打造全球性枢纽港和国际航运中心的战略目标,新加坡港持续推进业态创新,积极推进港口自动化、智能化。新加坡港口建设的先发优势一直是其核心竞争力。2016年,新加坡港提出2030年港口战略构想,明确要建设高效、智能、安全、绿色、可持续发展的新加坡智慧港口。现阶段,新加坡港正在积极推进第四代集装箱港口—大士(Tuas)新港的建设。大士新港将整合新加坡港现有4个码头的集装箱业务,同时通过填海造地有效缓解港口与城市之间的土地空间矛盾。2015年,大士新港第1期工程启动,投资约1.5亿新元。大士新港将创造性地使用智能技术和建造、管理、运营等新技术,采用多套自动化系统,例如自动导引车系统、岸桥自动维护系统、码头自动化系统、自动化场地起重机系统、智能视频分析系统等,以实现码头作业高度自动化、智能化。大士新港将能够处理世界上最大的集装箱船舶,并将成为世界上最大的自动化集装箱码头,年吞吐量将达到6500万标准箱。届时,新加坡港将成为超现代化、高度自动化和智能化的智慧物流中心,成为集港口航运、临港工业、造船业和其他港口事业为一体的超级港口综合体。

附件4 上海自贸区贸易自由化便利化政策梳理

表4.4.1 上海自贸区贸易自由化便利政策梳理表

政策类型	政策文件	施行时间	主要内容
规范性文件	《国务院关于积极有效利用外资推动经济高质量发展若干措施的通知》	2018年6月10日	1. 大幅度放宽市场准入,提升投资自由化水平。 2. 深化"放管服"改革,提升投资便利化水平。 3. 加强投资促进,提升引资质量和水平。 4. 提升投资保护水平,打造高标准投资环境。

续 表

政策类型	政策文件	施行时间	主要内容
			5. 优化区域开放布局,引导外资投向中西部等地区。 6. 推动国家级开发区创新提升,强化利用外资重要平台作用。
负面清单政策	《自由贸易试验区外商投资准入特别管理措施(负面清单)(2019年版)》	2019年6月30日	1. 服务业扩大对外开放。 2. 放宽农业、采矿业、制造业的准入。 3. 额外取消水产品捕捞、出版物印刷等领域对外资的限制。
仲裁政策	《中国(上海)自由贸易试验区临港新片区管理办法》	2019年8月20日	加强国际商事纠纷审判组织建设。允许境外知名仲裁及争议解决机构经上海市人民政府司法行政部门登记并报国务院司法行政部门备案,在新片区内设立业务机构。
司法保障政策	《关于服务保障上海自由贸易试验区新片区建设、进一步促进营商环境优化的实施意见》	2020年2月26日	1. 加强对新片区建设和营商环境建设中法律纠纷问题的研究,及时提出司法对策。 2. 进一步加强繁简分流改革和智慧法院建设,创造更加便利的司法服务环节。 3. 深化国际交流合作,促进国际一流营商环境建设。

附件5 上海自贸区投资开放领域四大纲领性文件

表4.5.1 上海自贸区投资开放领域四大纲领性文件梳理表

相关政策	发布时间	主要内容	投资开放
《中国(上海)自由贸易试验区总体方案》	2013年9月18日	具体列明了上海自贸区在投资、贸易、航运、金融等方面的各项开放措施,以及转变监管方式、完善法制环境等具体保障方案。	1. 扩大服务业开放。 2. 探索建立负面清单管理模式。对外商投资试行准入前国民待遇。 3. 构筑对外投资服务促进体系。改革境外投资管理方式,对境外投资开办企业实行以备案制为主的管理方式,对境外投资一般项目实行备案制。

续　表

相关政策	发布时间	主要内容	投资开放
			4. 完善国家安全审查制度，在试验区内试点开展涉及外资的国家安全审查。在总结试点经验的基础上，逐步形成与国际接轨的外商投资管理制度。
《进一步深化中国(上海)自由贸易试验区改革开放方案》	2015 年 4 月 8 日	加快政府职能转变，深入与扩大开放相适应的投资管理制度创新，积极推进贸易监管制度创新，深入推进金融制度创新，加强法制和政策保障。	1. 进一步扩大服务业和制造业等领域开放。 2. 探索实施自贸试验区外商投资负面清单制度，减少和取消对外商投资准入限制，提高开放度和透明度。 3. 推进外商投资和境外投资管理制度改革。 4. 深化商事登记制度改革。 5. 完善企业准入“单一窗口”制度。
《全面深化中国(上海)自由贸易试验区改革开放方案》	2017 年 3 月 30 日	确立三区一堡新目标：建设综合改革试验区、风险压力测试区、转变政府职能先行区，服务国家“一带一路”建设和推动市场走出去的桥头堡。	1. 建立更加开放透明的市场准入管理模式。实施市场准入负面清单和外商投资负面清单制度。 2. 全面深化商事登记制度改革。 3. 进一步放宽投资准入。最大限度缩减自贸试验区外商投资负面清单。
《中国(上海)自由贸易试验区临港新片区总体方案》	2019 年 8 月 6 日	对标国际上公认的竞争力最强的自由贸易园区，打造更具国际市场影响力和竞争力的特殊经济功能区。	1. 实施外商投资安全审查制度，在电信、保险、证券、科研和技术服务、教育、卫生等重点领域加大对外开放力度，放宽注册资本、投资方式等限制。 2. 探索试行商事主体登记确认制。深入实施“证照分离”改革。 3. 加强国际商事纠纷审判组织建设。

续　表

相关政策	发布时间	主要内容	投资开放
			4. 促进产城融合发展。进一步拓宽国际优质资本和经验进入教育、医疗、文化、体育、园区建设、城市管理等公共服务领域的渠道。

附件 6　上海自贸区与全球主要自贸港、其他地区主要人才政策一览

表 4.6.1　上海自贸区与全球主要自贸港、其他地区主要人才政策梳理表

政策类型	上海自贸区	深圳	香港	新加坡	迪拜
境外人士永居	在临港新片区内的单位连续工作满 4 年、每年实际居住不少于 6 个月,可申请;本市外籍人士永居政策多样化,亲子团聚永居;夫妻团聚永居;亲属投靠永居;投资永居等	符合条件申办,无特殊政策	通过各类揽才计划拿到香港居民身份,后“在港通常性居住”7 年,可申请	配偶永居;未满 21 岁未婚子女永居;公民父母永居;EP 或 SP 的持有者;留学生居住满 2 年并通过 PSLE 等考试;GIP 等	房产和投资签证,分两年期、五年期和十年期签证,原则上可以无限续签;优秀的医生、科学家、工程师、艺术家可申请永居
境外居留许可、出入境政策	最长 5 年期居留许可,顶尖人才可直接申请永居,试行口岸电子签证;入外籍留学人员最长十年海外人才居住证 B 证	凭工作许可办理 5 年期居留证件	顶尖人才无居留限制,7—180 天过境免签	各类工作签证	短期居留有旅游签、访问签、过境签

续 表

政策类型	上海自贸区	深圳	香港	新加坡	迪拜
工作许可	1—5 年期各类工作签证；最长五年人外籍留学人员、港澳台人士免办，来沪不超过 90 天的外国专家，免办工作许可	2—5 年工作许可，来深不超过 90 天的外国专家，免办工作许可	根据揽才计划办理工作签证	EP、SP 准证，适用于管理、行政或技术类，EP 半年可申请全家永居 PR，持有 PR2 两年可全家入籍	自由工作许可证（兼职证），年费 7500 迪拉姆，允许在教育领域 5 项和媒体领域 50 项做兼职；不超过 6 个月可申请临时工作许可
揽才计划	“人才 30 条”上海出入境聚英计划，“浦江人才计划”等	鹏城英才计划、孔雀计划、“梧桐人才”“人才安居工程”“产业发展与创新人才奖”等	“一般就业政策”“专才计划”“优才计划”“读书定居计划”“港二代回流计划”	教育揽才	
个人所得税政策	临港新片区实施海外高层次人才个税税赋差额补贴	前海依工资薪金缴纳的个人所得税超过 15% 部分给予财政补贴	税款不超过总收入 15%，实行累进计算税率，规定若干免税及扣除项目	居住时间不少于 183 天的外国人适用“15% 税率和居民个人所得税税率较高者”	自贸港园区内免征个税
住房保障政策	办理海外人才居住证的境外人士公积金缴存、提取同缴同权	实物配置和货币补贴两种方式	永居身份与港本地居民相同，可租住政府公屋，购房印花税税率 1.5%；居民身份不能租住公屋，购买住宅需缴纳 30% 买家印花税	永居身份购买 HDB 政府组屋限制很多，且没有政府津贴	

续 表

政策类型	上海自贸区	深圳	香港	新加坡	迪拜
教育、医疗政策	入外籍留学人员获取上海市居住证后可参加社会保险，子女、配偶享受居民基本医疗保险待遇	地方级领军人才子女入学可按就近入学原则和实际情况，安排省一级学校就读，且享受本市户籍学生同等待遇；海外高层次人才的子女入学，在小学和初中教育阶段结合人才本人意愿和实际情况安排入学，并享受免费义务教育待遇，在高中教育阶段减免学杂费、借读费	永居身份与港居民享受同样政策	永久居民的子女享有比外籍人士优先入学权，学费减免	

附件 7　韩国釜山自由贸易区面向高科技产业税收优惠构建

在 20 世纪 70 年代中期以前，釜山一直在韩国的经济发展中扮演着重要角色，出口量占了全国的 21%。虽然拥有吞吐量占世界前列的深海港，但是可用土地的稀缺导致土地价格高昂制约了其经济的发展。成立于 2003 年的韩国釜山自贸区在成立之初就已意识到竞争压力，不仅由于临近各国都不断推动其自贸区的发展，而且在韩国国内，仁川自贸区依托仁川机场的先天条件，已发展成为成型的加工贸易保税区。如果釜山自贸区再进行类似的定位，仅土地供应的匮乏就会成为制约其发展的短板。经过研究，韩国政府认为应该对釜山自贸区的发展进行准确的定位，以达到在保证其持续发展的同时实现带动附近区域经济发展的目标。据此，釜山自贸区确定了港口、大型先进制造业和旅游休闲产业相结合的产业发展战略。

参照日本发展的经验，韩国于1998年制定了《外商投资促进法》；又专门制定《自由贸易区的指定及运营法》推进自贸区的实现。总体来看，韩国自贸区运行管理的最大特色在于：

1. 严格的审批制度

自贸区管理机构综合提供各种行政服务。比如，自贸区行政办公室的主任还负责海关办公室、劳动管理办公室、邮局、出入境管制办公室、检疫总局、警察局和消防局行政职能等。

但企业入驻自贸区必须经过商务部和工业园区管理机构的批准。国外申请者需要满足：第一，必须从事出口商品的制造、加工或装配，同时适应经济规划局的出口导向的经济计划；第二，必须是外商独资企业或者有韩国国民参与的合资企业。自贸区内的外国企业不能够将产品销往韩国国内市场，在没有外国合伙人的情况下，国内企业或者国民不能够申请入驻自贸区。尽管满足以上各项要求，申请入驻自贸区也未必能够获得批准，申请企业还需要经过外汇收益率、生产技术、劳动强度等方面的严格筛选[①]，如下表所示：

表4.7.1　入驻韩国自贸区的选择标准表

项目	投资者设立的厂房	标准厂房
1. 出口	每坪至少500美元	每坪至少600美元
2. 外汇收益	20%以上	20%以上

① 我国驻釜山总领事馆网站 http://busan.mofcom.gov.cn/article/ddfg/sshzhd/200704/20070404614614.shtml.

续 表

项目	投资者设立的厂房	标准厂房
3. 员工人数	每 100 坪至少 20 人	每 100 坪至少 25 人
4. 生产技术	先进	先进
5. 投资规模	200000 美元以上	100000 美元
6. 国内原材料或辅助材料的使用	越多越好	越多越好

资料来源：我国驻釜山总领事馆网站。

2. 保护劳动关系

为避免劳资纠纷，政府提供了特殊的保护政策，国家法律进行了修改以保护自贸区内企业不受劳工骚乱的影响，优先处理自贸区内的劳资纠纷，以保证自贸区内外资企业的生产秩序①。

3. 优惠税制

釜山自贸区主要是通过税收政策来达到先进生产要素的集聚。自贸区有针对性地制定了相应的税收优惠政策。由于注重劳动个体，自由贸易港的税制模式也呈现出对所得税的直接优惠。韩国的税制体系由国税、省税、市县税构成。自由贸易港的优惠见下表：

表 4.7.2 韩国国家税制体系及其自由贸易港的税收优惠概要

自由贸易区初建时期税收优惠②
1. 自 2003 年始，外籍专业人士的所得税按收入水准减少 15%至 27%，平均减少 19%。 2. 对投资经济特区的外商，大幅减免其法人税及所得税。例如，对投资 5000 万美元者，或投资物流业达 3000 万美元、对观光业投资 2000 万美元以上者，予以前七年减免全部法人税及所得税，其后三年则减半课税。

① 山东省商务厅网站 http://www.shandongbusiness.gov.cn/index/content/sid/213632.html.

② 由于釜山港区经济不景气，一些优惠近期已经被宣布取消。

续 表

自由贸易区初建时期税收优惠②
3. 外商对 IT 或生物科技产业投资，不论地点与规模，均予以七免三减半的所得税优惠。 4. 租税减免。对高科技含量产业及产业支援服务业、投资 1000 万美元以上的制造业和投资 500 万美元以上的物流业企业，国税（法人税、所得税）5 年减免（3 年 100%，2 年 50%）。 5. 适用增值税零税率。带入自由贸易区内，并进行申报的国内物品和入住企业间提供的外国物品或劳务。 6. 减免租金。投资金额 1000 万美元以上；外国人投资份额超过 30%，新近外国人投资金额 1000 万美元以上者；对尖端技术行业、高科技含量产业及产业支援服务业的新近外国人投资金额 50 万美元以上者，自由贸易区租金 100% 减免。

资料来源：国家税务总局网站 http://www.chinatax.gov.cn/n1586/n1904/n1933/n31845/n31866/n31868/c310454/content.html.

釜山自贸区的规划期时 2003—2020 年，迄今运行良好。在这一规划引领下，韩国政府设计了针对本区指定的高科技产业恰当的税收优惠，吸引了先进产业要素快速集聚，釜山自贸区迅速建立了高端产业群，其创立初期成功的税制设计成为世界自贸区建设的典范。

附件 8 日本冲绳自由贸易港对优势产业财政补贴政策梳理

冲绳自由贸易港是成功的典型。

其运行特色如下。(1)强调产业集聚。为造就产业集聚效应，冲绳县政府对入驻企业的扶持政策，主要针对制造业、尖端技术型制造业、信息通讯产业和国际航空运输四大产业，对其固定资产投入、新雇用员工和环境设施等给予经费补助，补助金额从 2 亿日元到 10 亿日元不等。(2)注重就业贡献。为鼓励入驻企业尽可能多地雇用当地年轻劳动力，冲绳县政府设立了“冲绳青年雇用促进奖励金”和“本地求职者雇用奖励金”，对雇主因雇用年轻人而增加的设备和设施进行补助。比如，对于在冲绳县设置办事处（仅限于其费用在 300 万日元以上者)，并长期雇用3名以上未满35岁的冲绳本地年轻求职者的企业，给予发放工资的一部分进行补助；对于在雇用促进开发地区设置事务所，并雇用3名以上本地求职者的企业，根据其雇用的劳动者人数及购置办事处所需的费用给予为期三年、40—900万日元的补助[①]。(3)特别融资政策。冲绳县设立了"冲绳振兴开发金融公库"，为入驻自由贸易港的企业提供低息贷款，条件比日本其他金融系统的贷款要优惠得多。

冲绳自由贸易港的运营管理充分体现了服务于地方经济的设区目标，其对不同产业设置的不同条件的入驻标准和优惠，迅速在短期提升了本地的产业结构，并维持了当地的技术先进性；同时通过对吸收就业的优惠政策，区内特有的雇用青年补助金制度，使其劳动成本进一步降为日本本土的50%，不仅充分利用了本地丰富的劳动力资源，更为产业的持续发展培养了人才。

鲜明的产业目标和就业目标，也反映在其税制优惠和财政补贴政策中。日本的税制分为中央、都道府县、市町村三级，税收优惠以所得税优惠为主，并与行业、企业规模相联系[②]。冲绳地区特别制定了《冲绳振兴特别措施法》，将税收优惠以法律的形式制定下来，保障入驻企业的利益公平与透明，如下表。

表4.8.1　日本冲绳县自由贸易港税收优惠政策

	优惠项目	冲绳县自由贸易港优惠措施概要	对象行业
中央	所得减税[①]	区内拥有员工20人以上的企业，成立10年内减免法人所得35%。(法人事业税、法人居民税同)	制造业、包装业、仓储业

① 参见日本海外投资网站 http://www.worldwide-tax.com/japan/jap_invest.asp.

② 参见我国政府驻日本参赞处网站 http://jp.mofcom.gov.cn/aarticle/ddfg/sshzhd/201208/20120808290122.html.

续 表

		优惠项目	冲绳县自由贸易港优惠措施概要	对象行业
中央		投资减税	新增设超过1000万日元的设备时，可按设备购置金额一定比例[②]从法人税中减免。	制造业、包装业、仓储业道路货物运输业、批发业
中央		折旧免税[③]	超过1000万日元的设备投资，可按设备购置金额一定的比例免税。	
地税	都道府县	法人事业税减免	新增设超过1000万日元的设备时，5年内可免缴部分法人事业税。	制造业、包装业、仓储业、道路货物运输业、批发业
地税	市町村	固定资产税减免	新增设超过1000万日元的设备时，5年内可免缴部分固定资产税（仅限于直接用于该事业的部分）（注2）（包含冲绳县的固定资产税）。	制造业、包装业、道路货物运输业、批发业

资料来源：朱丽娜《日本冲绳自由贸易区发展模式浅析》及冲绳县网站，http://www.pref.okinawa.jp/zone/zone/sc/007/index.html及我国国家税务局网站内容，经整理。

注①：冲绳县的那霸自由贸易区不适用所得减税优惠。

注②：机械及装置为15%，建筑物及附属设备8%（最高不超过法人税的20%，可结转4年，购置金额最高不超过20亿日元）。

注③：机械及装置为50%，建筑物及附属设施为25%。

可见，在冲绳自贸区内，并没有个人所得税优惠。为此，为吸引科创型企业入驻冲绳自由贸易区，冲绳县政府对入驻或迁移到自由贸易区的企业给予相应的财政扶持政策，主要针对制造业、尖端技术型制造业、信息通讯产业和国际航空运输产业等四大行业，对固定资产投入、新雇用员工和环境设施等给予经费补助，补助金额从2亿日元到10亿日元不等。

表 4.8.2　对企业入驻的扶持政策

<table>
<tr><th>补助经费及补助条件</th><th>补助金额</th></tr>
<tr><td>对建设投入的固定资产经费等给予补助。
先进制造业等补助条件：
● 新雇用员工 20 人以上（县内居住者）；
● 购置工厂等用地面积在 5000 m^2 以上（包括租赁用地）（设计业及自然科学研究所为 2500 m^2 以上）；
● 取得用地后 2 年内开始投产或经营的企业。</td><td>1. 对于投入固定资产的补助：<table><tr><th>新雇用员工人数</th><th>补助率</th><th>最高额度</th></tr><tr><td>50 人以上</td><td>10%</td><td>10 亿日元</td></tr><tr><td>35～49 人</td><td>7.5%</td><td>6 亿日元</td></tr><tr><td>20～34 人</td><td>5%</td><td>2 亿日元</td></tr></table>2. 对于新雇用员工的补助：
新雇用员工人数 * 40 万日元
3. 对于环境设施等保养的补助：
所建工厂的建筑面积 m^2 * 7500 日元 * 1/2（上限 7500 万日元）</td></tr>
<tr><td>尖端技术型制造业等经费补助对象：
土地、建筑物及其附属设施、搭建物、机械及装置；
环境设施等的管理费。
补助条件：
● 新雇用员工 10 人以上（县内居住者 5 人以上）；
● 购置工厂等用地面积在 5000 m^2 以上（包括租赁用地）（设计业及自然科学研究所为 2500 m^2 以上）；
● 取得用地后 2 年内开始投产或经营的企业。</td><td>1. 对于投入固定资产的补助：<table><tr><th>新雇用员工人数</th><th>补助率</th><th>最高额度</th></tr><tr><td>50 人以上</td><td>10%</td><td>10 亿日元</td></tr><tr><td>35～49 人</td><td>10%</td><td>6 亿日元</td></tr><tr><td>20～34 人</td><td>10%</td><td>2 亿日元</td></tr></table>2. 对于新雇用员工的补助：
新雇用员工人数 * 40 万日元
3. 对于环境设施等保养的补助：
所建工厂的建筑面积 m^2 * 7500 日元 * 1/2（补助额上限 7500 万日元）</td></tr>
<tr><td>信息通讯产业等；
经费补助对象：建筑物及其附属设施、搭建物。
补助条件：
● 新雇用员工中县内居住者在 20 人以上（电话服务中心等 200 人以上）；
● 购置工厂等用地面积在 5000 m^2 以上（不包括租赁用地）；
● 取得用地后 2 年内开始投产或经营的企业。</td><td>1. 对于投入固定资产的补助：<table><tr><th>新雇用员工人数</th><th>补助率</th><th>最高额度</th></tr><tr><td>50 人以上</td><td>5%</td><td>10 亿日元</td></tr><tr><td>35～49 人</td><td>5%</td><td>6 亿日元</td></tr><tr><td>20～34 人</td><td>5%</td><td>2 亿日元</td></tr></table></td></tr>
</table>

续　表

<table>
<tr><th>补助经费及补助条件</th><th>补助金额</th></tr>
<tr><td>国际航空运送事业等队伍投入固定资产的补助；
经费补助对象：建筑物及其附属设施、搭建物、机械及装置。
补助条件：
● 在那霸机场地区内租赁面积 5000 m² 以上的特定工厂；
● 新雇用员工 20 人以上（县内居住者）；
● 取得用地后 2 年内开始投产或经营的企业。</td><td>1. 对于投入固定资产的补助：<table><tr><th>新雇用员工人数</th><th>补助率</th><th>最高额度</th></tr><tr><td>50 人以上</td><td>10%</td><td>10 亿日元</td></tr><tr><td>35～49 人</td><td>7.5%</td><td>6 亿日元</td></tr><tr><td>20～34 人</td><td>5%</td><td>2 亿日元</td></tr></table></td></tr>
</table>

冲绳自贸区是财政政策成功运用的典范。在没有个人所得税优惠的条件下，冲绳政府实行了青年补助金制度，实际是变相进行了个人所得税的优惠；这一税制模式既保障了财政基础，又促进了自由贸易港区的青年就业，同时也极大地减轻了企业的用工成本。由此，快速吸引了人力成本通常较高的高端制造业的入住。

附件 9　广东自贸区财税政策

广东自贸区自 2014 年 12 月成立，目前《中国（广东）自由贸易试验区实施方案》确定了各区的功能，规定了各片区清晰的产业目标定位，如前海蛇口片区将依托深港深度合作，以国际化金融开放和创新为特色，重点发展科技服务、信息服务、现代金融等高端服务业，建设我国金融业对外开放试验示范窗口、世界服务贸易重要基地和国际性枢纽港。

（一）税收政策

广东横琴新区的税收政策主要如下：

1. 基本税收优惠

同上海自贸区可推广可复制的税收优惠。

2. 流转税优惠

主要是对增值税和消费税优惠政策，按照《关于横琴、平潭开发有关增值税和消费税政策的通知》(财税〔2014〕51 号)规定：

(1) 入区退税。内地销往横琴、平潭与生产有关的货物，视同出口，实行增值税和消费税退税政策。

(2) 区内企业之间销售其在本区内的货物，免征增值税和消费税。但上述企业之间销售的用于其本区内商业性房地产开发项目的货物，以及按本通知第五条规定被取消退税或免税资格的企业销售的货物，应按规定征收增值税和消费税。

(3) 横琴已享受免税、保税、退税政策的货物销往内地，除在"一线"已完税的生活消费类等货物外，按照有关规定征收进口税收。

(4) 横琴的在"一线"已完税的生活消费类等货物销往内地的，由税务机关按照现行规定征收增值税和消费税。

(5) 横琴的企业应单独核算按照本通知第一条或第二条规定退税或免税的货物。主管税务机关发现企业未按规定单独核算的，取消其享受本通知规定的退税和免税资格 2 年，并按规定予以处罚。

3. 企业所得税优惠

《横琴新区、平潭综合实验区和前海深港现代服务业合作区企业所得税优惠目录》(财税〔2014〕26 号)。

对设在横琴新区、平潭综合实验区和前海深港现代服务业合作区的鼓励类产业企业减按 15%的税率征收企业所得税。

目录包含。(1)现代物流业：①供应链解决方案设计、订单管理与执行、虚拟生产、信息管理、资金管理、咨询服务等供应链管理服务；②在岸、离岸的物流外包服务；③现代物流技术与物流公共服务系统的开发及运营；④第三方物流的结算和管理。(2)信息服务业：①电信增值业务应用系统开发；②电子认证、电子商务、电子政务技术研发；③信息安全技术研发服务；④数据挖掘、数据分析、数据服务及数字化资源开发；⑤新一代移动通信网，基于 IPv6 的下一代互联网技术研发；⑥卫星通信技术研发；⑦通用软件、行业应用软件、嵌入式软件的研发与服务；⑧云计算、物联网、高可信计算、智能网络、大数据等技术研发与服务。(3)科技服务业：①新能源、新材料、生物医药、低碳环保等各行业专业科技服务；②基因测序、干细胞、功能蛋白、生命健康等新兴科学技术研发与服务；③新能源电池、三维立体显示和打印技术研发与服务；④信息技术外包、业务流程外包、知识流程外包等技术先进型服务。(4)文化创意产业：①平面设计、包装设计、广告设计、室内设计、景观设计、工业设计、服装设计等创意设计服务；②文化信息资源开发；③网络视听节目。

4. 个人所得税优惠

财政部、国家税务总局《关于广东横琴新区个人所得税优惠政策的通知》(粤财法〔2014〕49 号)优惠：在横琴工作的香港、澳门的居民，需按照《中华人民共和国个人所得税法》交纳个人所得税；广东省人民政府分别按照不超过内地与港、澳地区个人所得税负差额，给予上述居民的补贴，免于征税。

5. 地方税务局积极利用下放权限的税收创新

广东省地方税务局《关于支持南沙自贸区创新发展的若干意见》(粤地税发〔2015〕100 号)，南沙区地税局行使广州地税局在房产税、土地使用税、契税、耕地占用税等方面的税收减免管理权限；纳税人延期缴纳税款金额 2000 万元以下的由南沙区地税局直接审批。

6. 深圳前海商业保理企业税收优惠政策

自 2014 年 8 月 1 日起，在前海注册的商业保理企业，从事保理业务取得的利息收入可以按照差额税率征税，从事保理业务的其他收入按照全额进行征税。

(二) 财政政策

1. 个人所得税补贴。对在横琴工作的香港、澳门居民实际缴纳的个人所得税税款与其个人所得按照香港、澳门地区税法测算的应纳税款的差额，予以财政补贴(粤财法〔2012〕93 号)。

2. 总部资助。深圳市前海深港现代服务业合作区管理局关于印发《深圳前海深港现代服务业合作区总部企业认定及产业扶持资金申报指南的通知》(深前海〔2016〕170号)。

注册补贴：对综合型总部企业，认定当年给予总部集聚资金扶持1000万元。对金融机构总部，300—1000万元；现代物流总部，500—1000万元。

总部空间扶持资金：在前海区内租用自用办公用房的，给予实际租金15%的租房扶持；在前海区内购买自用办公用房的，给予购房价款5%的购房扶持，但最高不超过1000万元。

总部企业人才资金：自认定之日起3年内，总部企业人才上一年度在深圳市缴纳的工资薪金个人所得税30万元以上的，每年扶持15—30万元，每家总部企业每年扶持金额不超过300万元。

总部企业人才可申请租房补贴或产业促进配套租赁住房。租房补贴为每人每月1000元。每家企业申请租房补贴人数不得超过该企业总人数的20%且申请总人数不得超过100人。

首次被评为中国企业500强的，给予一次性1000万元扶持；首次被评定为世界企业500强的，给予一次性2000万元扶持。

3. 支持企业上市的专项

企业在新三板挂牌的：(1)给予奖励资金最高30万元；(2)通过主办券商内核并向全国中小企业股份转让系统公司上报发行材料的，给予奖励资金最高不超过50万元；(3)企业在全国中小企业股份转让系统成功挂牌的，给予奖励资金最高不超过50万元。

企业在境内证券交易所上市的：(1)完成股份制改造并取得股份公司营业执照的，给予奖励资金最高不超过30万元；(2)聘请中介机构进行上市辅导，同时向中国证监会申报上市发行材料的，给予奖励资金最高不超过100万元；(3)企业在境内证券交易所成功挂牌的，给予奖励资金最高不超过200万元。

企业在境外上市的，给予奖励资金最高不超过200万元；

珠海市外的上市公司迁入横琴新区的，给予最高不超过100万元奖励；

上市公司在境内外资本市场通过配股、增发、发行公司债券等方式再融资，且募集资金50%以上投放横琴新区的，按再融金额的2‰进行奖励，奖励资金最高不超过80万元。

对在区管委会认可的其他股权类交易市场通过股权质押等方式进行债务融资的，按照融资利息总额的5%给予补贴，单笔补贴金额不得超过10万元；通过增资扩股等方式进行直接融资的，按照合理的交易手续费实际发生额的10%给予补贴，单笔补贴金额不得超过10万元。

4. 支持博士后工作站

已出台《横琴新区博士后管理工作暂行办法》，给予每月2500元住房补贴，及发表顶级论文每篇100万元的奖励。

附件10　福建自贸区财税政策

福建自贸区自2014年12月成立。中国（福建）自由贸易试验区分为福州、平潭、厦门三个片区。《中国（福建）自由贸易试验区总体方案》确定的战略定位为：围绕立足两岸、服务全国、面向世界的战略要求，充分发挥改革先行优势，营造国际化、市场化、法治化营商环境，把自贸试验区建设成为改革创新试验田；充分发挥对台优势，率先推进与台湾地区投资贸易自由化进程，把自贸试验区建设成为深化两岸经济合作的示范区；充分发挥对外开放前沿优势，建设21世纪海上丝绸之路核心区，打造面向21世纪海上丝绸之路沿线国家和地区开放合作新高地。各片区如《中国（福建）自由贸易试验区平潭片区实施方案》进一步确定与产业发展相关的功能目标；在推进科创发展的进程中其自贸区辖区的基金小镇已颇具特色。

（一）税收政策

1. 基本税收优惠

同上海自贸区可推广可复制的税收优惠。

2. 流转税优惠

主要是对增值税和消费税优惠政策，按照《关于横琴、平潭开发有关增值税和消费税政策的通知》(财税〔2014〕51 号)规定：

(1) 入区退税。内地销往横琴、平潭与生产有关的货物，视同出口，实行增值税和消费税退税政策。

(2) 平潭各自的区内企业之间销售其在本区内的货物，免征增值税和消费税。但上述企业之间销售的用于其本区内商业性房地产开发项目的货物，以及按本通知第五条规定被取消退税或免税资格的企业销售的货物，应按规定征收增值税和消费税。

(3) 平潭已享受免税、保税、退税政策的货物销往内地，除在"一线"已完税的生活消费类等货物外，按照有关规定征收进口税收。

(4) 平潭的在"一线"已完税的生活消费类等货物销往内地的，由税务机关按照现行规定征收增值税和消费税。

(5) 平潭的企业应单独核算按照本通知第一条或第二条规定退税或免税的货物。主管税务机关发现企业未按规定单独核算的，取消其享受本通知规定的退税和免税资格 2 年，并按规定予以处罚。

3. 所得税优惠。

同广东。

《横琴新区、平潭综合实验区和前海深港现代服务业合作区企业所得税优惠目录》(财税〔2014〕26 号)：对设在横琴新区、平潭综合实验区和前海深港现代服务业合作区的鼓励类产业企业减按 15%的税率征收企业所得税。

(二) 财政政策

1. 租赁业支持。《中国(福建)自由贸易试验区厦门片区租赁业发展办法财政扶持奖励实施细则》包含落户奖励、增资奖励、购租房补贴。另有：

业绩奖补。申请业绩奖补的应为购入设备并实际开展业务、年实际租赁额超过 5000 万元(含 5000 万元)的融资租赁企业。

业务增信补助。在厦门域内开展租赁业务的融资租赁企业，对其所投保的信用保险费用连续三年给予20%的补助。

2. *知识产权奖励*。《关于印发《中国(福建)自由贸易试验区厦门片区知识产权扶持与奖励办法》的通知》(厦自贸委〔2016〕39号)：

专利：获得欧盟、美国、日本、韩国、澳大利亚发明专利授权的，每件专利资助5万元；在设有专利审批机构的其他国家或地区获得发明专利授权的，每件专利资助2万元。同一项发明创造资助不超过3个国家或地区。

商标：获得欧盟、美国、日本、韩国、澳大利亚商标注册的，每件注册商标资助1万元，单个企业每年资助不超过5万元。

版权：获得国家计算机软件著作权登记的，每件资助300元；获评国家或省级版权示范单位的，分别奖励10万元和5万元。

集成电路布图设计：获得国家知识产权局集成电路布图设计登记的，每件资助2000元。

地理标志：获得国家工商总局地理标志注册的商标或列入国家质监总局地理标志产品保护的，一次性资助10万元。

植物新品种：入选国家农业部或国家林业局植物新品种保护名录的，每件奖励2万元。引进台湾植物新品种入选国家植物新品种保护名录的，每个品种奖励4万元。

鼓励金融机构在厦门片区挂牌设立"知识产权银行"或"知识产权金融中心"，开展知识产权金融服务，给予一次性10万元开办奖励。

促进知识产权质押融资。鼓励片区内中小微企业以专利、商标、版权等知识产权向金融机构申请知识产权质押贷款，对自发文之日起发生的贷款利率不超过基准利率125%的知识产权质押贷款，按企业实际获得知识产权质押贷款金额的1%比例对贷款银行给予奖励，每笔贷款奖励最高不超过20万元。

知识产权创业投资鼓励。对自厦门片区挂牌以来天使投资、创业投资、股权投资机构和众创空间运营机构等投资机构投资于厦门片区鼓励的自主知识产权创业项目、创业团队和小微企业的，项目落地后，给予当年实际投资额度5%的风险补偿，单个项目风险补偿最高不超过100万元。

鼓励片区企业积极应对涉外知识产权纠纷。企业作为当事人（原告、被告、申请人、被申请人等）参与对片区产业发展有重大影响的涉外知识产权纠纷维权，取得胜诉、部分胜诉或阶段性胜诉且不存在知识产权滥用情形的，对自厦门片区挂牌以来实际发生的合理服务费，包括调查取证费、司法鉴定费、公证费、诉讼费、律师费、仲裁费、调解费等，按10%的比例给予一次性补贴，每个企业涉外维权补贴每年累计不超过50万元。

对片区企业自厦门片区挂牌以来委托服务机构开展知识产权托管、管理标准化、分析评议、专利导航、转移运营、纠纷调解和仲裁等知识产权管理和服务的，按实际发生的合理服务费的50%比例给予资助，对其中的知识产权评议、专利导航、管理标准化等重点服务项目的服务费给予全额资助，每家企业享受服务项目政府资助累计不超过20万元。

国内外知名知识产权服务机构（经厦门片区管委会认定）和“全国知识产权服务品牌机构培育单位”入驻厦门片区设立机构或全资子公司，注册资本100万元以上、专业人员10人以上且有效经营1年以上的，给予一次性10万元开办补助；对其租用的办公用房按3年内每月房租的30%标准给予租金补贴。

3. 创投服务平台奖。《中国（福建）自由贸易试验区厦门片区促进基金基地发展办法》：

基地奖：对于符合条件的“基金基地”运营机构，一次性给予50万元奖励。若发行的基金产品社会资金规模超过10亿元的另有一次性奖励5万元；引入国际及国内知名基金管理企业入驻基金基地。每家基金管理企业，再给予运营机构一次性奖励10万元；对运营机构引入的，每家再给予运营机构一次性奖励50万元。

装修补贴。对基地内的办公场所的装修支出，给予运营机构每平方米400元、最高300万元的一次性补贴，实际装修资金少于以上标准的，以实际装修资金为最高限额。

房租补贴。按基地的建筑面积予以运营机构每月25元/平方米的租金补贴。

4. 促进股权投资奖。《福州经济技术开发区管委会关于印发〈促进股权投资和证券投资基金加快发展的暂行办法〉的通知》（榕开〔2017〕1号）：

落户奖励。注册资本实际到位5亿元及以上的企业或当年实际募集资金5亿元及以上的企业，按募集资金额度的0.5%给予一次性的落户奖励分5年兑现，企业须承诺5年内不迁离基金小镇。

用房补贴。在基金小镇新购自用办公房的，按每平方米1000元人民币给予购房补贴，5年内不得将该房屋出让、出租或设置抵押；租赁办公用房产生的租金，第一年给予100%补贴，后两年给予50%补贴。

经营贡献奖励。主营业务对开发区经济贡献超过100万元的，前两年，按100%予以奖励；后三年，按50%予以奖励。

项目退出奖励。股权投资类企业在开发区实现投资项目退出的（含并购、IPD、回购等），退出后按其主营业务对开发区经济贡献的90%给予一次性奖励。

风险补助。股权投资类企业投资于区内企业或项目，且年度投资额超过1亿元的，给予投资资金1%的风险补助，年度最高不超过300万元。

另有人才扶持政策。

5. 平潭的科技创新补助券。《福建省科技创新券补助管理暂行办法》（闽科企金〔2016〕1号）：

面向科技企业、小微企业、大仪平台，每单位补助1—20万元。

福建自贸区存在明确的产业目标。税收优惠政策仅次于广东；财政政策创新力度很大，聚焦科创发展和人才争夺，财政政策支持科创的形式新颖，顺应本地基金小镇的特色，财政政策积极结合股权投资，对知识产权的支持全面细致，财政政策部分证券化。

附件 11　天津自贸区财税政策

中国(天津)自由贸易试验区是中国大陆北方第一个自由贸易试验区。区内拥有国际船舶登记制度、国际航运税收政策、航运金融、租赁业务等 4 大类 22 项创新试点政策(非公开)。

融资租赁业已经成为天津的优势产业,全国领先地位不断巩固。自贸试验区挂牌以来,新增租赁公司 1208 家,同时租赁领域迅速向医疗器械、电力设备、轨道交通和新能源等板块延伸。

跨境电子商务可能会成为新的产业优势。积极适应创新型商业模式发展的必然要求,近期,天津市出台了《中国(天津)跨境电子商务综合试验区实施方案》,已经成为中国(天津)自由贸易试验区(以下简称自贸试验区)一项制度创新优势,以及通过制度创新、管理创新、服务创新实现跨境电子商务自由化、便利化、规范化发展的一项综合改革试验。

(一) 税收政策

1. 基本税收优惠:同上海自贸区可推广可复制的税收优惠。

2. 特殊优惠

按照《财政部、国家税务总局关于天津北方国际航运中心核心功能区营业税政策的通知》(财税〔2011〕68 号)的规定如下:

(1) 对注册在东疆保税港区内的航运企业从事海上国际航运业务取得的收入,免征营业税。

(2) 对注册在东疆保税港区内的仓储、物流等服务企业从事货物运输、仓储、装卸搬运业务取得的收入免征营业税。

(3) 对注册在天津的保险企业从事国际航运保险业务取得的收入,免征营业税。

营改增以后,变更为对注册在天津市东疆保税港区内的试点纳税人提供的国内货物运输、仓储和装卸搬运服务,实行增值税即征即退政策(见《关于交通运输业和部分现代服务业营业税改征增值税试点应税服务范围等若干税收政策的补充通知》)。

(二)财政政策

1. 针对文化产业全面、细碎的支持。《中心商务区关于促进影视文化产业发展的二十条政策措施》(2017):

(1) 个人奖励:入区企业给予为期5年的个人奖励;股权转让收益所产生的个人所得税中心商务区留成部分和股息红利所得缴纳的个人所得税(企业代扣代缴)中心商务区留成部分,给予一定财政扶持;员工持股亦然。

(2) 设立产业发展专项资金,由中心商务区区级财政每年安排2亿元,用于扶持办公人数超过20人的影视文化企业成长发展,期限为5年。

(3) 解决用房困难。对注册在中心商务区并实际入驻办公的影视文化企业,解决企业用房困难。

(4) 鼓励建设和运营剧本创作、IP孵化、产业培育、专业培训、技术引进和研发、特效后期、展示交易等平台服务载体。上述平台购置专业设备按最高不超过50%的比例给予专业设备补贴,补贴额度最高达1000万元;上述平台服务载体项目,每年可给予实际运营费用100至500万元的运营补贴,补贴年限最长3年。

(5) 支持影视文化企业贷款融资,对在中心商务区注册、实际办公人数超过20人的龙头文化企业,经认定,给予贷款融资贴息扶持,贴息率最高不超过当年国家规定的银行贷款基准利率,贴息比例最高为贷款利息的50%,每年每家企业享受的贷款贴息总额不超过100万元,贴息期限最多不超过3年。

(6) 支持影视文化企业股改上市,对拟在主板、创业板上市的企业,给予总额500万元以上奖励。

(7) 鼓励精品创作播出,在经认定的央视频道和省级卫视首播的电视剧,每集奖励10万元等;影视作品获得中国电影金鸡奖、台湾电影金马奖、香港电影金像奖、大众电影百花奖、中国电影华表奖、“五个一”

工程奖、中国电视飞天奖、中国电视金鹰奖等国内知名奖项的，再奖励最高400万元；奥斯卡、柏林国际电影节、戛纳国际电影节、威尼斯国际电影节等国际知名奖项再奖励最高500万元。

（8）对被认定为国家文化出口重点企业和重点项目的，分别在国家和天津市奖励的基础上再给予最高50万元的文化出口专项资金奖励。

（9）鼓励影视文化行业协会入区发展，可给予一定用房补贴。

（10）鼓励在中心商务区举办高水平的影展、高峰论坛、电影电视节、影视文化盛典等影视文化产业活动，单次活动最高可给予300万元的活动补贴。

（11）鼓励就业落户，加强人才支撑。未享受免费人才公寓且在滨海新区无自有住房并实际办公居住的核心创作人才和高级人才、中级人才、业务骨干，经认定，核心创作人才和高级人才按照1800元/月的标准给予相应补贴，中级人才和业务骨干按照900元/月的标准给予相应补贴，期限为1年。

2. 就业支持。《滨海新区就业扶持补贴资金管理暂行办法》：对企业吸纳就业困难人员、小微企业吸纳高校毕业生、初创期科技型中小企业吸纳高校毕业生、大学生创业等给予补贴。

天津自贸区的优势产业比较单一，主要为融资租赁。天津自贸区存在多项财政返还补贴制度，非公开。对文创产业的财政政策支持很全面，考虑到了出口竞争力。

附件12　辽宁自贸区财税政策

辽宁自贸区自2017年4月揭牌成立。《中国（辽宁）自由贸易试验区总体方案》战略定位为：以制度创新为核心，以可复制可推广为基本要求，加快市场取向体制机制改革、积极推动结构调整，努力将自贸试验区建设成为提升东北老工业基地发展整体竞争力和对外开放水平的新引擎；同时各片区如《沈阳市人民政府关于印发中国（辽宁）自由贸易试验区沈阳片区实施方案的通知》的功能定位为“以开放促发展，建设东北亚重要国际中心城市的引领区”、“以开放促改革，推动全面创新改革试验的先行区”和“以开放促转型，促进转型升级和国企改革的示范区”。

（一）税收政策

1. 基本税收优惠：同上海自贸区可推广可复制的税收优惠。

2. 特殊优惠：存在中资方便旗船舶税收优惠[①]。

（二）财政政策

目前阶段主要以鼓励落户为主。

“落户奖”包括：企业实缴资本达到1亿元的，给予500万元奖励；实缴资本超过1亿元，每增加1亿元，奖励金额增加100万元，奖励总额最高不超过1500万元，奖励资金在实缴注册资本到位第二年起分5年等额兑现。

“经营贡献奖”。年度纳税超过1000万元的，从下一年度起，按照不超过企业上年形成地方本级财力的70％给予奖励，奖励期限为5年。

“高级管理人员奖”。企业副总级以上（含副总）高级管理人员，按其上年缴纳的个人所得税50％的等额金额给予奖励，每人每年最高不超过200万元。有影响的相关金融商业活动，按照活动总支出的50％给予奖励，总额不超过50万元。

总部经济发展专项资金。对于新设外资企业，实缴注册资本达到1000万美元以上的（仅限世界500强企业投资）、2000万美元以上的、1亿美元以上的，经认定分别给予500万元、1000万元、1500万元奖励。新设内资企业，实缴注册资本达到5000万元及以上的（仅限中央大型企业、中国企业500强、中国民营500强企业投资）、1亿元以上的、10

---

① 如财政部、海关总署、国家税务总局下发的《关于享受进口税收优惠政策的中资“方便旗”船舶清单的通知》（财关税〔2016〕67号），对符合条件的中资“方便旗”船舶可享受免征关税和进口环节增值税的优惠。

亿元以上的，经认定分别给予500万元、1000万元、1500万元奖励。对达到经营贡献奖条件的企业高级管理人员且年薪50万元以上的，从达到规定的下一年度起，视企业对小窑湾地方经济发展贡献情况，按照上年度高管人员缴纳的个人所得税的50%给予奖励，每人每年最高不超过200万元。新注册的企业，从认定之日起连续5年按照其对小窑湾地方经济发展贡献的70%予以奖励(含高级管理人员享受的奖励)。

土地出让金优惠。优先发展产业项目且集约节约用地的，按工业用地出让最低价标准的70%执行。

免租期。外资企业投产先期"免租金"政策。

辽宁自贸区由于初创期，特色产业较为单一。其财政政策是明显的初创期政策，主要以吸引企业入驻为主。

附件13 浙江自贸区财税制度

浙江自贸区于2017年成立。《中国(浙江)自由贸易试验区总体方案》确定的战略定位为以制度创新为核心，以可复制可推广为基本要求，将自贸试验区建设成为东部地区重要海上开放门户示范区、国际大宗商品贸易自由化先导区和具有国际影响力的资源配置基地。《中国(浙江)自由贸易试验区建设实施方》确定为：渔山岛重点建设国际一流的绿色石化基地；鼠浪湖岛、黄泽山岛、双子山岛、衢山岛、小衢山岛、马迹山岛重点发展油品、铁矿石等大宗商品储存、中转、加工、贸易等产业；秀山东锚地重点发展保税燃料油供应业务；舟山岛北部片区，重点发展油品等大宗商品交易、保税燃料油供应以及石油石化产业配套装备保税制造、仓储、物流等产业；舟山岛南部片区，重点建设舟山航空产业园，发展大宗商品交易、水产品贸易、海洋旅游、现代商贸、金融服务、信息咨询以及航空研发设计、制造、零部件物流等高新技术产业；东部地区重要海上开放门户示范区、国际大宗商品贸易自由化先导区和具有国际影响力的资源配置基地；在朱家尖岛建设航空产业园，通过飞机总装组装、制造，对接国际航空产业转移，形成航空产业集群。

（一）税收政策

基本税收优惠：同上海自贸区可推广可复制的税收优惠。

（二）财政政策

1.《中国（浙江）自由贸易试验区关于加快发展总部经济暂行办法》：

开办补助政策。按实到注册资本在5000万元（含）人民币至10亿元人民币，分别给予100万元人民币、200万元人民币和500万元人民币的一次性开办费补助。

办公用房补助政策。购买自用办公用房的，按每平方米1000元人民币的标准给予一次性补助，最高不超过100万元人民币。

购地自建办公用房且建筑面积自用率达到60%以上的，可申请享受建房补助。最高不超过500万元人民币，分五年支付，每年支付20%。

租用自用办公用房的，三年内按房屋租赁合同所明确的租金给予100%补贴。

经营贡献奖励政策。五年内按其在浙江自贸试验区缴纳的增值税、企业所得税地方留成部分给予相应比例的奖励。

行政事业性收费政策。五年内按其应缴已缴行政事业性收费属于市政府审批权限范围内的部分给予相应比例的奖励。

2. 人才激励政策。按照《关于实施人才发展新政策打造海洋经济人才新高地的意见》（浙舟新党发〔2016〕11号）文件政策给予扶持。

3. 世界500强企业落户政策。《中国（浙江）自由贸易试验区重点产业培育和扶持暂行办法》：

世界500强企业首次落户浙江自贸试验区，其地方贡献给予相应一次性扶持，最高不超过1000万元人民币；设立一级子公司的，根据其地方贡献给予相应一次性扶持，最高不超过500万元人民币。

支持油品全产业链发展。大宗商品交易的各类企业，根据地方贡献予以分档奖励。

鼓励各供油企业加大供应量，每年度超过上一年度供应量增量部分，给予每吨 8—15 元人民币奖励。

支持先进制造业发展。新引进的投资超 10 亿元人民币以上重大项目，引进世界 500 强、中国制造 500 强、央企等重大投资项目，给予“一事一议”综合扶持政策。其他产业相关政策按《关于推进“中国制造2025”进一步发展壮大工业经济的若干意见》文件政策给予扶持。

鼓励引进海事服务相关企业。对实际利用资金在 5000 万元人民币以上并从事实质性经营的实体企业，根据其地方贡献给予相应奖励，奖励额最高不超过 500 万元人民币。

鼓励引进跨境服务、离岸贸易企业。鼓励国际物流、贸易、结算运营中心落户，其在舟山首次年度海外结算营业收入折合超过 1 亿元人民币的，给予相应扶持，最高不超过 100 万元人民币。

鼓励公共服务平台建设。对科研院所、企业研发、建设开放技术类的公共服务平台，设立技术开发、技术推广、技术咨询、产品设计、设备与产品测试等服务机构，满足区内产业对共性技术的服务需求的，经认定，按平台建设所需总费用的 10%，给予平台投资者相应扶持，最高不超过 100 万元人民币。

设立浙江自贸试验区产业引导基金支持产业发展。

4. 中国(浙江)自由贸易试验区管委会关于印发《中国(浙江)自由贸易试验区扩大对外开放积极利用外资暂行办法》:

引进油品大宗国际贸易企业，实际利用外资 1000 万美元以上的，奖励不超过 500 万元人民币。

引进海事服务企业，实际利用外资 500 万美元以上的奖励不超过 500 万元人民币。

浙江自贸区有明确的战略性产业定位目标。各片区的财政政策明确聚焦于自身的产业目标。财政政策优惠形式比较简单，属于典型的初创期财政政策。

附件 14　河南自贸区财税制度

2016 年 8 月 31 日，国务院正式批复设立中国（河南）自由贸易试验区。《中国（河南）自由贸易试验区总体方案》的战略定位是：以制度创新为核心，以可复制可推广为基本要求，加快建设贯通南北、连接东西的现代立体交通体系和现代物流体系，将自贸试验区建设成为服务于"一带一路"建设的现代综合交通枢纽、全面改革开放试验田和内陆开放型经济示范区。《中国（河南）自由贸易试验区建设实施方案》确定的产业功能为：郑州片区重点发展智能终端、高端装备、汽车制造、生物医药等先进制造业以及现代物流、国际商贸、跨境电商、现代金融服务、服务外包、创意设计、商务会展、动漫游戏等现代服务业；开封片区重点发展服务外包、医疗旅游、创意设计、文化传媒、文化金融、艺术品交易、现代物流等服务业，提升装备制造、农副产品加工国际合作及贸易能力；洛阳片区重点发展装备制造、机器人、新材料等高端制造业以及研发设计、电子商务、服务外包、国际文化旅游、文化创意、文化贸易、文化展示等现代服务业，提升装备制造业转型升级能力和国际产能合作能力，打造国际智能制造合作示范区，推进华夏历史文明传承创新区建设。

（一）税收政策

基本税收优惠：同上海自贸区可推广可复制的税收优惠。

（二）财政政策

《河南省人民政府办公厅关于改革完善博士后制度的实施意见》实施博士后创新人才支持计划、积极推进科研成果转化、完善创新创业激励政策。

附件15　湖北自贸区财税制度

中国(湖北)自由贸易试验区于2017年4月1日正式挂牌。《中国(湖北)自由贸易试验区总体方案》确定的战略定位是,以制度创新为核心,以可复制可推广为基本要求,立足中部、辐射全国、走向世界,努力成为中部有序承接产业转移示范区、战略性新兴产业和高技术产业集聚区、全面改革开放试验田和内陆对外开放新高地;省级人民政府确定的产业功能定位如《中国(湖北)自由贸易试验区武汉片区实施方案》确定为:自贸试验区实施范围为70平方公里(含武汉东湖综合保税区5.41平方公里),重点发展新一代信息技术、生命健康、智能制造等战略性新兴产业和国际商贸、金融服务、现代物流、检验检测、研发设计、信息服务、专业服务等现代服务业。

目前,自贸区已经形成专门统一的政策汇编和制度汇编,方便投资者了解最新政策。

(一) 税收政策

同上海自贸区可推广可复制的税收优惠。

(二) 财政政策

1. 支持跨境电子商务:设立专项资金,每年3000万元;支持跨境电子商务,对房主予以补贴;龙头企业奖励最高500万元,平台企业奖励最高200万元;企业培训费用补贴50%,活动收入奖励10%;贷款贴息25%,保费补贴10%。

2. 投资促进办法:企业发生的技术改造费,给予80%的补贴;平台建设费用补贴50%;出口报关费用全额补贴;高级人才个税形成地方财政的全额予以补贴;按企业出口额予以奖励。

3. 促进人才回家政策:

放宽自贸区人才职称评价权,海归人才可直接认定高级;

放宽事业单位绩效工资总量控制；

鼓励高级技能人才培养，获得技能大师的一次性奖励20万元，大师工作室奖励10万元；

鼓励设立博士后工作站、举办供给人员研修班；

为自贸区人才设立保险。

4.《省发改委进一步支持自贸区的意见》：

对创业投资机构给与租房、网络、水电、购房补贴；

支持区内公共事业领域企业发行专项债券；

国际人才自由港政策：外籍高层次人才及其家属可申请永久性居留；多次往返签证；允许外国留学生直接就业；允许产学研人才多岗位兼职。

5. 人才10条政策：财政补贴引进高层次人才享发达国家同等待遇，对年出口额超过1000万美元或营业收入超过5亿元的公司，给予经综保办认可的公司高级管理人员年薪6%的补贴，单个公司不超过10人；而对综保区内加工制造型企业聘用技术员工按照技师给予2500元每人、高级技师3000元每人，给予每年最高不超过10万元的奖励；职业培训机构、就业中介机构累计介绍20人以上，且被介绍人在东湖综保区制造业企业就业的，6个月后以实际在岗人数按男性500元每人、女性800元每人的标准，给予每年最高不超过10万元的奖励；对租赁通勤车接送员工上下班的企业，按照其实际发生的通勤车费用的50%，给予单个企业不超过50万元/年的补贴。

6.《加快经济的发展的若干意见》：

支持和鼓励各地组织发行中小企业集合债券、小微企业增信集合债和集合票据。对我省企业在境内(外)成功首发上市或在“新三板”、武汉股权托管交易中心挂牌的按时兑现奖励资金，对成功发行债券的按照融资额一定比例给予奖励。力争全年直接融资总规模达到1200亿元以上，其中企业债券融资规模达到300亿元以上。

7. 出口奖励。区内企业购买出口信用保险并续做保单融资的，最高可获得100万元支持。

8.《省发展改革委关于印发进一步支持中国(湖北)自由贸易试验区建设若干意见》:

支持自贸区建设金融集聚核心功能区,对入驻创业投资和产业投资基金开辟绿色通道,对落户的创业投资管理机构按创业企业给予租房、水电、网络、购房等补贴。

支持自贸区企业发行专项债券如城市停车场、城市地下综合管廊建设、养老产业、战略性新兴产业、双创孵化、配电网建设改造、绿色债券、政府和社会资本合作(PPP)项目、社会领域产业等专项债券。

支持省相关产业基金及金融机构在自贸区发起设立高端装备制造、新一代信息技术、清洁能源与新能源汽车等领域的产业投资基金。

附件 16　重庆自贸区财税制度

《中国(重庆)自由贸易试验区总体方案》的战略定位是,以制度创新为核心,以可复制可推广为基本要求,全面落实党中央、国务院关于发挥重庆战略支点和连接点重要作用、加大西部地区门户城市开放力度的要求,努力将自贸试验区建设成为"一带一路"和长江经济带互联互通重要枢纽、西部大开发战略重要支点。

《总体方案》里对各片区的功能布局已经做了明确划分:两江片区着力打造高端产业与高端要素集聚区,重点发展高端装备、电子核心部件、云计算、生物医药等新兴产业及总部贸易、服务贸易、电子商务、展示交易、仓储分拨、专业服务、融资租赁、研发设计等现代服务业,推进金融业开放创新,加快实施创新驱动发展战略,增强物流、技术、资本、人才等要素资源的集聚辐射能力;西永片区着力打造加工贸易转型升级示范区,重点发展电子信息、智能装备等制造业及保税物流中转分拨等生产性服务业,优化加工贸易发展模式;果园港片区着力打造多式联运物流转运中心,重点发展国际中转、集拼分拨等服务业,探索先进制造业创新发展。

(一) 税收政策

1. 基本税收优惠：同上海自贸区可推广可复制的税收优惠。

编制了自贸区主要产业如金融、融资租赁、物流贸易、高技术制造业面临专门的税收政策清单，为企业服务。

2. 特殊优惠：《关于在苏州工业园综合保税区重庆两路寸滩保税港区开展促进贸易多元化试点有关政策问题的通知》(财关税〔2014〕65号)。

符合条件的企业可在重庆自贸区范围中的两路寸滩保税港区内的贸易功能区内开展贸易、物流和流通性简单加工等业务。允许非保税货物进入贸易功能区运作，从境内区外进入贸易功能区的货物在其实际离境后凭规定材料予以退税，给予贸易功能区内符合条件的企业增值税一般纳税人资格。保税货物在进入区内、在区内销售继续适用保税政策。

(二) 财政政策

自贸区政府也已将税收政策汇编成册。

附件 17　四川自贸区财税制度

四川自贸区成立于 2017 年 4 月。《中国(四川)自由贸易试验区总体方案》确定了各片区的功能区分；《四川省人民政府关于印发中国(四川)自由贸易试验区建设实施方案》进一步明确大力发展的产业为：高端制造业，如电子信息、汽车制造、生物医药、轨道交通、智能制造、航空与燃机、新材料等产业及国际会展经济、总部经济、商务服务、医疗健康、信息服务、文化创意、科技研发、新兴金融、知识产权运营等新经济。

(一) 税收政策

基本税收优惠：同上海自贸区可推广可复制的税收优惠。

（二）财政政策

主要是外贸导向的基金与支持。《关于四川外贸促进三年行动方案（2018—2020）》（川办发〔2017〕100 号），涉及科创的有：

培育自主品牌。开展出口质量安全示范区和生态原产地产品保护示范区建设，重点培育一批具有较高知名度和国际竞争力的四川品牌，提升"四川造"出口商品整体质量。加强企业知识产权保护，支持企业在境外申请专利、注册商标及资质认证，购买海外资信服务。

支持外贸企业技改研发。支持外贸企业开展技术改造和研发，对符合条件项目产生的贷款利息支出、生产设备购置费等给予一定支持。

培育特色产业外贸基地。以龙头企业、产业集群、重点园区为依托，引导生产、客户、品牌向基地集中，推动我省现有各类国家级、省级外贸基地创新发展，推动出口质量安全示范区、生态原产地保护示范区和产业出口基地错位发展（商务厅牵头，省发展改革委、省经济和信息化委、农业厅、四川出入境检验检疫局负责）。

推动"外贸＋科技"建设。支持国际科技合作平台建设，推进国际技术转移，加强孵化器建设，促进科技成果双向转移转化，不断提升企业核心竞争力和国际竞争力。

推动"外贸＋人才"建设。大力开展分层次、分行业、分区域外贸人才培训活动，鼓励市（州）出台外贸人才引入政策，提升偏远地区和企业吸引外贸人才能力。

附件 18　陕西自贸区财税制度

陕西自由贸易试验区成立于 2017 年 4 月。《中国（陕西）自由贸易试验区总体方案》的战略定位是：以制度创新为核心，以可复制可推广为基本要求，全面落实党中央、国务院关于更好发挥"一带一路"建设对西部大开发带动作用、加大西部地区门户城市开放力度的要求，努力将自贸试验区建设成为全面改革开放试验田、内陆型改革开放新高地、

“一带一路”经济合作和人文交流重要支点。

《总体方案》确定的产业划分为：自贸试验区中心片区重点发展战略性新兴产业和高新技术产业，着力发展高端制造、航空物流、贸易金融等产业，推进服务贸易促进体系建设，拓展科技、教育、文化、旅游、健康医疗等人文交流的深度和广度；西安国际港务区片区重点发展国际贸易、现代物流、金融服务、旅游会展、电子商务等产业；杨凌示范区片区以农业科技创新、示范推广为重点，打造“一带一路”现代农业国际合作中心。

各区的《实施方案》进一步凝聚了目标产业，如《中国(陕西)自由贸易试验区杨凌示范区片区实施方案》明确为：大力发展生物产业、农产品加工、农村金融和农业服务业，积极培育以农业为特色的外向型产业集群。

(一) 税收政策

1. 基本税收优惠：同上海自贸区可推广可复制的税收优惠。

2. 地区优惠：中国(陕西)自由贸易试验区西咸新区能源金融贸易区功能区招商引资优惠政策。

对固定资产投资在100—1000万元(含1000万元)的能源类企业，从获利年度起，前2年按所纳所得税额地方留成部分的100%给予返还，后3年按所纳所得税额地方留成部分的50%给予返还；固定资产投资在1000—5000万元(含5000万元)以上的，从获利年度起，前3年按所纳所得税额地方留成部分的100%给予返还，后5年按所纳所得税额地方留成部分的50%给予返还；固定资产投资在5000万元以上的，从获利年度起，前5年按所纳所得税额地方留成部分的100%给予返还，后5年按所纳所得税额地方留成部分的50%给予返还。

凡能源、金融、贸易类央企、大型国有企业总部和跨国公司区域性或全球性资金管理中心入驻园区，享有以下优惠：减按15%的税率征收企业所得税。

（二）财政政策

1. 陕西自贸区杨凌片区出台十条优惠政策(2016 年 6 月)

按照企业设备额的 10%予以落户奖励,研发型高端企业最高奖励 500 万元;

先进育种技术及设备引进、实验平台、国际合作等方面给予最高 3000 万元扶持资金;

总部经济项目,按其纳税地方留成部分予以等额奖励并免费提供办公用房;

企业高级管理人员,并按个人纳税情况最高给予 100 万元/人/年的奖励;

国际性展会,标准展位数在 100 个(含)以上的,50 人(含)以上的国际性会议,按参会正式代表 600 元/人/天的标准给予会议承办方奖励;

高层次创新创业团队,免费提供办公用房;产业化项目配套最高 3000 万元;

先进型生产性服务企业,参照国家服务贸易试点的财税优惠政策予以重点支持。

2. 中国(陕西)自由贸易试验区西安经开功能区招商引资政策(2017 年 8 月)

服务业企业,在企业设立 3—5 年内,根据贡献给予每年不超过 150 万元支持;

境外并购、转化国外知识产权、申请国外发明专利进行补贴;

高端人才最高 20 万元购房补贴、连续两年每年 2.4 万元高端人才津贴以及专属奖励、落户、子女就学等便利。

3. 中国(陕西)自由贸易试验区西咸新区空港新城功能区招商引资优惠政策(2017 年 8 月)

鼓励海内外高层次人才团队创新创业。对于承担重大项目、掌握国际领先技术、引领产业发展的海内外高层次人才团队,经认定后,给予创业启动资金、股权投资、贷款贴息、财政奖励等扶持资金最高 5000 万元;

对于在空港新城做出重大经济和社会贡献的企业,引进核心管理和研发人才，给予每人每年 2—9 万元的生活补助；

对航空公司新引进的飞行员、机务人员等经认定后给予安家补助 10 万元。

4. 西咸新区沣东新城功能区招商引资优惠政策（2017 年 8 月）

鼓励建设创新平台，一次性给予相关企业最高不超过 100 万元奖励；

鼓励企业创新发展，对研发投入占比较高的企业给予不超过 35 万元的奖励；

对于获得首轮融资超过 500 万元的创业企业，每年奖励不超过 15 万元；创业企业投保科技险，给予不超过 20 万元的补贴；服务贸易企业参加出口信用保险，给予每年不超过 150 万元的补贴；对高新技术企业、双软认证企业、新三板挂牌企业、文化创意企业、留学人员企业（非贸易类）的银行流动资金贷款给予最高不超过 100 万元的贴息补助；

对辖区众创空间聘请的创业导师，按辅导人数及成效，给予众创空间每年每人最高 2 万元补贴；

设立总额 20 亿元的沣东新城产业发展基金；

给予设立基金的相关机构最高不超过 5000 万元的补助。

5. 中国（陕西）自贸试验区西安国际港务区国际招商和引才政策（2017 年 8 月）

鼓励海外归国人员创新创业，对带技术、带项目、带资金来国际港务区创新创业发展的优秀归国留学人员和创新团队，经评估认定，给予最高不超过 200 万元创业启动资金扶持。

6. 中国（陕西）自由贸易试验区西安浐灞生态区国际招商优惠政策（2017 年 8 月）

符合条件的创业投资基金、私募股权基金、私募证券基金或其他私募基金，按不超过基金规模的 0.5%—1%的比例给予奖励；达到 1 亿元以上的，按不超过 1%—1.5%的比例以超额累进制计算办法给予奖励。同一投资主体设立或同一管理机构托管的基金累计享受最高不超过 1500 万元。

图书在版编目(CIP)数据

新片区参照经济特区管理与创新法治保障的若干重大问题与思路举措研究/彭辉著. —上海：上海三联书店，2021. 10
（上海社会科学院法学研究所精品文库）
ISBN 978-7-5426-7449-4

Ⅰ. ①新… Ⅱ. ①彭… Ⅲ. ①自由贸易区-社会主义法治-建设-研究-上海 Ⅳ. ①D927. 513

中国版本图书馆 CIP 数据核字(2021)第 117415 号

新片区参照经济特区管理与创新法治保障的若干重大问题与思路举措研究

著　　者 / 彭　辉

责任编辑 / 郑秀艳
装帧设计 / 一本好书
监　　制 / 姚　军
责任校对 / 王凌霄

出版发行 / 上海三联书店
(200030) 中国上海市漕溪北路 331 号 A 座 6 楼
邮购电话 / 021-22895540
印　　刷 / 上海惠敦印务科技有限公司

版　　次 / 2021 年 10 月第 1 版
印　　次 / 2021 年 10 月第 1 次印刷
开　　本 / 640 mm × 960 mm　1/16
字　　数 / 270 千字
印　　张 / 21.5
书　　号 / ISBN 978-7-5426-7449-4/D・502
定　　价 / 68.00 元